천만시간
라틴,

—

백만시간
남미

오지여행 전문가 채경석의 라틴아메리카 인문탐사여행기

천만시간
라틴,

―

백만시간
남미

채경석 지음

북클라우드

프롤로그

"위대한 발명은 인류문명의 전환을 가져왔고 위대한 발견은 문명의 확장을 가져왔다."

인류사의 변화를 낳은 대전환은 사소한 기구의 발명에서 시작됐습니다. 화약을 만든 중국은 초기단계의 총을 만들었고, 중국의 농민은 이 총을 들고 몽골 기마병을 중국에서 몰아냈습니다. 끄떡없을 것 같던 몽골이 중원에서 쫓겨난 후, 총의 영웅담은 유라시아 대륙을 그물망처럼 이어놓은 팍스 몽골리카 루트를 타고 유럽으로 전해졌습니다. 무기로서의 총은 형편없었지만 총이 유럽에 전해준 건 가능성과 희망이었습니다. 총은 유럽에서 개량에 개량을 거듭해 엄청난 파괴력을 가진 화승총으로 태어났고 전쟁의 판도뿐 아니라 세력의 판도를 바꾸어 놓았습니다. 바야흐로 유럽의 시대를 알리는 서막이 열린 것입니다.

15세기 화승총으로 무장한 스페인과 포르투갈은 이베리아 반도에서 이슬람 세력을 몰아냈고 여세를 몰아 해상으로 세력을 넓히며 유럽이 주도하는 새로운 시대를 열었습니다. 그 시작은 콜럼버스의 엉뚱한 꿈이었습니다. 그는 바다로 중국과 인도에 갈 수 있다는, 당시로서는 엉뚱한 발상을 하였고 꿈을 실현하는 데 10년의 세월을 투자했습니다. 그의 엉뚱한 발상과 집념이 아니었다면 신대륙이라 불리는 아메리카 대륙이 유럽의 선물이 되었을까요? 아메리카는 구대륙의 강자인 오스만투르크, 청나라, 무굴제국에 뒤쳐져있던 유럽을 세상의 주인으로 우뚝 서게 하였습니다. 그러니 콜럼버스의 엉뚱한 발상은 유럽의 축복입니다.

그런데 콜럼버스에게 엉뚱한 발상을 하게끔 영감을 준 사람이 있었습니다. 그는 과학자도 철학자도 그렇다고 성직자도 아닌 콜럼버스만큼이나 엉뚱한 남자 마르코 폴로입니다. 그가 『동방견문록』에서 과장을 조금만 덜했더라도 중국과 인도에 가려는 콜럼버스의 열망이 좀 덜하지 않았을까요? 여행자는 세상을 먼저 보고 이를 전하는 메신저로서의 역할을 합니다. 여행자의 이야기를 듣는 사람들은 그가 들려주는 이야기에 빠져들어 상상하고 꿈을 키웁니다. 15세기 새로운 시대를 열도록 안내한 메신저가 마르코 폴로였고 꿈꾸는 소년이 콜럼버스였습니다.

유럽 발전의 토대가 되어준 라틴아메리카, 저는 그곳으로 떠나는 여행자입니다. 마르코 폴로같이 새로운 세상을 소개하지는 못하겠지만, 콜럼버스같이 엉뚱한 일을 벌이지도 못하겠지만, 21세기의 여행자는 21세기의 감성과 눈으로 세상을 보며 한발 한발 미지의 세상으로 여행을 해나가려 합니다. 그리고 그 길을 같이 걸은 듯 마음으로 느끼고 귀로 듣는 이야기를 담아보려 합니다.

　세상은 아귀다툼으로 시끄럽습니다. 시리아 난민 사태로 들여다본 세상은 폐쇄적이고 편협한 틀에 묶여 희망보다는 불안을 이야기하고 있습니다. 이질적인 요소가 모여 조화를 이룬 라틴아메리카는 불안의 시대에 교훈이 될 수 있습니다. 이질적인 요소가 불안이 아닌 에너지라고 말하는 라틴아메리카에 문제의 해법이 있지는 않을까요?

　21세기의 여행자는 마르코 폴로가 그랬듯 귀와 마음을 열고 라틴아메리카가 들려주는 이야기를 하나둘 찾으며 안데스 산줄기를 밟아 가겠습니다. 라틴아메리카는 어떤 속 깊은 이야기를 들려줄까요.

TOUR MAP

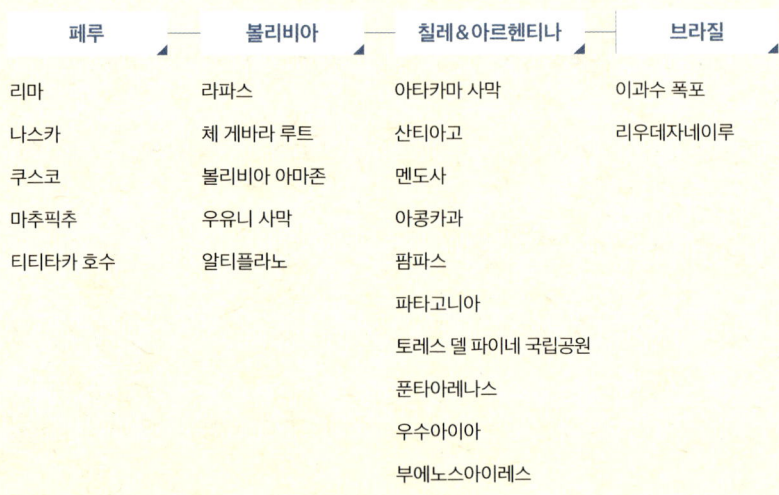

페루	볼리비아	칠레&아르헨티나	브라질
리마	라파스	아타카마 사막	이과수 폭포
나스카	체 게바라 루트	산티아고	리우데자네이루
쿠스코	볼리비아 아마존	멘도사	
마추픽추	우유니 사막	아콩카과	
티티카카 호수	알티플라노	팜파스	
		파타고니아	
		토레스 델 파이네 국립공원	
		푼타아레나스	
		우수아이아	
		부에노스아이레스	

차례

프롤로그　4

남미의 첫 기착지, 리마에서 나스카 평원으로
ROUTE 1

황금제국 잉카를 찾아 떠난 피사로　17
리마에서 스페인의 흔적을 찾다　21
수수께끼의 드로잉, 나스카 라인　24
차우치야에서 영원히 존재하는 자들　31
승리자와 애국자의 섬　34

잉카의 소리를 듣다, 쿠스코
ROUTE 2

정복전쟁을 통해 제국으로 성장한 잉카　45
제국의 멸망　49
보이지 않는 잉카의 도시에서 옛사람을 생각하다　53
잉카의 건축 속을 거닐다　59
잉카를 유지시킨 풍요의 비밀　67

잉카가 감추어버린 꿈, 잉카의 길과 마추픽추
ROUTE 3

잉카의 길에 감춰진 비밀　81
영원한 미완의 도시 마추픽추　86

안데스 고원에 숨겨진 문화, 티와나쿠 · 티티카카 호수
ROUTE 4

잉카의 시조가 선택한 티티카카　　　　　　　　103
더도 말고 티와나쿠 같은 도시　　　　　　　　111

볼리비아가 외면한 혁명가 체 게바라, 그의 루트와 아마존을 찾아
ROUTE 5

남미에서 가장 신비한 자연을 품은 땅　　　　　127
아마존, 지구의 거대한 산소공장　　　　　　　132
체 게바라의 최후를 찾아서　　　　　　　　　136

비밀을 품은 신비한 대지, 우유니 · 알티플라노 · 아타카마
ROUTE 6

우유니는 사막일까 호수일까　　　　　　　　　147
치유의 대지 알티플라노　　　　　　　　　　　152
달과 가장 닮은 달의 계곡　　　　　　　　　　159

칠레의 역사적 세 남자, 아옌데 · 피노체트 · 네루다
ROUTE 7

칠레 여행은 사람을 따라간다　　　　　　　　　175
칠레의 역사를 바꾼 두 남자, 아옌데 그리고 피노체트　178
칠레의 현실을 노래한 민중시인　　　　　　　　188

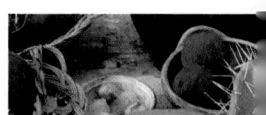

안데스 산줄기의 꽃, 멘도사

ROUTE 8

아르헨티나의 꽃으로 불리는 도시 201
안데스의 심장 멘도사 207

변화를 불러오는 땅, 팜파스

ROUTE 9

나를 위해 울지 말아요 아르헨티나 223
라틴아메리카의 알프스 바릴로체 236

남미의 요정, 파타고니아

ROUTE 10

피츠로이와 세로토레 247
불가능의 암봉에 오른 사람들 253
빙하 속을 걷는 빙하트레킹 260

살아 있는 화석, 토레스 델 파이네 국립공원

ROUTE 11

바람과 울림의 근원 토레스 델 파이네 275

	ROUTE 12
마젤란 해협 건너 대륙의 끝, 푼타아레나스 · 우수아이아	

육두구를 찾아 나선 사나이 마젤란 291
비글 해협의 원숭이 인간 302
미티알 트레킹과 펭귄크루즈 투어 306

	ROUTE 13
탱고의 도시, 부에노스아이레스	

멋과 낭만의 도시 5월의 광장 319

	ROUTE 14
과라니족의 터전, 이과수 폭포	

모든 것을 삼키는 큰 물 333

	ROUTE 15
삼바의 도시, 리우데자네이루	

우주적 인종의 탄생을 목격하다 353
삼바라고 불리는 에너지 363

ROUTE 1

남미의 첫 기착지,
리마에서 나스카 평원으로

"너희들은 모두 페루의 새야,
애국심을 다시 보여줘."

 PERU

─────── 황금제국 잉카를 찾아 떠난 피사로

1524년, 황금제국을 찾아 나선 스페인 탐험가 피사로Francisco Pizarro, 1475-1541의 첫 항해가 시작되었습니다. 비록 이 항해에서는 한 줌의 황금도 찾아내지 못해 주변은 크게 실망했지만 피사로만은 예외였습니다. 그에게는 원주민으로부터 황금제국에 대한 이야기를 확인할 수 있었던 중요한 항해였기 때문입니다.

2년 뒤 두 번째 항해에서 피사로는 적도를 넘어 잉카의 영역 툼베스Tumbes, 페루의 해안 도시에 기착했고, 원정은 순조롭게 진행되는 듯 보였습니다. 그런데 여기서 피사로의 발목을 잡는 사건이 벌어집니다. 그가 원정에 성공하여 큰 부를 거머쥘 것을 우려한 파나마 총독 델 리오스가 원정대를 소환하기 위해 군대를 보낸 것입니다. 페루 해안의 가요 섬Isla de Gallo

17

에서 총독의 군대와 맞닥뜨림으로써 꿈을 접어야 하는 상황에 처한 피사로는, 모래 위에 줄을 긋고 동요하는 원정대에게 이렇게 소리쳤습니다.

"저쪽에는 잉카와 보물이 있고 이쪽에는 파나마와 빈곤이 있다. 자, 한 사람 한 사람 용감한 카스티야Castilla인으로서 선택할 때다!"

피사로가 카스티야인을 들먹인 데에는 이유가 있습니다. 신대륙 원정 초기 남미의 거친 바다로 향한 사람들 중엔 카스티야 출신이 많았습니다. 헤밍웨이는 저서 『오후의 죽음』(책미래, 2013)에서 투우와 카스티야인의 삶을 이렇게 묘사했습니다.

"카스티야 지방은 거친 환경 때문에 죽음이 불가피한 현실이란 점을 잘 알고 있다. 그래서 그들은 죽음에 대하여 많은 생각을 하게 되었고, 죽음에 대한 지적인 관심을 가지고 투우장으로 향하는 것이다."

그들은 생존하기 위해 투우장으로 향하듯이 남미로 향했고, 남미에서의 생존수단은 전쟁이었습니다. 그러니 그들은 도덕이나 품격을 따지는 점잖은 이들이 아니라 목숨을 걸고 돌진할 줄 아는 용맹한 사나이들이었겠죠.

몽골비사칭기즈칸 시대 몽골황금씨족의 정사에는 '발주나 맹약1203년'에 대한 기록이 나옵니다. 적의 함정에 빠져 며칠을 쫓기다 겨우 추격군을 따돌리고 발주나 계곡에 숨어든 칭기즈칸이 부하들과 진흙탕 물을 나눠 마시며 그들과 영원한 군신의 맹세를 나눈 사건입니다.

"우리는 이 물을 나누어 마실 것이다!"

이렇게 외치며 칭기즈칸이 그들에게 심어준 것은 미래와 보상이었습니다. 마찬가지로 피사로가 모랫바닥에 줄을 그으며 외친 것도 미래와 보상이었습니다. 다만 역사는 둘 사이에 한 가지 차이점이 있다고 말합니다. 피사로는 숭고한 길을 말하지 않았고, 칭기즈칸은 숭고한 길을 이야기했다는 점입니다. 그리고 라틴아메리카의 역사는 숭고한 길을 말하지 않은 두 남자, 피사로와 코르테스 Hernan Cortés, 아즈텍족이 세운 아스테카 왕국의 정복자, 1485-1547의 손에 의해 재단되기 시작했으니 임자를 잘못 만난 라틴아메리카의 불행이랄 수밖에요.

　어쨌거나 후대의 역사가들은 가요 섬에서 피사로가 그은 선을 넘은 13인을 가리켜 '가요 섬의 13인'이라고 부르며, 이 사건을 역사의 전환점으로 기록하고 있습니다. 피사로는 나머지 원정대가 돌아간 뒤 남겨진 13인과 함께 작은 섬에서 7개월을 버텼고, 지원부대에 구조되어 파나마로 귀환했습니다. 이렇게 두 번째 항해도 실패로 마무리된 듯 보였지만, 가요 섬에서 보낸 7개월이 허송세월은 아니었나 봅니다. 피사로는 잉카에 대한 다양한 정보를 수집해 그 실체를 파악했고, 확신을 가지고 스페인으로 건너가 이사벨 왕비 콜럼버스를 후원한 이사벨 여왕의 손녀를 설득하는 데 성공합니다. 피사로는 왕비의 후원과 원정승인서를 받아 들고 파나마로 돌아왔습니다. 마침내 스페인 왕실의 동업자가 된 피사로의 잉카 원정이 시작된 것입니다.

　1530년 12월, 파나마 항구를 떠난 168명의 남자들은 인생역전의 복권이라도 손에 넣은 듯 기대에 찬 얼굴로 배에 올랐습니다. 정복전쟁이란 '한몫 잡으려는 사람들의 집합체'입니다. 당시 정복전쟁에 참여한 병사들의 임금은 금 90파운드 혹은 은 180파운드인데, 이는 일반선원들의 180년 치에 해당되었다고 하니(『잉카 인 안데스』, 우석균, 랜덤하우스코리아, 2008), 신대륙 원정대는 스페인 하층민에게 일생일대의 기회였습니다.

사실 원정은 대단히 비용이 많이 드는 사업입니다. 스페인 왕실은 콜럼버스에게 그랬듯이 계약서와 함선만 내어주었고, 필요한 물자와 선원은 피사로가 모아야 했습니다. 항해에 필요한 물자는 세비아의 상인들이 투자를 했다지만, 선원들에게 줄 임금은 어떻게 마련했을까요.

168명의 남자들에게 피사로가 약속한 것은 임금이 아니라 꿈이 아니었을까 싶습니다. 마젤란의 세계일주는 5척의 함선에 265명이 출발했지만, 3년 뒤 빈털터리로 돌아온 탐험대는 1척의 함선에 18명뿐이었습니다. 이런 사실을 잘 알고 있던 168명의 남자들과 물자를 투자한 세비아 상인들은 일종의 위험한 투기를 한 셈이지요. 보이지도 않는 미래를 구매하는 일, 사물뿐 아니라 이미지, 심지어 꿈과 기대마저도 상품거래로 일반화시켜 자본을 끌어들이는 금융자본주의가 그때부터 시작된 건 아니었을까요.

피사로와 칭기즈칸은 둘 다 추종자들에게 기대와 희망을 팔았습니다. 둘 다 사람을 많이 죽이고 구제국을 멸망시켰습니다. 그럼에도 칭기즈칸은 지난 1000년 인류에게 가장 큰 영향을 끼친 위인으로 꼽히는 데 반해 피사로는 한낱 탐욕스런 정복자 이미지를 벗어나지 못합니다. 심지어 역사학자 로만 자모라Roman Zamora는 피사로 형제를 일컬어 이렇게 평가했습니다. '타국의 그 누구보다 사악했던 인간들로, 동료들과 함께 스페인

국왕에게 최대의 오명을 남겼다.'

칭기즈칸도 일자무식, 피사로도 자기 이름을 못 쓰는 무식쟁이였습니다. 게다가 사람을 죽인 수로 따지면 칭기즈칸에 비교도 되지 않습니다. 칭기즈칸이 발주나에서 재기했듯이 피사로 역시 가요 섬에서 7개월을 생존할 만큼 집념과 인내력이 대단한 인물입니다. 분명 두 사람은 보통의 인물은 아닙니다. 그럼에도 왜 한 명은 위인이고 한 명은 학살자일까요?

피사로가 숭고하고 고결한 자가 아니었던 것은 분명하지만, 중립적인 입장에서 그를 위한 변명을 한번 생각해봅니다. 그가 '왕이 되지 못했기 때문에 이런 평가를 받는 건 아닐까'라고. 만일 피사로가 왕이 되었다면 아마도 그를 기록한 사가의 필체는 화려하게 바뀌었을 것입니다. 그러나 피사로는 왕이 되지 못했죠…….

리마에서 스페인의 흔적을 찾다

페루의 수도 리마는 1535년 피사로가 건설을 시작했고, 282년 동안 부왕령副王領, 스페인이 식민지배를 위해 만든 제도. 부왕이 국왕을 대리하여 식민지의 각 구역을 통치하게 하였다이 남아 있던, 스페인 식민도시의 심장부였습니다. 한마디로 몇 백 년간 남미에서 가장 잘 나가는 도시였던 셈입니다. 스페인의 도시는 광장중심으로 건설되었으니 리마의 여행 첫날은 아르마스 광장Plaza de Armas, 무기의 광장에서 시작합니다. 1977년부터 플라자 데 마요르Plaza de Mayor, 즉 '중앙광장'으로 불리는 광장에는 역사의 중심지답게 유서 깊은 건축물이 자리 잡고 있습니다. 피사로가 직접 주춧돌을 놓았다고 알려진 바실리카 대성당은 남미에서 가장 오래된 성당이라는 명성을 갖고 있습니다. 오랜 시간 짓다 보니 각 시대의 다양한 건축양식과 기법이 적용되었고, 그래서 바실리카 양식에 르네상스와 바로크 양식이 더해졌다고 합니다. 동시대 유럽의 건축에서는 바실리카 양식의 한계를 극복하려는 움직임이 있었고, 그 대안으로 돔 형식의 성당으로 바뀌어가고 있었다는데, 라틴아메리카에서는 돔 양식의 건축물을 찾아보기 힘든 점이 조금 아쉽습니다. 대성당의 자랑거리는 정면의 부조입니다. 다양한 부조가 화려하게 조각된 정면을 돌아 성당 안으로 들어서면 피사로의 묘가 자리 잡고 있습니다. 자신이 주춧돌을 놓아서인지 누운 자리가 호사스럽습니다.

성당을 나오면 발걸음은 18세기 풍의 나무 발코니가 대표적인 볼거리로 회자되는 대주교 관저를 지나 카타콤베Catacombe, 초기 기독교의 지하무덤로 유명한 프란시스코 수도원으로 이어집니다. 수도원은 입구부터 모자이크가 아닌 아라베스크 문양으로 기둥과 벽이 장식되어 있습니다. 순혈 가톨릭 국가를 추구한 스페인의 건축이라고 하기에는 어딘가 어색합니다. 그런데 사실 그것이 스페인 문화의 풍요라고 할 수 있지요. 스페인의 문화적 풍요는 가톨릭만의 영향에서 벗어났기 때문에 생겨난 현상입니다. 가톨릭의 완고함과 이슬람의 이질적 교합, 거기에 아프리카의 오묘함이 더해져 남南으로 갈수록 이런 색채가 짙어지는데 스페인 남부 안달루시아가 바로 그런 땅이죠. 프란시스코 수도원은 바로 이 안달루시아 풍의 건축물입니다.

정복시대가 어느 정도 지나자 이번에는 안달루시아 지방 선원들의 남미 진출이 시작되었습니다. 초기의 정복과 파괴는 카스티야 사람들에 의해 이루어졌고 이후의 도시 건설에는 안달루시아 사람들이 참여했으니, '남미는 캬스티야 사람들의 손에 파괴되었고 안달루시아 사람들에 의해 재건되기 시작했다'는 표현이 과히 틀린 것 같지는 않습니다.

수도원은 두 가지의 볼거리로 유명한데, 하나는 지하무덤인 카타콤베이고 다른 하나는 종교박물관입니다. 지하무덤은 성스런 자리에 묻히면 천당과 가까워질 거라는 믿음이 만든 건축물입니다. 원래는 성직자와 돈 있는 신도들의 보금자리였습니다. 폐쇄적인 종교시설이었지만 리마 대지진으로 많은 사람들이 죽었을 때 성당이 시신을 받아들임으로써 지금과 같은 대형무덤이 되었다고 합니다. 현재 보관하고 있는 유골은 7만 5,000구에 달하고 시신이 부패하면 그 위에 시신을 올리는 방식으로 6층이나 쌓았다고 하니, 영혼은 뒤섞인 유골을 떠나 천당에 잘 갔으려나 궁금합니다.

라르코 에레라 박물관Museo Rafael Larco Herrera은 1926년에 문을 연 세계에서 가장 큰 사립박물관으로, 5만 5,000점의 토기와 금세공품 그리고 미라가 전시되어 있습니다. 그중 특히 유명한 것은 1인치에 가는 색실로 398올을 짜 넣은 '파라카스Paracas 직물'입니다. 미라를 감싸기 위한 천이었던 파라카스 직물은 다른 박물관에도 있지만 대부분 1인치에 198올이라고 합니다. 1인치에 398올로 짜인 직물이 희귀한 천임을 알아본 수집가의 심미안이 돋보입니다.

또한 이 박물관은 치무문명Chimu, A.D. 900-1450의 유물을 집중적으로 전시해두었는데, 그중에서도 금관 장례품은 이집트 역사박물관에서 만난 투탕카멘의 황금마스크만큼이나 화려하고 인상적입니다. 이렇게 화려하고 거대한 황금장식을 개인이 소장하다니요. 큰 방 하나를 몽땅 차지한 황금왕관은 어둠 속에서도 사그라지지 않는 자태로 빛을 발하고 있으니 카스티야인들의 탐욕만을 나무랄 것도 아닌 듯합니다.

수수께끼의 드로잉, 나스카 라인

리마에는 비가 거의 오지 않지만 '잉카의 눈물'이라 불리는 안개비가 도시를 감싸기로 유명합니다. 햇빛이 강렬한 5, 6월이 지나고 겨울이 되면 잉카의 눈물은 절정을 이룹니다. 페루의 겨울인 7, 8월에는 습도가 110퍼센트에 달해 도심을 걷는 것이 마치 미지근한 물속을 헤집고 다니는 기분이라고 합니다. 잉카의 눈물이나 리마 남부의 광대한 사막지대는 남극지방에서 적도를 향해 심해로 흐르다 페루 남부해안에서 상승하는 훔볼트 한류의 영향입니다. 한류가 용솟음쳐서 바다 수온이 내려가면 대기 중에 물방울이 잘 맺히지 않게 됩니다. 그나마 리마에는 비 대신 안개라도 피어오르지만, 이카와 나스카로 이어지는 남부지방은 대기에 물방울이 맺히지 않아 거대한 사막지대가 형성되어 있습니다.

리마를 출발하여 메마른 사막을 6시간 동안 달려 친체로Chinchero에 들어서니 들판에는 작물이 가득합니다. 주변은 사막인데 친체로만은 푸르른 오아시스입니다. 사막의 오아시스는 자연이 준 생명의 쉼터죠. 사막은 농작물 재배가 불가능하다고 알려져 있지만 관리만 잘하면 최적의 경작지라고 합니다. 심은 대로 작물이 나는 정직한 땅이자 잡풀이 자라지 않아 농작물 관리가 쉽고 질 좋은 작물이 생산된다니, 사막에 대한 역발상이죠. 친체로 사막은 특히 질 좋은 포도와 목화 산지로 유명합니다. 특히 목화 제품은 품질이 너무 좋아서 1년이면 수명이 끝난다고 하니 혼란스럽습니다. 품질이 나빠서 오래 못 입는 게 아니고 너무 좋아서 오래 못 입는다고 하니 이 또한 역설이죠. 친체로는 역설의 땅인가 봅니다.

친체로에는 또 하나의 역설이 있습니다. 농장이 개발된 친체로에는 아프리카에서 팔려온 흑인 노예가 대거 정착했습니다. 아프리카 내륙에서 살았던 그들은 아메리카라는 새로운 환경과 새로운 음식에 적응해야 했는데, 풍부하게 구할 수 있는 먹거리는 태평양에서 잡히는 생선뿐이었습니다. 흑인 노예들은 바다에서 잡은 생선을 어찌 먹을까 궁리하다가 상한 생선을 살균하기 위해 강한 레몬즙에 씻었습니다. 페루를 대표하는 음식 세비체Ceviche는 그렇게 탄생했습니다.

음식의 탄생에는 종종 게으른 자의 행운이 숨겨져 있습니다. 빵의 역사를 보면 이집트의 어느 게으른 빵 장수 이야기가 나옵니다. 원래 그날 반죽한 밀가루로 빵을 만들어야 했지만 빵 장수는 전날의 과음으로 반죽을 제때 하지 못했습니다. 난감했던 빵 장수는 전날 빵을 만들고 남은 반죽으로 빵을 구워냈습니다. 사람들이 알면 어떡하나 눈치를 살폈지만 맛을 본 사람들은 도리어 더 맛있다며 어떻게 만든 빵이냐고 되묻습니다. 발효빵이 더 맛있다는 사실의 발견은 이렇게 시작되었습니다. 세비체도 묵혀두었던 생선을 어찌 먹을까 고민하던 게으른 자의 선택이 살균작용이 있는 레몬이었고, 절묘한 조화를 그 안에서 찾아냈다는 상상에 그만 웃음이 나옵니다.

쫓는 자는 쫓기기만 할 뿐이고 재미는 한잠 늘어지게 자고 뒤늦게 어슬렁거리는 자가 누리는 것이 어디 음식뿐이겠습니까. 바쁘고 정확하고 올바르게 무언가를 해야 하는 게 우리의 삶이지만, 이젠 천천히 게으름을 피워봐야겠습니다. 바삐 뛰느라 보지 못한 것이 보이지 않을까요. 나스카에서 무언가를 찾으려면 그래야 할 것 같습니다.

판아메리카 고속도로를 따라 리마를 출발한 지 9시간 만에 나스카에 닿았습니다. 작은 마을은 신비의 지상그림을 보려는 얼마 되지 않는 사람들로 소란스럽습니다. 나스카 지상그림, 통칭 '나스카 라인 Nazca Line'은 대체 무엇을 함축하고 있기에 이리 사람의 호기심을 자극할까요. 알 수 없다는 것과 알지 못하는 것의 차이가 무엇인지 나스카에 오면 생각하게 됩니다. 나스카 라인은 이해할 수 없는 부호이며, 상상을 뛰어넘어 실체입니다. 불편이 따르는 고된 노동의 결과물이며 의도적으로 남겨놓은 메시지입니다. 그들은 누구이고 왜 이런 어려운 일을 했을까요.

나스카 지상평원은 지평선 넘어서까지 수평의 표면입니다. 작은 구릉

이 몇 개 있다지만 수평의 대지를 왜곡하기에는 너무 작아서 매끈한 점토판이라 표현해도 지나치지 않습니다. 멀리서부터 수평대지를 향해 달리던 차량은 가파른 언덕을 뛰어오르다 드디어 검은 캔버스 위에 올라섭니다.

나스카 고원을 오르는 길은 대지를 절개한 벽면 사이의 오르막을 달리는 과정이라 대지의 속살을 엿볼 수 있는 좋은 기회입니다. 고원의 땅 표피는 아스팔트를 깐 듯 단단하게 굳어 있고 잡석 하나 없이 조밀해서 잡석이 가득한 하부와는 성질이 다릅니다. 영국의 작가 그레이엄 핸콕은 자신의 저서인 『신의 지문』(까치글방, 1996)에서 '나스카 대지의 표면은 단단한 석회질과 화산재가 엉겨 붙은 단단한 결정구조를 이루고 있다'고 묘사했습니다. 화산이 터지며 하늘로 튕겨 올랐던 화산 쇄설물 중 무거운 돌이 먼저 내려앉고 그 뒤에 사암이 내려앉아 아래층의 기반을 이루고 먼지층은 천천히 내려앉아 고원의 표면을 이루었을 것입니다. 표면을 덮은 화산재는 석회질 성분과 결합해 점토질의 표면을 형성했기 때문에 나스카 라인이 몇 천 년 동안 지금의 모습대로 유지된 듯합니다. 이것 역시 비구름이 형성되지 않는 대기를 만드는 훔볼트 한류의 선물이겠죠.

단순한 드로잉이 전부인 유적 나스카 라인. 그러나 그로 인해 더욱 미스터리해진 유적. 이 지상그림은 누가, 언제, 왜 만들었을까요. 나스카 지상그림은 1920년 아레키파 항공노선이 개통되면서 이 노선을 운항하던 조종사에 의해 처음 발견되었습니다. 하지만 발견 전에 판아메리카 고속도로가 건설되었기 때문에 현재 그림의 일부는 뚫린 도로로 인해 훼

손돼 있습니다. 나스카 시내로 들어가는 입구에는 나스카의 지킴이로 불리는 마리아 라이헤Maria Reiche, 1903-1998 박사의 생가이기도 한 박물관이 있습니다. 라이헤 박사는 수학선생으로 취업하여 페루에 왔습니다. 그녀는 아레키파에 머물던 중 우연히 리마를 방문했고, 그때 미국인 고고학자 코스코를 만났습니다. 롱아일랜드 대학의 교수였던 코스코 박사는 고대 천문학과 관개수로의 전문가로, 나스카의 지상그림이 단순한 선이 아닌 메시지가 담긴 그림일 수 있다고 추측한 첫 번째 학자입니다. 하지만 코스코 박사의 역할은 거기까지였죠. 나스카가 기다린 건 라이헤 박사였으니까요.

나스카의 영광 뒤에는 한 여성의 일생이 온전히 담겨 있습니다. 라이헤 박사는 나스카와 만난 그날 나스카와 결혼했고 한평생 나스카를 위해 헌신했습니다. 라이헤 박사는 나스카의 지킴이로서뿐 아니라 학자로서도 명성을 얻었습니다. 90세에 사망하기까지 40여 년을 나스카 라인 연구에 헌신하며 이 지상그림의 비밀을 나름대로 풀어냈기 때문입니다. 그녀가 나스카 라인에서 얻은 결론은 무엇일까요? 그녀는 이 그림을 '천문 캘린더'라고 정의했으며, 근거로는 나스카 평원을 천체로 봤을 때 하늘의 별자리와 그림 위치가 동일하다는 주장을 폈습니다. 수학자답게 각도와 거리를 꼼꼼히 계산해서 얻은 결과라는데, 과연 얼마나 진실에 다가간 것일까요.

나스카에는 경비행기로 평원을 날며 나스카 라인을 따라가는 항공관광이 있습니다. 초라한 대합실에 도착해 저울에 올라 무게를 재고 탑승자 호명이 있기까지 앉아 기다리는 동안 대합실 스크린에서는 내셔널지오그래픽이 제작한 나스카 다큐멘터리가 반복적으로 방송됩니다. 방송은 나스카 평원의 모래층을 팔뚝만큼 파고들어가서 조개를 끄집어내며 이곳이 오래전 바다였다고 말합니다. 안데스가 융기하기 전 해안이거나 바다 속 평지였을 가능성은 충분합니다. 이어지는 영상은 풍요로 가득한 대지였던 나스카가 서서히 메말라 결국 사막이 되어버렸다는 내용입니다. 그래서 나스카 라인은 비를 달라고 하늘에 봉헌한 그림이라는 가설입니다.

   기우를 위한 그림. 다큐로 만들어졌을 정도이니 이것이 많은 학자들의 의견이 모아진 결과물이겠죠. 더구나 내셔널지오그래픽이 만든 다큐라면……. 하지만 받아들이기가 쉽지 않습니다. 나스카 라인의 규모를 볼 때 분명 무언가 간절한 마음이 담겨 있음을 알 수 있지만, 그림이 그려졌을 때 그곳은 이미 메마른 사막이었기 때문입니다. 이미 사막이 된 후에 비를 달라고 오랜 시간 그림을 만들어갔다는 건 이치에 맞지 않는 것 같습니다. 저는 그보다 하늘과 소통하려 한 특별한 동인이 있지 않을까 생각합니다. 마치 현대자동차가 제작한 광고 〈A Message to Space〉처럼 말입니다. 우주정거장에 있는 아빠에게 메시지를 전하고 싶다는 어린 여자아이의 소원을 들어준다는 테마인데, 11대의 차량이 일렬로 사막을 질주해 거대한 그림을 그리고 우주선의 작은 창을 통해 지구에 그려진 그림을 보며 딸과 소통하는 아빠의 이야기입니다. 인상적인 스토리 구성이 나스카 라인을 연상케 합니다. 그저 비를 달라는 일념으로 그렸다기에는 그들이 발휘한 노력과 시간과 지혜가 너무 힘겨워 보입니다.

나스카 라인은 직선뿐 아니라 곡선에도 비틀어짐이나 어긋남이 없습니다. 컴퍼스와 같은 원리로 3개의 말뚝을 박아 3개의 말뚝이 일치하는 선을 쫓으며 직선을 구현한다고 해도 곡선과 꺾이는 지점을 정확히 그려내려면 높은 곳에서 그림 전체를 보며 구상해야만 합니다. 마치 비행기에서 나스카 라인을 내려다보는 이치와 같습니다. 실제로도 지상에서 100~150미터 위에서 보아야만 판별할 수 있다고 합니다. 누군가 그런 고도에서 작업을 지휘했다는 이야기인데, 도대체 어떻게 상공 150미터까지 올라갈 수 있었을까요. 공기보다 가벼운 수소나 질소 주머니를 만들어야 하늘로 기구를 올릴 수 있는데, 나스카 문명의 주인들은 공기에서 수소나 질소를 분리해낼 줄 알았던 걸까요.

하늘에서 내려다본 나스카 고원은 검은 도화지처럼 어둡고 두텁지만 모나지 않고 일관되게 펼쳐져 있습니다. 그 안에 빽빽이 그려진 메시지는 수수께끼를 던져 놓습니다. 혹시 고도로 계산된 수학적 메시지가 숨어 있는 것일까요. 데이비드 벌린스키는 『수학의 역사』(을유문화사, 2014)에서 '인간이 다루는 주제 가운데 수학만큼 많이 변하고 또 수학만큼 변하지 않는 것도 없을 것이다'라고 수학의 메시지 기능을 말하고 있습니다. 수학의 깊이는 발전한 만큼 보일 뿐, 아직 이해할 수 없으면 아닌 것이 아니라 해결하지 못한 것입니다. 부정이 긍정을 낳는 주제로서의 수학, 나스카 라인의 메시지는 우리의 한계점에 숨겨져 있는지도 모릅니다. 나스카 라인을 내려다보고 있으니 무엇을 꿰맞추려는 노력이 의미 없다는 생각이 듭니다. 아마도 이 시대가 아닌 다음 시대를 위해 남겨진 숙제일 테니까요.

차우치야에서 영원히 존재하는 자들

나스카에서 16킬로미터 더 깊숙한 곳에 들어앉은 차우치야Chauchilla 묘지군은 나스카 시대의 공동무덤으로 현재도 많은 머미Mummy, 미라가 묻혀 있습니다. 머미는 나스카 문명권뿐 아니라 페루의 여러 지역에서 발견되고 있습니다. 고대 이집트의 머미가 유명하다지만 안데스 문명권의 머미도 이에 뒤지지 않습니다. 특히 잉카의 신전에는 많은 머미가 보관되었는데, 이는 고대인들의 신관神觀과 연관이 깊어 보입니다.

잉카의 마지막 황제 아타우알파Atahuallpa, 1497-1533는 피사로에게 생포된 지 8개월 만에 종교재판에 회부되어 화형을 선고받았습니다. 잉카의 왕은 누이나 사촌을 부인으로 두는 것이 관습이었음에도, 피사로는 가톨릭의 잣대로 판단하여 근친혼과 일부다처제를 도덕적으로 타락한 중죄로 판결했습니다. 아타우알파는 죽음은 두렵지 않으나 화형은 피하고 싶다고 말합니다. 이에 사제는 개종하면 화형을 피할 수 있다고 답합니다. 아타우알파는 화형과 개종이라는 선택의 기로에서 괴로워하다가 결국 개종을 선택합니다.

가톨릭에서 화형은 이교도에게 내리는 가장 참혹한 벌로, 존재 자체를 태워 없애는 형벌입니다. 가톨릭뿐 아니라 잉카에도 화형이 있었고, 그곳에서도 가장 참혹한 벌이었습니다. 내세와 환생을 믿는 잉카인에게 육신은 신과 교통하는 통로일뿐만 아니라 다시 환생할 때도 필요한 것이므로 육신이 없어지는 화형은 곧 영원히 사라지는 것을 의미하기 때문입니다. 차우치야에서 만난 머미들도 그런 이유로 만들어졌습니다. 수백 수천 년이 지나 저와 이렇게 만나고 있으니 그들의 꿈이 이루어진 것으로 봐야겠죠. 아직도 존재하고 있으니까.

그런데 이곳의 머미 중에는 목이 없는 머미가 여럿 있습니다. 목이 없는 머미는 인신공양 되어서 목이 잘려나간 것이라고 유적안내자가 설명합니다. 인신공양된 육신을 머미로 만든 이유는 무엇일까요. 공양된 제물은 존귀한 대상으로 대우받습니다. 신의 소유물이 되기 때문입니다. 신에게 공양한 제물을 머미로 만들어 영구히 보존하려 했다면 어쩌면 서로 제물이 되겠다고 희망했을지도 모릅니다. 머미로 만들어져 영원히 살아남는 영광이 있을 테니까요. 목이 잘린 채 머미가 된 저들도 과연 꿈을 이룬 것으로 봐야 할까요.

아타우알파도 형 집행 3일 전 개종을 해서 화형을 피하는 대신 목이 잘렸습니다. 그는 개종을 하며 "내 이름은 후안, 나는 이 이름을 가지고 죽어가는구나"라는 말을 남겼다고 합니다. 물론 그의 몸은 머미로 만들어졌을 겁니다. 그리고 누군가 찾아주길 목 놓아 기다리고 있을 겁니다. 그런데 누가 그를 알아볼까요. 목이 없는데……. 만일 그가 21세기 차우치야 무덤군에 와봤다면, 그랬다면 개종을 하면서까지 목이 없는 육신을 남기려 하지 않았을 것이라는 생각이 듭니다.

　나스카를 떠나 이카Ica로 향합니다. 이카는 중국 둔황의 월아천과 명사산을 떠올리게 하는 멋진 사막입니다. 둔황에서는 낙타가 사막으로 안내하지만 이카에서는 버기카라는 사막차량이 그 역할을 하고 있습니다. 버기카는 낙타같이 여유롭고 호젓하지 않습니다. 상체를 'Y'자로 감싸는 안전벨트를 맸음에도 손잡이를 잡은 손에 힘이 잔뜩 들어갑니다. 퉁퉁거리며 오르막을 뛰어오르더니 굴러버릴 듯 가파른 사면을 뜀박질해 내려갑니다. 얼마나 손에 땀을 쥐게 하는지 눈을 뜰 수 없을 정도입니다.

　사막을 달리던 버기카가 3단의 긴 모래톱 위에 멈춰서자 샌드보드를 타는 시간을 갖습니다. 어린아이가 된 듯 모래사면을 쏜살같이 미끄러져 내려옵니다. 3단의 모래사면이 단단한 걸 보면 밑에서 바람이 모래를 밀어올리는 것 같습니다. 그러니 이 많은 사람들이 샌드보드를 타도 모래톱이 그대로겠죠. 버기카는 다시 일몰을 맞으러 사막 저편으로 달려갑니다. 낮과 밤의 변화를 알리는 바람이 솔솔 불어오고 모랫바닥을 훑고 지나가는 바람소리가 바작바작 조응하는 해 바뀜의 시간. 눈을 감고 앉아 얼굴을 보듬는 바람의 손길, 귀를 스치는 소리의 진동, 코를 자극하는 일몰의 냄새를 느끼며 스르르 녹아듭니다. 저기가 끝인지, 저 건너가 끝인지 알고 싶어 다시 모래톱 하나를 넘었습니다. 다시 이어지는 모래톱……. 끝은 있으되 지금의 저에게는 없는 끝입니다.

승리자와 애국자의 섬

작은 갈라파고스라고 불리는 바예스타Ballestas 섬은 종種의 보고이며 훔볼트 펭귄과 바다사자가 무리 지어 사는 이상한 나라이자, 배설물이 보석이 될 수 있다는 이상한 낭설의 공간이기도 합니다. 원래 펭귄은 남극지방에서 사는 녀석입니다. 우리나라 동물원에도 있지만 여름에 얼음을 넣어주지 않으면 죽어버리겠다고 으름장을 놓는 그런 녀석이죠. 바다사자도 극지방이 고향입니다. 바다사자는 두터운 지방층을 가지고 있어 얼음에 뒹굴어도 끄떡없지만 반대로 더워지면 지방층이 몸의 발열을 막아 견디기 어렵습니다. 그런데 적도에서 그리 멀지 않은 페루 앞바다에 왜 펭귄과 바다사자가 몰려와 살까요. 물론 훔볼트 한류 때문입니다. 바닷물이 극지방같이 차니 몸이 더워지면 찬물에 풍덩 들어가면 되고, 먹잇감이 많으니 떠날 이유가 없나 봅니다. 그들의 평화로움에는 불평이 보이지 않습니다. 쾌속보트로 40분을 달려 섬에 접근하면 바다사자 떼가 지르는 괴성이 섬을 쩌렁쩌렁 울려 정신이 혼미합니다.

해안가에서 몸을 말리는 셀 수 없이 많은 바다사자 가운데 수컷은 얼마 안 되고 대부분이 암컷이라고 합니다. 동물세계에는 암컷 선택Female Selection이라는 것이 있습니다. 수컷은 씨를 뿌리기 위해 암컷의 선택을 받아야 하니 자신을 화려하고 강하게 치장하는 반면 암컷은 경쟁에서 이긴 수컷의 씨를 받으면 그만입니다. 동물세계나 인간세계나 수컷은 치열한 경쟁에서 벗어나기 어려운가 봅니다. 저 무리 속의 수컷은 그런 경쟁에서 승리한 녀석들이고 패배한 수컷들은 처량하게도 '도피자의 섬'에 거주합니다. 승리하면 모두를 차지하는 승자독식은 인간세계보다 동물세계가 한 수 위인 것이죠. 저 많은 암컷을 충분히 누릴 승리자의 권리를 가진 녀석은 몇 안 되고 대부분은 하루하루를 한탄하며 도피자의 섬에서 기거한다니 바예스타 섬은 우울한 사연의 섬입니다.

'승자의 섬'을 지나 도피자의 섬에 다가가니 섬은 의외로 평온합니다. 승리자의 섬은 괴성과 냄새로 혼란스러운 반면 도피자의 섬에서는 작은 새끼를 데리고 수영과 사냥을 가르치는 어미의 한가로운 모습이 눈에 띕니다. 승리자의 섬에서 보통의 수컷은 10마리의 암컷을 거느리는데, 자기 자식이면서도 수컷이 태어나면 죽이려 한다고 합니다. 이를 참다못한 어미가 새끼를 데리고 승자의 섬을 떠나 도피자의 섬에 머물며 새끼를 키운다니 조금은 위안이 됩니다.

그러나 바예스타 섬의 실질적인 주인은 바다사자도 펭귄도 아닌 하늘을 뒤덮은 바닷새들입니다. 섬의 지면은 새의 분뇨로 하얗게 쌓여 암석같이 굳어져 있는데, 이를 '구아노'라고 합니다. 1840년경부터 구아노를 비료의 주원료로 사용했다는데, 잉카시대에도 농업생산력을 높이기 위해 정기적으로 해안에서 새의 분뇨를 가져다 뿌렸다는 기록이 남아 있습니다. 이런 정황으로 볼 때 바예스타 섬의 구아노는 잉카시대부터 정권유지에 큰 기여를 했을 것으로 보입니다. 경제기반이 취약하던 신흥독립국 페루는 1842년부터 1870년까지 900만 톤의 구아노를 유럽과 북미시장에 수출했고, 이는 국가 수입의 80퍼센트에 해당되었다고 하니, 한마디로 똥을 팔아 나라 살림을 꾸려간 거죠. 그러니 섬을 빼곡히 덮은 새들은 대견한 존재입니다. 페루가 어려웠던 시절 국고의 80퍼센트를 책임진 공로자인 새들에게 페루 국적을 주면 어떨까요.

"너희들은 모두 페루의 새야, 애국심을 다시 보여줘."

구아노로 뒤덮인 바예스타 섬의 페루펠리컨입니다.
녀석, 표정 한번 도도하죠?

훔볼트 해류가 용천하는 파라카스 해안.
바다는 검푸른 빛, 해안선은 붉고 노란 화산석이 채색합니다.

광장중앙에서 구석으로 쫓겨난 피사로 동상입니다.
왠지 고독해 보이는 건 제 착각일까요.

나스카 라인은 원숭이, 도마뱀, 고래 등의 동물을 비롯해
수백여 개가 발견됐습니다.
아니, 현재까지도 발견되고 있습니다.

이카 지역에서는 모래사막, 오아시스, 나스카 라인을 배경으로 다양한 어드벤처를 즐길 수 있습니다.
특히 이카의 사막은 여행자의 영혼을 시(詩)처럼 포장하는 마법의 땅입니다.

ROUTE 2

잉카의 소리를 듣다, 쿠스코

"예수가 누구인가?"
"인류를 위해 못 박혀 돌아가신 분입니다."
"내가 무엇 때문에 죽은 신을 모셔야 하는가?
 우리의 태양신과 달의 신은 살아있으니 예수보다 더 위대한 신이 아니겠는가?"

 PERU

── 정복전쟁을 통해 제국으로 성장한 잉카

'태양의 사람들'이라는 뜻의 이름을 가진 잉카족의 정체는 사실 티티카카 주변에서 발생한 소수 부족 집단이었습니다. 잉카의 건국신화에 따르면 먼 옛날 태양의 신 인티가 그의 아들딸인 망코와 오콜로를 티티카카에 내려 보냈습니다. 그들은 남매이면서 부부가 되어 잉카족을 낳고 번창시켰습니다. 그러니 잉카가 친누이나 사촌 간에 배우자를 찾는 것은 건국 신화에 입각한 전통 중 하나였습니다. 잉카족의 왕국을 건설하라는 인티의 명을 받은 망코와 오콜로는 지하의 길을 따라 쿠스코Cusco에 이르렀고 그곳에 첫 왕국을 세웠습니다. 이름하여 '4개의 땅이 합쳐진 땅' 타완틴수유Tawantinsuyu, 잉카제국의 정식 명칭의 성립입니다. 탄완틴수유는 북쪽 땅 친차이-수유, 동쪽 땅 안티-수유, 남쪽 땅 쿠야-수유, 서쪽 땅 쿤티-수유의 사방위를 포괄하는 '대지의 주인'을 상징한다고 하니, 잉카는 처음부터 제국을 꿈꾼 모양입니다.

스페인의 어느 역사가가 잉카의 귀족들에게 잉카제국이 그렇게 넓은 지역까지 팽창한 이유를 묻자 그들은 하나같이 "잉카가 땅을 넓힌 것은 질서가 무너져 혼란스러운 세계를 다시 안정시켜 사람들이 편하게 살 수 있게 하려는 것이다"라고 대답했습니다. 속내가 무엇이든 겉으로 드러난 명분은 '신을 받드는 올바른 나라의 확립'입니다. 어떤 혁명도, 설사 역성혁명이라 하더라도 그들이 내거는 기치의 바탕에는 민심과 천심이 있는 법이지요. 동서양을 막론하고 존재했던 모든 정복국가의 논리입니다. 이사벨 여왕은 남미 대륙을 향한 스페인의 정의를 이렇게 표현했습니다.

"우리가 구원할 인디언이 한 명밖에 없더라도 우린 정복에 나서야 한다!"

억지스러워 보이지만 당시의 사고로는 가능한 일이었겠죠. 그러니 그 정의를 위한 제국의 파괴는 물론 대량학살도 가능했습니다. 스페인뿐 아니라 잉카제국의 확대와 정복도 같은 논리였고 해체 역시 같은 논리로 진행되었으니 이것이 역사의 순행이요 귀결이랄 밖에요.

알려진 바에 의하면 잉카는 1300년경 건국되었습니다. 구대륙에서는 칭기즈칸의 후손들이 유라시아 대륙을 휘젓고 한반도에서는 고려의 기운이 기울고 조선의 기운이 상승하는 시기입니다. 그때에야 겨우 소수 부족 단위의 왕국이 세워진 것이라면 잉카의 시작은 건국신화와 달리 많이 늦고 소박합니다.

잉카는 건국 후 100년이 지난 8대 잉카 왕호를 의미 비라코차 Viracocha에 이르러서야 주변 부족을 정복하며 성장의 발판을 마련합니다. 건국 초기의 잉카는 고구려 5부족회의와 같은 부족협의회의 수장일 뿐 절대적인 권력자가 아니었습니다. 그래서 무슨 일을 하든 귀족들과 협의해야 했고 그들이 동의하지 않으면 할 수 있는 일이 하나도 없었습니다. 비라코차의 정복전쟁은 이런 관계를 변화시켰습니다. 그는 정복을 통해 확보한 재물로 귀족을 회유하여 지지기반을 확대하였고, 군사들을 통제하며 권력기반을 다졌습니다. 다시 말해 왕정국가의 초석을 다진 것입니다.

주변을 정복하며 자신만만해진 비라코차는 당시 안데스 고원을 양분하던 북쪽의 창카족을 정복하여 안데스 고원의 절대 강자가 되겠다는 꿈을 꾸었습니다. 하지만 창카족은 만만한 상대가 아니었습니다. 초반의 열세를 이겨낸 창카족은 전세를 역전시켰고 도리어 쿠스코를 포위하였습니다. 쿠스코가 함락 위기에 처하게 되자 귀족들은 비라코차에게 등을 돌렸고, 비라코차는 할 수 없이 장자인 잉쿠르 콘을 데리고 쿠스코를 탈출합니다.

잉카제국 역사의 커다란 전환점은 왕이 수도를 탈출한 그 시점이었습니다. 비라코차의 둘째 아들 쿠시 유판키는 위기의 순간에 구국의 전사로 전면에 나서 흩어진 병사들과 백성들을 다시 모으고 등 돌린 귀족들을 설득하여 창카족에 대항했습니다. 그는 쿠스코를 지켜냈을 뿐 아니라 여세를 몰아 창카족을 멸망시키며 안데스 고원을 통합한 진정한 강자가 되었습니다. 장자는 주변에서 정통성을 증명해주니 스스로 증명해야 할 필요를 못 느끼지만 차남이 권력을 쥐려면 스스로 존재를 증명해야만 하는데 쿠시 유판키도 그랬던 것이죠. 나라가 위기에 처했을 때 장자인 잉쿠르 콘은 아버지를 선택했지만 차남인 쿠시 유판키는 백성을 선택했고, 자신의 선택을 성공으로 이끌었습니다. 잉카가 지역 왕국에서 제국으로 탈바꿈하는 첫걸음이 시작된 것입니다.

쿠시 유판키는 스스로를 '세상을 발칵 뒤집는 자'라는 뜻의 파차쿠티Pachacuti로 명명하며 새로운 잉카에 올라 제국의 역사를 새롭게 썼습니다. 그는 안데스 고원을 잉카의 영역에 통합하고 잉카를 제국으로 다시 태어나게끔 이끈 위대한 정복왕이자 실질적인 설계자였습니다. 그리고 정복왕으로서 할 일을 끝낸 파차쿠티는 1463년 아들인 투팍 유판키에게 군령을 물려주고 자신은 스스로 명명했듯이 세상을 발칵 뒤집는 일을 시작했습니다. 세상의 중심이자 제국의 수도인 쿠스코를 문명도시로 만드는 사업에 인생의 후반부를 건 것입니다.

그는 어디서 무력의 한계를 깨달았을까요. 중국은 북방민족이 수시로 들락거리며 왕조를 세우고 주인행세를 해도 "맘대로 해라, 어디까지 가나 보자" 하며 태연히 외면했습니다. 그것이 중국의 힘이라고 하면 중국의 힘 역시 무력이 아닌 문화였습니다. 무력은 한 번 쇠하면 흔적도 없이 사라지지만 문화는 쇠하다가도 다시 흥기하니 땅과 사람이 있는 한 사라지지 않고 이어지기 때문입니다. 중국의 힘은 칼이 아닌 붓이었고, 로마의 힘은 배척이 아닌 시민권의 개방이었으며, 그리스의 힘은 개방적 도시민의 자유의지였습니다. 정복은 칼로 할 수 있지만 통치에는 문화가 필요한 것이죠. 그렇다면 잉카가 제국으로 성장하고 유지되었던 문화의 힘은 무엇이었을까요. 현재 남아있는 것은 무겁고 거대한 석조건축물뿐이지만 건축물은 그 시대의 문화와 정신을 품고 있으니, 파차쿠티의 쿠스코 건설이 잉카가 제국으로 성장하는 발판이었음은 분명합니다.

파차쿠티가 개축한 15세기의 쿠스코는 작은 왕궁도시에서 4,000개의 석조건물과 상하수도 시설을 갖춘 인구 25만의 제국도시로 변모했습니다. 당시 유럽의 도시는 하수시설을 갖추지 못해 도로에 동물과 인간의 배설물이 넘쳐나고 도시 곳곳이 악취로 들끓어 사람을 번쩍 안아서 길을 건네주는 직업까지 있을 정도였다고 합니다. 쿠스코는 규모로 봤을 때도 동시대 유럽의 어느 도시에도 뒤지지 않는 거대도시였습니다. 당시 대항해 시대를 연 세비아의 인구가 3만이었으며 동시대 파리나 로마도 비교가 되지 않았으니 파차쿠티가 건설한 쿠스코는 세상의 중심이라 할 만했습니다. 그렇게 승승장구하던 잉카제국은 파차쿠티의 시대가 지나면서 점차 쇠퇴하기 시작합니다.

제국의 멸망

잉카제국의 멸망 원인을 후대의 사가들은 이렇게 꼽습니다. 첫 번째는 천연두나 홍역 등 남미 대륙에 없는 질병이 원정군과 함께 옮겨와 잉카 전역을 병들게 했다는 것입니다. 역사적 사실에 근거해도 꽤나 가능성 높은 이야기입니다. 피사로가 가요 섬의 13인과 함께 7개월을 보냈던 둠베스는 활기차고 건강했습니다. 그러나 4년 후 피사로가 168명의 원정대를 이끌고 둠베스에 도착했을 때는 전염병으로 도시 규모가 반으로 줄었고 그나마도 황폐해져 있었습니다. 전염병의 피해는 서민에게만 영향을 미친 것이 아니었습니다. 키토에 머물던 12대 잉카 와이나 카팍은 북쪽에 이상한 사람들이 출몰한다는 보고를 받고, 새로 점령지에 편입된 북쪽지방도 순찰할 겸 그들이 누군지 파악도 할 요량으로 장자인 니난 쿠요치를 대동하고 순행을 떠났습니다. 그곳이 지금의 콜롬비아입니다. 당시 콜롬비아는 멕시코에서부터 서서히 남하하기 시작한 천연두가 확산해가는 와중이었습니다. 와이나 카팍과 니난 쿠요치도 천연두의 공격을 받았고 저항력이 없던 잉카제국의 황제 부자는 결국 사망에 이르렀습니다. 잉카제국은 와이나 카팍과 니난 쿠요치의 죽음과 함께 급속도로 무너졌습니다. 남은 두 아들에게 제국을 나누어 통치하라는 유언은 얼마 지나지 않아 키토를 중심으로 한 신흥세력과 쿠스코를 중심으로 한 구세력의 갈등으로 발전했고 결국 상황은 내전으로 치달았습니다. 신구의 대립은 진보와 보수의 대립을 의미하기도 하니 신흥세력이 내전에서 승리한 사건은 새로운 시대로의 도약이 될 수도 있었겠지만, 잉카제국은 도약도 해보기 전에 멸망 단계에 들어서고 맙니다. 내전을 주시하며 천천히 접근해온 피사로가 있었다고는 해도 1,500만의 인구와 8만의 정규군이 168명의 무뢰배에게 당했다면 이것은 내부의 문제로 봐야 하지 않을까요. 만약 쿠스코의 구세력이 내전에서 승리했다면 신흥세력을 이끌던 마지막 잉카 아타우알파가 피사로의 포로가 되었다 한들 잉카제국이 근본부터 흔들리지는 않았을 것이고, 그랬다면 잉카가 피사로에게 제국의 주인 자리를 그리 호락호락 내주지 않았을지도 모릅니다. 그러니 잉카의 기막힌 운명을 탓할 수밖에요.

지금은 인류가 천연두로부터 해방되었지만 백신이 개발되기까지 천연두는 유럽에서도 맹위를 떨친 가혹한 질병이었습니다. 14세기 유럽을 휩쓴 천연두는 유럽 인구의 30퍼센트를 사망에 이르게 했다고 합니다. 목숨이 다급한 사람들은 신에게 매달렸지만 신은 외면했고, 매달려도 반응 없는 신을 보며 인류는 가슴에 신 대신 과학을 채워 넣으며 르네상스의 문을 열었죠. 결과적으로 천연두는 유럽에 진보라는 선물을 가져다주었습니다. 잉카제국의 멸망 역시 진보라고 할 수는 없겠지만 라틴아메리카의 변화에 단초가 되었으니 인류와 천연두의 관계를 비우호적으로만 보기는 어려울 것 같습니다.

두 번째로 많이 꼽히는 제국의 멸망 원인은 '비라코차의 전설'입니다. 창조주 콘티티 비라코차Contiti Viracocha, 알 수 없는 신는 하늘에서 내려와 불과 비, 농사짓는 법 등 문명을 전해준 잉카 민족의 은인이자 지도자입니다. 하지만 악인들과의 전투에서 패하고 바다 저편으로 떠나면서 반드시 다시 돌아와 복수를 하겠다는 말을 남겼다고 합니다. 그런데 잉카가 기억하는 콘티티 비라코차의 모습이 유럽 사람의 얼굴이라서 잉카인들은 피사로의 원정군을 어떻게 대해야 할지 혼란스러워했습니다. 멕시코 원주민인 아즈텍Aztec족도 비슷한 혼란에 빠졌습니다. 아스테카아즈텍족의 왕국의 왕 몬테수마는 왕국의 심장부인 테노치티틀란에 코르테스와 그의 무장 병력의 입성을 허락했고 몸소 머리까지 수그리며 신하의 예를 갖추기까지 했습니다. 도대체 아즈텍족과 잉카족 사람들은 유럽 사람의 형상을 어디서 보았을까요?

어느 스페인 수도사의 기록에 의하면 코리칸차Coricancha, 태양의 사원의 황금우상은 머리카락, 피부색, 얼굴 모습, 의복, 샌들 등이 그리스도의 열두 제자 중 한 사람인 바돌로매 성인과 꼭 닮았다고 합니다. 코리칸차의 우상은 콘티티 비라코차를 본뜬 것인데 그것이 피사로나 코르테스와 같은 유럽인을 닮았다면 아즈텍족과 잉카족은 무력감을 느꼈을 것입니다. 비라코차의 복수에 대한 전설을 믿는 아즈텍족과 잉카족에게 코르데스나 피사로는 도저히 대항할 수 없는 신성이었던 것입니다. 마치 가톨릭에서 말하는 '심판의 날' 하늘에서 내려온 하늘의 군대로 받아들여졌을 것입니다.

거기다 코르테스나 피사로가 가져온 대포와 총은 화약이 없었던 아즈텍족과 잉카족에게 불을 뿜는 천상의 무기로 보였을 테니 그들의 공포와 무력감은 극에 달했겠지요. 실질적으로 심리전을 구사한 코르테스는 말이 앞으로 뛰어나갈 때 대포를 쏘게 함으로써 마치 하늘의 무기와 같은 이미지로 연출했다고 합니다. 코르테스가 가지고 갔던 5문의 대포는 2문 이외에는 사용이 불가능했고 그나마도 적중률이 떨어지는 대포였으니 아즈텍은 대포의 살상력이 아니라 코르테스의 심리전에 맥없이 쓰러졌다고 봐야 할 것입니다. 그런 현상은 잉카에서도 재현되었고 잉카제국은 스스로의 두려움으로 천천히 무너져갔습니다.

세 번째로 '민심이반'도 제국의 쇠퇴를 가져온 큰 요인으로 꼽힙니다. '로마의 영광은 시민권에 있다'라는 말이 있는데, 이는 그로 인해 혜택과 자긍심이 주어졌기 때문입니다. 잉카제국의 신민도 자긍심은 강했지만 혜택보다는 희생만을 요구하는 종교의식이 문제였습니다. 태양신을 숭배한 잉카제국은 태양이 떠오르는 아침이면 태양신을 위해 산 사람의 심장을 제물로 바치는 인신공양의 풍습이 있었습니다. 특히 '인티라미Inti Raymi'라는 태양신 축제가 시작되면 하루에도 몇십 명씩 신의 제물로 바쳐졌습니다. 아즈텍족이 그랬듯이 잉카제국도 전쟁포로를 제물로 삼았지만 전쟁이 없을 때에는 귀족을 제외한 일반 백성 중에서 제물을 선택했습니다. 제국의 신민은 극도의 불안에 시달렸고, 그런 불안감이 제국의 멸망을 방관하게 했을 것입니다. 잉카가 얼마나 맥없이 무너졌으면 '그것은 500배나 많은 적과 싸워 단 한 명도 죽지 않고 대승을 올린 기묘한 전투였다'라고 브리태니커 백과사전이 기술하고 있을까요.

보이지 않는 잉카의 도시에서 옛사람을 생각하다

쿠스코의 유적지는 상상이 필요합니다. 기초석으로 쓴 석축 위에 스페인이 새로운 건물을 세웠기 때문에 보이는 대로가 아닌 보이지 않는 잉카를 상상해야 하기 때문입니다. 쿠스코를 대표하는 석조건축물은 모두 스페인의 옷을 입고 있습니다. 산토 도밍고 성당은 코리칸차 위에, 쿠스코 대성당은 비라코차 신전을 뜯어낸 석재로 그 자리에 지어졌습니다. 와이나 카팍의 궁전 자리에는 라 콤파냐 헤수스 교회가, 신녀의 집인 아그사와라가 있던 자리에는 산타 카탈리나 수녀원이 세워져 잉카는 땅 아래에만 존재하고 있습니다.

코리칸차는 거대한 석축이 감싼 사원이었고, 신전의 석축에는 2킬로그램짜리 금판 700개가 덮여 있었다고 합니다. 그래서 해가 뜨면 사원의 빛이 주변으로 반사되어 마치 빛나는 태양같이 보였다고 합니다. 코리칸차에 들어가면 익숙한 스페인 풍의 정원과 회랑이 전개됩니다. 그리고 한 쪽 면에 잉카의 신전이 남아 있습니다. 신전순례는 무지개 신전, 별 신전, 번개 신전을 지나 태양의 신전까지 이어집니다. 태양의 신전에 있던 비라코차의 우상 역시 순금 덩어리여서, 아침 해가 머리를 비추면 등불이 되어 신전 안을 훤하게 밝혔다고 합니다. 금판과 우상이 번쩍이는 코리칸차는 틀림없이 태양만큼이나 찬란하게 반짝였겠죠.

석축과 우상 외에도 황금 태양판, 황금으로 만든 옥수수, 황금으로 만든 꽃, 황금으로 입힌 잉카의 미라뿐만 아니라 뜰 중앙의 팔각형 주춧돌엔 55킬로그램의 순금이 덮여 있었다고 하니 코리칸차는 그야말로 금으로 치장한 황금사원이었습니다. 마지막 잉카 아타우알파는 자신의 몸값으로 자신이 갇힌 7×5×3미터 크기의 방을 금으로 가득 채워주겠노라고 말했습니다. 그의 말은 허언이 아니어서 잉카의 백성들은 태양의 아들을 위해 금을 방 안 가득 채워주었는데, 그 금이 모두 코리칸차에서 나온 것이라고 합니다.

　그렇게 챙긴 금은 스페인과 피사로를 잠시 배 불리다가 오래도록 배 고프게 만들었습니다. 잉카에서 빼앗은 금이 스페인에 유입되면서 스페인에서는 강력한 수요증가가 일어났으니, 이를 상업혁명으로 부를 만합니다. 매달 누군가가 통장에 1,000만 원씩 넣어준다고 생각해보십시오. 이것저것 사고 싶은 욕구가 증대할 것입니다. 이런 강력한 수요증가를 자국 내 산업혁명을 통해 해결했다면 세계의 주인은 영국도, 미국도 아닌 스페인이 되었을지도 모릅니다. 그런데 스페인은 그것을 영국과 프랑스에서 해결했습니다. 잉카와 아즈텍의 금이 영원할 줄 알았겠죠. 그러나 라틴아메리카의 금은 줄어들었고, 스페인은 유럽의 최강국이자 선진국 위치에서 영국과 프랑스에 뒤쳐지며 후진국으로 밀려나고 말았습니다.

　먹고 즐기느라 변변한 산업을 키우지 못한 스페인은 라틴아메리카의 금이 한계에 도달함과 동시에 한계에 부딪쳤습니다. 이에 비해 영국은 스페인으로부터 금덩이를 얻기 위해 열심히 공장을 돌렸고 그 결과 산업혁명을 성공시켰습니다. 흔히 산업혁명을 모두의 욕구를 충족시킨 대혁명에 비유합니다. 일부 귀족만이 누리던 물건을 누구나 가질 수 있게 해주는 소비시대의 탄생이고 이를 해결한 혁명이라고 합니다. 그 시작이 코리칸차에서 가져간 황금이었으니, 이것이 유럽을 바꾼 밀알이라고 봐야 하지 않을까요.

　한편 피사로는 스페인 왕실과 8대 2의 계약을 맺었습니다. 계약에 따라 원정대가 챙긴 금은 5,720킬로그램, 은은 금의 약 2배인 것으로 기록되어 있습니다. 이를 현재로 환산하면 약 1,000억 원 정도라고 합니다. 피사로는 168명의 대원과 계약을 맺었으므로 계약에 의해 금을 나누어 주었고 본인은 200킬로그램을 챙겼습니다. 현재 시세로 약 40억 원 정도 된다고 합니다. 그 외에도 식민지의 총독이라는 권력까지 얻었지요. 하급무사의 서자로 태어나 싸움터를 전전하다 라틴아메리카로 건너와서 명예와 부를 모두 얻었으니 대단한 인간승리였습니다. 하지만 역설적으로 코리칸차의 금 때문에 피사로는 죽음을 당하고 말았습니다. 그와 원정대를 꾸린 알마그로가 분배에 불만을 품고 반란을 일으킨 것입니다. 반란을 진압한 피사로는 알마그로를 사형에 처했지만 얼마 지나지 않아 알마그로를 추종한 세력에 의해 피사로도 암살되고 말았으니, 코리칸차의 금은 피사로에게도 스페인에게도 영광 뒤에 숨겨진 독침이라고 할 수 있겠지요.

그런데 문득 궁금해집니다. 피사로는 무슨 확신이 있었기에 잉카와 맞짱 뜰 생각을 했을까요. 병력 수로 봐도 도저히 대적할 수 없는 규모의 군대였습니다. 그런데도 그는 승리를 확신했습니다. 잉카제국을 상대로 승리를 확신한 근거는 무엇이었을까요?

피사로는 잉카를 향해 원정을 떠나기 전에 먼저 아스테카 함락에 성공한 코르테스를 찾아갔습니다. 둘은 외가 쪽 육촌간이었으며 같은 카스티야 출신입니다. 코르테스는 먼 길을 찾아 온 피사로에게 성공의 한 수를 알려주었습니다.

"왕을 생포해 인질로 삼고 부족 간 갈등을 부추겨 우군을 만들라."

1531년 5월, 툼베스에 상륙한 피사로는 잉카의 내전상황을 주시할 뿐 움직이지 않습니다. 그러다 내전에서 승리한 아타우알파가 키토를 떠나 쿠스코로 향한다는 소식을 듣고는 아타우알파의 행로를 파악하고 조용히 추적하기 시작합니다. 그해 11월, 북부 안데스의 작은 온천 마을인 카하마르카까지 추적해온 피사로는 아타우알파에게 면담을 요청합니다.

잉카의 마지막 날의 첫 장면은 카하마르카 마을광장 중앙에 선 채로 아타우알파를 기다리는 발베르베 신부의 등장으로 시작됩니다. 신부는 아타우알파를 만나자 '복종요구서'를 낭독합니다. 복종요구서의 유래는 13세기부터 시작된 이베리아 반도의 국토회복 전쟁 레콩기스타Recoquista에 뿌리를 두고 있습니다. 레콩기스타는 가톨릭과 이교도인 이슬람과의 종교전쟁이기 때문에 복종요구서는 이교도의 모든 재산과 권리를 합법적으로 취할 수 있다는 사고에서 만들어진 것입니다. 생전 처음 듣는 내용에 어리둥절한 아타우알파는 어린애같이 웃으며 발베르베 신부에게 묻습니다.

"예수가 누구인가?"

"인류를 위해 못 박혀 돌아가신 분입니다."

"내가 무엇 때문에 죽은 신을 모셔야 하는가? 우리의 태양신과 달의 신은 살아있으니 예수보다 더 위대한 신이 아니겠는가?"

"이 책을 드리겠습니다. 여기에 하나님의 말씀이 들어있습니다."

발베르베 신부가 건넨 성경을 귀에 가져간 아타우알파는 "아무 말도 하지 않잖아!" 하며 성경을 집어던졌고, 이를 공격신호로 건물에 숨어 있던 정복군이 아타우알파를 포위해 생포합니다.

피사로는 이날의 성공으로 잉카제국을 손쉽게 장악했지만 이는 피사로도 예상하지 못한 일이었습니다. 그는 코르테스가 그랬듯이 제국의 수도인 쿠스코에 신의 군대같이 무혈입성한 후 아타우알파를 배후에서 조종하며 연정을 펼치려 했었습니다. 그가 원한 것은 금을 찾아내어 가져가는 것이었지 제국의 정복도 지배자가 되는 것도 아니었습니다. 그런데 아타우알파가 자신의 어리석음 때문에 자신은 물론 나라까지 공으로 갖다 바치게 된 것입니다. 아타우알파가 아스테카에서 벌어진 일을 알고 있었더라면 어땠을까요. 피사로는 아스테카에서 교훈을 얻었지만 아타우알파는 아스테카를 알지 못했나 봅니다. 같은 대륙을 양분한 동시대의 제국이건만 둘 사이에 아무런 교류가 없었다면 이것 또한 신의 역사인가요.

잉카의 이야기를 풀어놓고 보니 주역들은 모두 불행한 최후를 맞이했습니다. 알마그로는 피사로에게 항거했다가 처형당했고, 피사로는 알마그로 추종자들에게 암살당했으며, 아타우알파는 형장의 이슬로 사라졌습니다. 아타우알파에게 복종요구서를 읽어준 발베르베 신부도 비슷한 최후를 맞이하였습니다. 신부는 다음은 자기 차례라며 잉카를 떠나 파나마로 향하는 배에 올랐지만 배는 항해 중 좌초되었고, 겨우 목숨을 건져 상륙한 섬은 불행히도 식인종이 득실거리는 곳이었습니다. 발베르베 신부는 돼지같이 나무에 꿰여 불에 그을려 죽었으니, 금을 좋아하는 종교인은 말로가 비참하리라는 예언 같습니다. 카하마르카 광장에서 첫 대면한 4명의 인물은 그렇게 역사의 스크린에서 사라졌습니다.

잉카의 건축 속을 거닐다

쿠스코의 좁은 골목길인 아툰루미욕Hatun Rumiyoc 거리는 잉카 석축기술의 상징처럼 알려져 있습니다. 잉카의 석축은 정교할 뿐 아니라 지진에도 무너지지 않는 과학적 설계 때문에 유명세를 탔는데, 실제로 1950년에 발생한 대지진 당시 스페인 시대의 건물은 다 무너진 반면 잉카의 석축은 조금 변형되었을 뿐 온전했다고 합니다. 아툰루미욕에서 가장 유명한 잉카 석축의 정수는 '잉카의 벽Calle Inca Roca'으로 불리는 지름 115미터의 십이각 돌입니다. 면도칼 하나 들어가지 않는 정밀한 석축은 사각이 아닌, 적게는 육각 많게는 십이각의 돌들이 서로 맞물려 있습니다. 더욱이 안으로 경사지게 돌을 깎아 놓아서 지진에 축대가 흔들려도 돌끼리 서로 밀쳐 무너지는 것이 아니라 뒤로 조금 밀려 다시 자리를 잡는 과학적이고 예술성 높은 석축입니다. 접착용 몰탈을 사용하지 않았음에도 빈틈없이 밀착되어 있어 마치 거대한 돌에 금을 그은 것 같은 착각을 일으키게 합니다. 정교함의 극치를 보여주는 이 석축은 모래를 바른 동물가죽으로 표면을 비벼서 가공한 것이라고 합니다. 대체 얼마나 많은 시간이 걸렸을까요. 믿어지지 않지만 잉카는 그리 했을 것 같습니다. 잉카는 태양을 믿었고, 태양의 시간은 영원하니까요.

쿠스코 대성당에 들어서면 가장 눈에 띄는 것은 마르코스 사파타 Marcos Zapata가 그린 〈최후의 만찬〉입니다. 원작 〈최후의 만찬〉은 밀라노의 산타마리아 델레 그라치에 성당 북쪽 벽에 그려진 레오나르도 다빈치의 명화지요. 예수는 마지막 시간이 다가오자 제자들에게 말씀하셨습니다.

"오늘 밤 너희들 중 하나가 나를 배신할 것이다."

이 말에 경악한 열두 제자는 슬픔을 이기지 못하여 울부짖었고 다빈치는 그 현장을 기록하듯 화폭에 담았습니다. 그림 속 열두 제자는 경악과 슬픔에 울부짖으며 다양한 표정을 짓고 있는데, 『할아버지가 꼭 보여주고 싶은 서양명화 101』(김필규, 마로니에북스, 2012)은 '그 와중에도 유다는 돈 주머니를 잡고 당황해한다'고 그림 속 유다를 설명하고 있습니다. 다빈치는 열두 제자의 심리상태를 어떻게 표현할지 많이 고민했다고 합니다. 그중 유다는 유독 힘들지 않았을까요? 이중인격자의 내면을 표현해야 했으니까요.

당시 벽화는 젖은 회벽 위에 물감으로 그리는 프레스코Fresco 벽화가 주류였습니다. 이 기법의 특징은 물감이 회반죽으로 스며들면서 신속히 말라 색이 선명하고 밝으며 오래 보존되는 장점이 있는 반면, 다양하고 세밀하게 표현하기에는 한계가 있습니다. 성화에는 화려한 프레스코 기법이 어울리지만 인간의 어두운 내면을 표현하고자 한 다빈치에겐 새로운 도전이 필요했겠죠. 다빈치는 슬퍼하는 열두 제자의 다양한 표정, 그중에서도 유다의 이중적인 내면을 표현하고 싶었고 프레스코 기법으로 해결할 수 없는 문제를 창조의 아이콘답게 템페라Tempera 기법을 창시해 해결했다고 합니다. 템페라 기법은 마른 벽에 계란 노른자와 식초를 섞은 물감을 사용하는 기법으로 다양한 색채뿐 아니라 덧칠로 세밀한 표정 묘사가 가능했습니다. 덕분에 〈최후의 만찬〉은 오늘날에도 불후의 명작으로 남았습니다.

그런데 쿠스코의 〈최후의 만찬〉은 밀라노의 〈최후의 만찬〉과 다른 한 가지를 가지고 있습니다. 얼핏 봐도 눈에 띄는 한 사람, 식탁 앞에 앉아 있는 남자입니다. 모두 식탁 뒤에 앉아 있는데 유독 한 남자만이 식탁 앞에 앉아 있습니다. 피사로가 유다를 빼고 자신을 그려 넣으라 했기 때문입니다. 그것도 원본과 달리 식탁 앞에 자신을 그려 넣어 예수 다음으로 자신을 돋보이게 했습니다. 자신을 성인의 반열에 놓아 열두 성인의 재탄생을 꿈꾼 쿠스코의 〈최후의 만찬〉, 그야말로 피사로의 꿈과 야망이 살아 있는 그림입니다.

쿠스코 대성당에는 〈최후의 만찬〉 말고도 또 하나의 유명한 볼거리가 있습니다. 멕시코 과달루페의 '검은 머리의 마리아상'과 함께 흔히 토착화된 가톨릭의 상징으로 여겨지는 '검은 얼굴의 예수상'입니다. 이 예수상과 마리아상은 영적 능력이 뛰어나다는 통설이 있습니다. 1950년 일어난 대지진 때 7분이나 여진이 이어졌고, 사람들이 어찌할 바를 몰라 두려움에 떨고 있는 와중에 어떤 사람이 예수상을 들고 성당 밖으로 뛰어나갔다고 합니다. 그러자 지진이 멈추었다는 이야기가 전해져 옵니다.

성당을 나가려는데 지하로 연결된 계단이 눈에 띕니다. 잉카 가르실라소 델 라 베가Inca Garcilaso de la Vega 1539-1616, 페루의 역사가가 기도하며 머물던 방이라고 합니다. 언뜻 책에서 본 하나의 내용이 떠올라 지하로 잠시 발걸음을 옮겼습니다. 그는 잉카의 황녀와 스페인 군인 사이에서 태어난 남성으로 잉카의 진실을 남기려고 『잉카에 대한 공식 보고서』라는 책을 남겼습니다. 비록 스페인어로 쓰이긴 했지만 잉카인이 쓴 유일한 책이고, 그가 의도를 가지고 썼다는 점에서 잉카의 진실에 상당히 가깝다고 평가되는 책입니다. 이는 수도사들의 기록이 잉카를 설명하기에 부족하거나 많이 왜곡되어 있음을 말하는지도 모릅니다. 그가 지하에 머문 특별한 이유가 있었을까요. 대성당은 비라코차를 모시던 신전입니다. 위는 비록 다시 지어졌지만 땅 아래는 온전했으니 그의 마음은 여전히 잉카에 있었던 게 아닐까요.

삭사이우망Sacsayhuaman은 파차쿠티가 건설한 여러 석조건축물 중 가장 규모가 크고 정교하며 잉카의 정신을 함축하고 있는 건축물입니다. 산중턱에 있어 쿠스코 시내가 한눈에 내려다보이는 전망대 역할을 하기도 합니다. 유적지 입구에 그려진 조감도로 본 삭사이우망은 넓은 대지에 3단으로 축대를 쌓고 그 위에 둥근 탑 형태의 신전을 지었으며, 신전 주변에 부속건물을 건설해 마치 방어 기능을 가진 요새 같습니다.

높이 18미터, 길이 360미터의 3단의 축대는 맨 하단부터 지하의 성물 뱀, 땅의 지배자 퓨마, 하늘의 상징 곤도르를 의미한다고 합니다. 마추픽추가 신의 세계인 곤도르 형상을 하고 있다면 삭사이우망은 인간의 세계인 퓨마 형상을 하고 있습니다. 하늘에서 내려다보면 축대 66개의 지점이 지그재그로 돌출되게 축조되어서 마치 날카로운 퓨마의 이빨 같다고 합니다. 석축이 25퍼센트만 남았다는데도 꽤나 거대합니다. 특히 하단부는 거대한 돌로 기초를 다졌는데, 가장 크다는 다각형의 돌은 십육각에 이릅니다. 잉카의 석축이 다각의 구조라지만 십육각은 이 돌이 유일하다고 하고 무게도 잉카 건축에 쓰인 돌 중 가장 무거워서 300톤에 달합니다.

  삭사이우망은 잉카의 패망을 오롯이 지켜본 장소입니다. 흩어진 잉카군을 모아 쿠스코를 탈환한 망코 잉카가 군사령부를 삭사이우망에 두었기 때문에 스페인군과 잉카봉기군의 마지막 혈전이 벌어진 장소가 되었습니다. 병력 수는 비교가 되지 않았지만 철갑을 입은 스페인군의 몸을 잉카의 무기로는 뚫을 수가 없었기 때문에 잉카군은 점차 산정으로 밀리기 시작했습니다. 그리고 더 이상 물러날 장소가 없었던 잉카군은 쿠스코가 내려다보이는 절벽으로 뛰어내려 죽음을 택했습니다. 잉카군은 삭사이우망 정상의 신전에 매달려 애절하게 신을 불렀을 겁니다. 하지만 잉카의 신은 잉카의 백성을 보호하지 못했고 신전도 파괴되었습니다. 그것으로 잉카는 끝이 난 것이죠. 태양의 신 인티는 잉카인의 가슴에서 떠났고 그 자리에 가톨릭 신이 자리 잡았습니다. 가톨릭으로 마음을 바꾸는데 긴 시간이 걸리지 않았던 것은 무기력한 신에 대한 잉카 백성의 보복인지도 모릅니다.

그렇게 인티가 사라진 삭사이우망은 이후 바벨탑의 전철을 밟습니다. 스페인은 삭사이우망에서 돌을 가져다 산토도밍고 성당, 쿠스코 대성당 등을 건축했으며 쿠스코의 주민들도 자기 집을 지을 때 크고 작은 석재를 이곳에서 가져다 지었습니다. 바벨탑의 영광이 사라진 뒤 바벨탑의 무너진 벽돌을 가져다 집을 지은 바벨탑의 후손들과 다를 바가 없습니다. 차이라면 너무 커서 옮기지 못한 돌이 삭사이우망에 남겨졌다는 것뿐입니다.

삭사이우망을 돌아 나오면서 한 가지 궁금증이 생겼습니다. 잉카의 문명단계는 석기문화 혹은 청동기문화라고 합니다. 이렇게 정의하는 이유는 잉카가 철기를 갖지 못했기 때문입니다. 구대륙의 문명은 발전단계가 뚜렷합니다. 하지만 남미 대륙은 첨단수학과 과학지식을 지녔음에도 철기도 바퀴도 없으며 화약도 없었습니다. 그런데 잉카의 미스터리의 중심에는 항상 돌 가공이 있습니다. 철기가 없는데 어떻게 단단한 화강석을 정교하게 잘라내고 다듬을 수 있었을까요. 1911년 마추픽추를 발견한 하이런 빙엄Hiram Bingham, 미국의 역사학자은 '나무즙으로 돌의 표면을 무르게 하는 비법을 원주민은 알고 있다'는 얼토당토않은 기록을 남기기도 했습니다. 그로서도 이해하기 난해한 문제였던가 봅니다.

잉카는 바위에 구멍을 뚫어 라마똥을 넣고 발효시키는 방법으로 바위를 잘랐습니다. 그런데 라마똥을 넣기 위해 바위에 구멍을 뚫으려면 강한 도구가 필요한데, 석기나 청동기 도구로는 불가능한 일입니다. 철기라 해도 순도 높은 강철이나 합금이어야만 알맞은 도구라고 볼 수 있습니다. 만약 그런 도구를 만들었다면 철기를 뛰어넘은 것으로 봐야 하지 않을까요? 저의 궁금증에 대해 안내인 샤울은 참피Champi라는 도구가 잉카에 있었다고 대답합니다. 참피는 철에 금과 백금을 섞어 만든 합금입니다. 현대에도 돌 자르는 톱의 날은 백금이나 다이아몬드 합금을 사용합니다. 참피가 합금이라면 잉카는 현대에나 구현된 지혜를 가지고 있었다고 봐야 하지 않을까요.

그러니 철기를 갖지 못했다는 결론은 섣부른 듯합니다. 스페인이 본 잉카군은 돌팔매를 하고 나무 끝에 돌이나 청동으로 만든 촉을 단 창을 지닌 원시군대였습니다. 그런 군대를 본 스페인의 시각, 그리고 그 이후로 잉카의 역사를 쓴 역사가나 수도사들의 기록에 준한 판단은 아닐런지요. 이에 더해 지식인들의 편견도 일조하지 않았을까요. 헤겔은 신대륙을 '역사 없는 아메리카'라 보았고 다윈은 스페인의 점령을 '미개한 아메리카의 자연도태'로 판단했다고 합니다. 그런 편견들이 덧칠되며 역사 없는 원시 상태의 대륙, 발전하지 못해 자연도태된 대륙으로 인식했던 편견이 잉카의 진실을 보지 못하게 하지 않았는지 의심하게 됩니다. 우리가 알고 있는 지식이 무지에서 온 편견은 아닌지 모르겠습니다.

산 위의 유적 오얀타이탐보Ollantaytambo 역시 역사적 슬픔을 간직한 잉카의 유적입니다. 이곳으로 들어가는 입구는 강과 가파른 산의 틈새 같아 '철옹성'이라는 말이 어울리는 지형입니다. '탐보'는 창고를 의미하기도 하고 역참이나 군사적 시설물을 칭하기도 합니다. 구대륙에서도 전통적인 도시가 아닌 신흥도시는 이런 연유로 탄생했습니다. 로마군이 병영을 설치하고 머물면 그 자리에 도시가 들어서는 식이지요. 로마군이 머물면 성채가 만들어지고, 성채 주변으로 군대를 지원하는 군속, 군수품을 조달하는 상인, 군인을 상대로 장사하는 장사치들까지 모여듭니다. 그렇게 거주지역이 확대되고 결국 도시로 성장했다고 합니다. 사람이 모이고 건물이 들어서면서 도시로 발전해간 것이 오늘날의 주요 도시라면 군단을 유치하려는 지역의 로비도 있지 않았을까요.

"장군, 저희 마을에 머물러주십시오. 저희 마을에는 결혼 못한 처자들이 많답니다."

오얀타이탐보 역시 창고에서 도시로 성장한 곳입니다. 거대한 성을 축조하고 창고에는 식량이 가득하니 창고의 식량을 지키는 군인, 식량을 운반하고 유통시키는 상인, 주변에서 작물을 재배하는 농민에 관리와 병사까지 번잡하게 사람들이 오고 갔죠.

망코 잉카의 봉기군은 삭사이우망에서 스페인에 패하고 이곳으로 퇴각했습니다. 잉카봉기군은 뒤쫓아 온 스페인군을 맞아 오얀타이탐보 앞에 흐르는 바타칸차 강의 물을 막았다가 기병대가 강을 건널 때 막은 물을 터뜨리는 전술을 이용해 대승을 거두었습니다. 이곳에서 대승을 거두었고 산과 강이 감싸는 지형을 이용하면 충분히 방어할 수 있었을 텐데, 망고 잉카는 오얀타이탐보를 포기하고 아마존 입구인 비스코르로 근거지를 옮겼습니다. 전력을 정비해 다시 스페인을 공격하겠다는 이유였겠지만, 백성 없는 군대가 얼마나 존속 가능할까요. 그리고 어느 백성이 왕국의 가치와 문화, 심지어 백성을 버리고 떠난 왕조를 지지할까요.

오얀타이탐보를 떠난 잉카는 아마존에서 몇 대에 걸쳐 존속하며 빌카밤바Vilcabamba, 에콰도르의 작은 마을 시대를 이어갔지만 결국 아마존을 벗어나지 못하고 스페인에 멸망당했습니다. 그리고 잔존세력들은 아마존 안으로 더 깊이 숨어들어 사라졌다고 합니다. 아마존에 존재한다는 엘도라도의 황금 전설을 남긴 채 말이죠.

잉카를 유지시킨 풍요의 비밀

제국의 확장기에는 외부의 에너지에 의지하게 됩니다. 끊임없이 땅을 넓히고 그곳에서 빼앗아온 전리품이 유입되면 제국은 풍요로워지고 경제는 순조롭게 돌아갑니다. 정복국가로서의 제국은 땅이 커지는 만큼 수입이 증대합니다. 하지만 수입이 증가하는 만큼 관리비도 증대하여 수입창출이 멈추면 관리비를 감당하지 못하고 서서히 기울게 됩니다. 그래서 제국은 외부에서 들어오는 재화가 정체되었을 때 내부에서 대안을 찾으려 합니다. 잉카는 제국의 안녕을 위해 어떤 대안을 찾았을까요.

잉카를 유지시켜준 것은 농업생산력이었습니다. 그리고 농업개혁은 모라이 농업연구소에서 시작되었습니다. 남미 대륙의 주식을 살펴보면 아즈텍과 마야는 옥수수, 고지대인 잉카는 감자, 저지대와 해안의 문명권은 야콘의 한 종류인 유키입니다. 잉카의 대표 음식인 감자는 만드는 방식에 따라 츄노Chuno와 모라야Moraya로 분류하는데, 감자를 씻지 않고 그대로 말리면 검붉은색을 띠는 츄노가 되고, 물로 씻어 말리면 흰색을 띠는 모라야가 됩니다. 츄노와 모라야는 감자를 여러 차례 말리고 얼리기를 반복하며 물기를 완전히 뺀 것으로, 모양은 마른 대추같이 쭈글쭈글합니다. 이렇게 만들어진 츄노는 2~3년간 상하지 않고 보관이 가능하다고 하니 수확한 감자를 오랫동안 보관하는 가장 좋은 방법이라고 봐야겠죠. 잉카는 모든 작물의 30퍼센트를 전쟁과 흉작기에 대비해 '콜카'라는 창고에 보관했다가 흉년에 창고를 열어 백성들을 구했습니다. 보관하기 좋은 츄노는 대표적인 구휼식량이었죠.

감자 다음으로 주요 작물인 옥수수는 주로 저지대에서 넓게 경작됩니다. 옥수수는 마야와 아즈텍의 주식이기도 해서 신성한 작물로 존중받았습니다. 마야의 경전 『포폴 부』에는 옥수수가 마야와 얼마나 밀접한지를 보여주는 내용이 있습니다.

"신이 인간을 창조하며 먼저 진흙으로 빚었다. 진흙인간은 비가 오면 쉽게 허물어져서 실패했다. 신은 다시 나무로 인간을 창조하였다. 나무인간은 지능이 떨어지고 신에게 감사하지도 않을 뿐 아니라 몸에 피가 돌지 않아 움직임이 없었다. 신은 다시 나무인간을 없애고 옥수수 가루를 반죽해 인간을 만들었다. 그리고 옥수수 즙으로 피를 만들어 넣으니 활달하게 움직이기 시작했다."

마야족은 자신들이 옥수수로부터 나왔다고 믿을 만큼 이것을 신성한 작물로 여겼습니다. 옥수수는 잉카에서도 제례 때나 전쟁에 나가는 병사에게만 특별히 제공될 만큼 귀한 음식으로 대접받았습니다.

남미에서 전래된 감자와 옥수수는 금과 은보다 더욱 유럽을 변화시키고 구한 구세주였습니다. 유럽은 땅이 척박해 항상 식량난에 허덕였습니다. 그런데 감자와 옥수수가 전래되면서 유럽은 인구폭증이라는 새로운 시대를 맞습니다. 16세기 유럽의 인구는 인구대국인 프랑스가 1,500만, 영국은 200만이 되지 않았습니다. 반면 동시대 아즈텍은 2,000만, 잉카는 1,500만이었습니다. 옥수수와 감자를 활용한 문명권과 그렇지 못한 문명권의 차이라고 생각하면 비약일까요.

그런데 옥수수와 감자가 유럽으로 흘러들고 300년이 지나자 유럽의 인구는 전 세계 인구의 4분의 1을 차지했습니다. 이런 분포는 20세기 초까지 이어졌습니다. 밀이 주식인 이슬람권에 비해서도 비약적인 증가였고 쌀농사에 의존한 아시아권의 인구대국인 중국과 인도에 비교해봐도 뒤지지 않는 증가세입니다. 인구수로 봐도 동양의 황인종을 제외하고는 이슬람권이나, 아프리카 흑인, 아메리카의 인디오를 능가하는 백인 인구의 증가를 가져온 것입니다.

감자와 옥수수는 1년에 50일의 노동이면 충분하기 때문에 어느 작물보다 노동생산성이 높은 작물입니다. 아즈텍과 잉카는 옥수수와 감자 덕에 노동력을 충분히 동원할 수 있었고, 결과물은 거대한 석조건축물로 남았습니다. 유럽도 이런 혜택을 입었겠죠. 적게 일하고도 수확량이 많으니 여유시간이 늘어났고 이는 수공업 발달에 기여했다고 합니다. 결과적으로 급격한 인구증가와 산업생산성이 세계로 뻗어나가는 유럽의 힘이었으니, 남미의 옥수수와 감자는 유럽을 구했고 유럽의 천연두는 남미를 망가뜨렸다는 자조 섞인 말이 하나도 어긋나 보이지 않습니다.

잉카는 2,800여 종의 감자를 개발했습니다. 작물의 생산성은 제국의 생명과 직결된 문제인 만큼 잉카는 고도에 가장 적합한 작물을 재배함으로써 생산성을 높이려 했습니다. 그래서 4개나 되는 농업시험장을 가지고 있었고 그중 하나가 모라이 농업시험장입니다. 모라이 농업시험장은 저지대가 아닌 고도 3,800미터 고원에 있습니다. 둥근 계단층을 그리며 70미터 깊이의 웅덩이 모양으로 만들어져 있습니다. 시험장을 이런 모양으로 만든 것은 바람의 영향을 받아 결과가 왜곡되는 것을 피하기 위해서라니, 아주 정밀한 결과를 원했던 것 같습니다.

안데스 산간지대는 작물재배에 좋은 여건이 아니지만 잉카는 모라이에서 그 해법을 찾았고, 잉카가 발견한 과학적 결과는 잉카를 먹여 살렸을 뿐 아니라 멀리 유럽으로 건너가 유럽의 시대를 만들어주었습니다. 그러니 유럽을 팽창시킨 것은 잉카의 금이 아니라 잉카의 곡물이라고 말해야 할 것 같습니다.

모라이에서 멀지 않은 곳에는 살리네라스라고 불리는 잉카의 염전이 있습니다. 염전으로 가는 길에 지나게 되는 작은 마을은 잉카시대부터 염전에서 일하는 사람들이 사는 작고 소박한 마을입니다. 마을로 들어서면 비닐주머니를 장대에 씌워 문에 세워둔 집이 여럿 보입니다. 우리네로 보면 동네 주막이라서 주민들이 옥수수 알갱이를 안주삼아 전통 발효주 치차모라다Chicha Morada를 마시는 곳입니다. 치차모라다는 붉은 옥수수 가루를 입안에 넣고 침으로 개어 발효시킨 막걸리 같은 발효주로, 도

수도 높지 않고 달착지근한 게 한잔하기 딱 좋습니다. 안내자 샤울은 기왕이면 파란 비닐이 걸린 집으로 가자고 합니다. 파란 비닐은 아가씨가 파는 집이고 붉은 비닐은 결혼한 여자가 술을 판다는 표시랍니다. 기왕이면 다홍치마라고 못 이기는 척 파란 비닐이 걸린 집에 들어가 한잔을 얻어 마셨습니다. 수줍은 아가씨에게 직접 갠 것이냐고 물었지만 아닌가 봅니다. 후미진 곳에 앉은 할머니가 입안에 가득 옥수수 가루를 씹고 있습니다.

　살리네라스는 계곡에 자리를 잡은 염전이라 내리막길에 차를 세우고 사진 한 장을 남깁니다. 그리고 촘촘히 판을 엎어놓은 듯한 염전을 걷습니다. 살리네라스는 소금산 아래로 흐르는 지하수가 계곡에서 솟구쳐 올라 만들어진 자연 염전입니다. 잉카는 이 물을 받아 소금을 생산했고 현재에도 잉카시대부터 해오던 방식으로 소금을 생산하고 있습니다. 사람의 생존에 소금은 필수입니다. 소금은 때로는 금만큼이나 비싼 값에 팔려나갔고, 소금으로 부를 축척한 고대왕국이 많았습니다. 잉카는 모라이에서 식량을 얻고 살리네라스에서 소금을 얻어 광대한 제국을 안정적으로 유지시켰습니다. 잉카제국을 낳은 것은 파차쿠티라는 걸출한 왕이었지만, 제국을 유지시킨 것은 성스러운 계곡의 풍요였고 그 중심에 바로 모라이와 살리네라스가 있었던 것입니다.

잉카의 자연 염전, 마라스 살리네라스.
계곡사면을 바둑판 모양으로 깎아 만든 염전은
염수의 흐름과 일조량을 극대화시킨 과학적 설계입니다.

모라이 농업시험장은 3,800미터 고원에 자리 잡았습니다.
둥근 웅덩이 모양의 계단층을 그리며 70미터 계곡 아래로 24단에 걸쳐 펼쳐집니다.

복원도 속 옛 모습은 잃었지만, 삭사이우망은 잉카의 석조건축물 중 가장 규모가 크고 정교한 건축물로 손꼽힙니다.

깜짝 놀라셨죠? 잉카의 머미입니다.
반듯이 눕혀 놓는 이집트와 달리 앉은 채 자루에 넣거나
새끼줄로 감아 보존합니다.

선인장 벌레 코치니야, 약초, 돌가루 등의 자연재료로 염색을 하는 잉카는
아무래도 색의 마술사였나 봅니다.

고산병에 좋은 코카차입니다. 코카잎에서는 구수한 둥글레차 향이 납니다.

ROUTE 3

잉카가 감추어버린 꿈,
잉카의 길과 마추픽추

쿠스코와 마추픽추를 연결하는 잉카의 길은
그 존재 자체가 철저히 감추어졌습니다.
마추픽추는 대체 무엇일까요?

 PERU

잉카의 길에 감춰진 비밀

1911년 예일대 고고학과 교수인 하이런 빙엄은 잉카의 마지막 수도로 알려진 빌카밤바를 찾겠다고 우르밤바 계곡을 따라 아마존으로 떠났습니다. 그 길은 망코 잉카가 잉카의 잔존세력을 이끌고 빌카밤바를 향했던 길이기도 하고, 망코 잉카를 쫓은 스페인 추격군이 지나간 길이기도 했습니다.

잉카의 길에서 내려다보는 우르밤바 계곡은 아주 가파른 협곡입니다. 지금은 기차 레일이 깔려 있지만 잉카시대에는 땅을 다지고, 나무를 잘라가며 지나가야 했던 아주 피곤한 계곡 길이었을 것입니다. 세간을 전부 메고 이동한 잉카군도, 말과 대포를 끌고 추격한 스페인군도 쉽지 않은 길이었습니다. 그런데 8부 능선에는 쿠스코에서 마추픽추 Machu Picchu

로 이어진 '잉카의 길'이 있었습니다. 잉카의 잔존세력을 이끈 망코 잉카와 새로이 잉카에 올라 추격군을 이끌게 된 파우유 잉카 모두 잉카의 길을 마다하고 거친 계곡을 헤치고 갔습니다. 불편을 감수하면서까지 계곡 길을 택한 이유가 무엇이었을까요? 왕족인 그들마저도 이 길을 몰랐을까요.

2만 5,000킬로미터에 달하는 잉카의 길은 '로마의 길' 다음으로 길고 잉카제국 전체를 거미줄같이 이어놓은 통치 수단이었습니다. 모든 잉카의 길은 쿠스코에서 시작되거나 쿠스코에서 끝이 납니다. 그런데 쿠스코와 마추픽추를 연결하는 잉카의 길은 그 존재 자체가 철저히 감추어졌습니다. 마추픽추는 대체 무엇일까요? 그리고 왕족인 망코 잉카와 파우유 잉카는 정녕 마추픽추의 존재를 몰라서 계곡 길을 택했을까요. 잉카트레일로 향하는 내내 의문이 가시지 않습니다.

잉카의 길을 트레일 코스로 개발한 '잉카트레일'은 쿠스코에서 88킬로미터 떨어진 역에서 시작하여 거리로는 48킬로미터이며, 3~4일이 소요됩니다. 길게 걷지 않는 트레커를 위한 일일트레킹도 있습니다. 일일트레킹은 쿠스코에서 104킬로미터 떨어진 104역에서 내려 마추픽추의 입구인 인티푼쿠Intipunku, 태양의 문까지 약 18킬로미터 정도를 걷는 코스로, 대략 6~7시간이 소요됩니다. 일일트레킹은 하루거리로는 가장 길지만 트레킹 시간이 짧은 이유는 높은 고도의 고갯마루를 넘는 구간이 없고 등산로가 평탄하고 좋기 때문입니다. 일일트레킹에서 조심해야 할 점은 인티푼쿠에 도착한다고 끝이 아니라, 셔틀버스 타는 곳까지 1시간가량 걸어 내려와야 하고, 셔틀버스의 막차가 5시경이기 때문에 이 시간에 늦지 않아야 한다는 것입니다. 만약 셔틀버스를 놓치면 마을까지 2시간을 더 걸어야 하니 아주 고된 하루가 됩니다.

104역에서 내려 우루밤바 강에 걸쳐 있는 다리를 건너면 국립공원 입구에 다다릅니다. 여기서 여권과 잉카트레일 허가증을 보여주고 국립공원에 들어섭니다. 여권과 명단을 대조하는 것은 허가받은 사람만 들어올 수 있다는 특별한 메시지죠. 선택받았음에 기분이 우쭐해집니다. 출발하기 전에는 화장실에 꼭 들러야 합니다. 화장실은 출발지와 점심식사를 하는 위냐이 와이나 캠프에만 있을 뿐, 잉카트레일 중간에는 없기 때문입니다. 트레킹을 시작하면 트레일은 깊은 계곡의 한쪽 사면을 따라 촘촘히 이어집니다. 가파른 사면에 실오라기를 걸친 듯 이어지는 오솔길을 걷다 보면 잉카트레일에 산재해 있는 여러 유적지 중 가장 크고 가장 잘 보존되어 있는 위냐이 와이나 유적지에 닿습니다. 하이럼 빙엄 역시 잉카의 길을 따라 위냐이 와이나까지 왔지만, 여기서 어디로 가야 할지 알지 못해 결국 마추픽추로 이어진 길을 찾지 못했습니다. 위냐이 와이나에는 유적지를 관통하는 수로가 있습니다. 수로의 물은 경작지와 거주민의 생명수였을 것입니다. 빙엄은 이 물줄기를 따라 산릉에 오르지 않았을까요. 하지만 마추픽추는 그곳에서도 보이지 않습니다. 하나의 산을 더 넘어야 하기 때문입니다. 어렵게 올라선 능선에서 그가 본 것은 끝도 없는 산줄기의 중첩이었을 것이고 그나마도 빽빽한 숲에서 한 걸음 한 걸음이 곤란했겠죠. 그러니 마추픽추가 있으리라는 생각을 할 수 없었을 것입니다.

빙엄은 위냐이 와이나에서 그만 돌아서야 했고 우루밤바 계곡을 따라 산을 하나 돌고서야 작은 마을에 다다랐습니다. 지금의 아구아 갈리엔테스입니다. 몇 가구 살지 않는 작은 원시마을에서 빙엄은 '저 산 위에 이상한 게 있다'는 어린 목동의 말에 귀 기울였고, 비로소 마추픽추를 찾았습니다. 빙엄이 마추픽추에 처음 발을 디뎠을 때 그곳에는 두 가구의 원주민이 살고 있었다고 합니다. 빙엄은 이들로부터 마추픽추를 단돈 1솔 Sol에 샀다고 합니다. 아마 1솔을 줄 테니 여기를 떠나라고 했겠죠. 물 한 병을 사기도 어려운 금액 1솔로 얻은 마추픽추. 빙엄은 분명 행운의 사나이입니다.

위냐이 와이나는 마추픽추와 어떤 관계를 지닌 성곽이었을까요. 샤울은 위냐이 와이나에 거주하는 남자는 매일 물로 목욕하고 신에게 제사를 지냈다고 설명합니다. 그러면서 신과 자연을 향해 소리치는 잉카식 제례를 보여줍니다. 또 위냐이 와이나에는 잘 축조된 성곽과 정비된 계단식 경작지가 있습니다. 이런 경작지는 우루밤바 계곡 아래를 비롯해 주변에 한두 곳 더 있습니다. 이를 근거로 유추하면 위냐이 와이나는 주변에서 수확한 식량을 모아 보관했다가 마추픽추에 제공하는 창고였다는 주장이 가능합니다.

그런데 위냐이 와이나에서 잉카의 길이 사라졌습니다. 허가된 자만이 마추픽추로 식량을 날랐고, 허가받지 않은 자는 마추픽추로 다가갈 수 없었다는 이야기겠죠. 그렇다면 마추픽추에는 누가 살았던 걸까요?

이들은 마추픽추를 지키는 지킴이였을까요? 신화 속 이야기지만 고대에는 지역마다 성스러운 부족이 있었습니다. 그들은 전통으로 내려오는 민족의 가치를 지키며 특정지역에 고립된 채 살았습니다. 그런 선민부족이 잉카에는 없었을까요? 마사다 요새에만 특별한 사건이 일어나지는 않았을 겁니다. 에세네Essenes파가 유대의 종교적 신념을 지키려 했던 장소가 마사다 요새였듯이 마추픽추도 잉카의 신앙 혼을 지키려 한 특별구역이 아니었을까요?

   위냐이 와이나를 지나면 쿠스코에서 마추픽추로 이어지는 잉카트레일의 하이라이트인 인티푼쿠에 다다릅니다. 인티푼쿠에서 만나는 마추픽추의 웅자雄姿는 기나긴 잉카트레일의 꽃이라 할 만합니다. 만남의 시간이 해 뜨는 시간이라면 더 깊은 감명이 되겠지만, 해 뜨는 시간이 아니라도 힘들게 고갯마루에 올라 세상을 주유하는 한가로움이 가득한 공간입니다. 태양이 힘들게 넘어와 마추픽추에 빛을 쏘아주는 길목의 통로, 태양의 문으로 불리는 이유가 태양이 지나는 길목이기 때문입니다. 인티푼쿠를 지나 내리막길을 걸어 내려가면 잉카트레일이 끝났음을 알리는 돌이 누워 있습니다. 이 돌 앞에 서서 사진 한 장을 남김으로써 트레킹을 끝냅니다.

영원한 미완의 도시 마추픽추

마추픽추가 신비의 유적으로 알려진 것은, 역사의 기록에 나와 있지 않은 유적지이며 스페인의 손길도 잉카의 손길도 닿지 않은 채 1911년이 되어서야 세상에 알려졌기 때문입니다. 마추픽추의 초기연구는 발견자 빙엄의 기록이 전부라고 해도 과언이 아닙니다. 빙엄의 주장이 마추픽추에 대한 진실로 오랫동안 받아들여진 이유는, 그가 학자들의 접근을 막기도 했고 많은 유물을 미국으로 가져갔으며 복원 과정에서의 왜곡 역시 심했기 때문입니다. 지금도 '3개의 창문이 있는 신전'에 가면 뜰 한가운데 커다란 돌이 있는데 사원 안에 있던 돌을 빙엄이 뜰 중앙으로 옮겨다 놓았다고 합니다. 그가 남긴 기록이 얼마나 신빙성이 있는지 의심하게 하는 대목입니다. 빙엄은 고고학적 탐사를 통해 마추픽추가 잉카의 마지막 도시인 빌카밤바라고 발표했습니다. 그래서 빙엄의 기록에 의존했던 초기연구는 마추픽추를 잉카의 마지막 도시 빌카밤바로 받아들였습니다. 하지만 많은 학자들의 연구가 더해지면서 마추픽추는 빌카밤바가 아닌, 어느 기록에도 언급된 적이 없고 누구도 알지 못하는 특별한 목적의 도시라는 주장이 정설로 받아들여지고 있습니다.

   마추픽추는 잉카의 다른 도시와 같이 신전구역과 거주구역으로 나뉘어 있습니다. 좀 더 세분화하면 수로를 분기점으로 주거지와 경작지를 나누고, 주거지는 다시 넓은 광장을 중심으로 위는 신전지역, 아래는 일반 주거지역으로 분리하여 건축한 계획도시입니다. 약 2,000명 정도가 거주했던 것으로 판단되며 신전과 일반 서민이 사는 집터, 공용건물인 학교와 회관, 작업실, 계단식 경작지 등 외부와 단절되어도 존속이 가능한 자급자족 도시로 건설되었습니다.

마추픽추의 기능과 주민에 대해서는 여러 가지 주장이 있습니다. 제사나 농업에 필요한 날짜를 계산하기 위해 사용했던 해시계 인티와타나 Intihuatana, 태양을 붙들어 맨 곳와 3개의 창문이 있는 신전, 태양의 신전, 거울의 신전, 파차마마 신전, 물의 신전 등 신전과 밀집한 지구가 별도로 있던 점을 볼 때 왕실 신전이라는 견해가 지배적입니다. 그리고 주거지역은 신전에 헌정된 신녀들의 거주지라는 주장입니다. 하지만 마추픽추 주변에서 130여 구의 머미가 발견되었다는 점에서 다른 추측도 제기되고 있습니다. 머미를 만드는 일에는 정성과 시간뿐 아니라 많은 비용이 들어갑니다. 어느 시대건 머미는 왕족이나 특권층 일부에게만 허용된 것이었습니다. 많은 수의 머미가 밀집해 있고 쿠스코와 비밀리에 연결되어 있으며 특별한 이유로 일반인에게 공개되지 않은 장소라면, 왕실무덤일 가능성이 농후합니다.

어느 시대건 왕은 자신이 죽은 후 도굴되는 것을 두려워해서 무덤을 철저하게 숨겼습니다. 망코 잉카가 잉카의 길을 따라 도피했다면 마추픽추를 지나야 했을 테고, 그랬다면 잉카의 일반 백성도 마추픽추의 존재를 알게 되었겠죠. 마찬가지로 파우유 잉카가 스페인군을 우르밤바 계곡이 아닌 잉카의 길로 안내했다면 스페인군도 마추픽추를 지나갔을 테니 마추픽추의 안녕은 없었을 것입니다. 선조들의 머미가 보존된 왕실무덤이라면, 두 잉카가 마추픽추를 피해 힘든 계곡 길을 택한 이유로 충분하지 않을까요.

　잉카의 관료나 관리는 11개 왕족 출신으로 구성되어 있고, 잉카를 중심으로 한 피라미드 지배질서는 단단했다고 합니다. 지배계층은 혈통의 순수함을 유지하기 위해 왕족 간의 근친혼을 통해 권력을 세습했는데, 왕족과 동등한 위치에 코야족이 자리 잡고 있었습니다. 코야족은 9대 잉카인 파차쿠티가 티티카카를 정복함과 동시에 대거 쿠스코로 이전해 온 피지배민족입니다. 비록 잉카와 뿌리가 같은 시조민족이라고는 하지만 정복지에서 끌려온 피지배민족인데 잉카사회는 왕족과의 결혼이나 코야족과의 결혼을 동등한 수준으로 보았고, 이 경우에만 권력과 신분을 유지할 수 있었습니다.

　코야족은 피지배민족에서 어떻게 잉카의 정점에 서게 되었을까요. 파차쿠티에 의해 시작된 쿠스코 건설은 코야족이 중심에 있었고, 쿠스코는 신전 중심의 도시였습니다. 신전을 건축하던 민족이 신을 관리하는 민족으로 탈바꿈한 예가 있는지 저는 모르겠습니다. 수메르의 지구라트, 이집트의 피라미드나 룩소르의 신전, 솔로몬의 예루살렘 신전도 신전의 영광은 지배민족에게 있었지 노역자가 주인공이 되지는 않았습니다. 노역자는 문화를 공유하지 못한 채 노역만을 했기 때문일 것입니다.

　코야족이 신전 건축 과정에 잉카사회의 정점에 섰다면, 코야족은 신전 건축만이 아니라 문화를 만들어낸 것이 아닐까요. 위대한 건축을 통해 신의 아들인 잉카를 신성화시키고, 그로 인해 잉카가 지배하는 사회를 단단히 구축한 뒤, 신을 관리하며 잉카를 종교적으로 지배한 일련의 과정이 있지 않았을까요. 분명한 사실은 코야족이 종교 건축물을 세웠고, 잉카는 종교에 경도된 나라가 되었다는 점입니다. 코야족이 잉카사회의 정점에 서게 된 키워드가 그 안에 있다면 마추픽추는 코야족과 관련된 비밀의 장소였을 수도 있습니다.

어쨌든 코야족은 쿠스코에 이어 마추픽추 건축을 시작했습니다. 쿠스코에서 시작된 신전 건축의 마무리가 마추픽추에서 맺어진 것입니다. 이런 시각에서 보면 마추픽추의 성격은 좀 더 분명해집니다. 코야족은 잉카에서 영원히 지배할 종교적 성지를 건축하고, 태양의 아들인 선대 잉카의 머미를 관리하며 영적세계의 헤게모니를 유지하려 한 것은 아닌지요. 그들이 누구건 간에 마추픽추에 거주한 사람들이 무언가를 지키려 했고 홀연히 사라져버린 흔적이 있기에 저의 추측이 자유분방한 상상만은 아닌 듯합니다.

마추픽추에서 외부로 나가는 유일한 통로인 잉카브릿지는 절벽에 숨겨져 있어 외지인이 찾아내기 어렵습니다. 다리는 끊어진 길을 잇기 위한 수단이지만 잉카브릿지는 이어진 길을 끊는 데 쓰인 것 같아 보입니다. 잉카브릿지는 절벽 아래서 돌을 쌓아 양쪽에 턱을 만들고 턱과 턱 사이를 나무로 걸쳐 낭떠러지를 통과할 수 있게 만든 잔교棧橋입니다. 중간에 낭떠러지가 있으니 마추픽추에서 나무를 걸어주지 않으면 밖에서 들어올 수 없고, 다리를 건넌 후 걸쳤던 나무를 제거하면 누구도 넘어올 수 없습니다. 마치 길을 잇기보다 끊기 위해 만든 형태입니다. 이 다리는 마추픽추의 거주민들이 이곳을 버리고 어디론가 홀연히 떠났을 때 마지막으로 쓰였겠죠. 학자들이 잉카브릿지를 건너 따라가 보니 길은 산을 돌아 정글로 이어지다 사라졌다고 합니다. 그러니 마추픽추를 떠난 사람들도 아마존 정글로 사라졌다고 봐야겠죠. 이들은 잉카의 마지막 터전인 빌카밤바에 합류했을까요?

마추픽추는 90퍼센트밖에 완성되지 않은 미완의 도시입니다. 채석장에는 자르다 만 돌이 쌓여 있고 주변에는 급하게 떠난 흔적이 역력합니다. 만일 이들이 빌카밤바에 합류하기 위해 마추픽추를 떠났다면 왜 이렇게 급하게 떠났을까요. 스페인은 알려지지 않은 신성의 땅 마추픽추의 존재를 알지 못했습니다. 이들은 스페인을 피해 떠난 것은 아니었습니다. 그러면 급하게 떠나야만 한 이유는 무엇이었을까요. 그 이유를 찾아야만 마추픽추를 이해할 수 있을 것 같은데 그 실체에 대한 언급이 어디에도 없으니 그저 상상으로만 만족해야 하나 봅니다…….

마추픽추 여행은 제약이 많습니다. 잉카트레일은 하루 200명, 와이나픽추Waynapicchu, 마추픽추 곁에 있는 높은 산도 한 번에 100명, 마추픽추는 하루 2,000명으로 탐방 인원을 제한하고 있습니다. 하지만 2,000명으로도 충분히 북새통을 이뤄 사람들에 떠밀려 다니게 됩니다. 중간중간 관리인이 예리한 눈으로 이탈하는 사람을 지키고 있어서 말뚝과 말뚝을 연결한 줄 안에서 일렬로 이동해야 하고, 진행방향도 정해져 있어 나만의 여유를 갖기 어렵습니다. 예전에는 입구의 경작지에 앉아 유적지를 내려다보며 명상을 하고 미스터리에 대해 이야기를 나누곤 했는데, 지금은 어디 엉덩이 붙일 곳도 없습니다.

　마추픽추의 첫 목적지는 3개의 창문이 있는 신전입니다. 신화에 따르면 잉카의 시조 망코 카팍은 자신이 출현한 곳을 기리기 위해 창문이 3개인 신전을 지으라고 지시했습니다. 망코 카팍이 출현한 태양의 섬Isla de sol에는 친카나Chincana라고 불리는 바위가 존재하는데, 그 바위가 가진 혈의 형태가 사다리꼴이어서 잉카의 창문은 사다리꼴 모양을 하고 있다고 합니다. 3개의 창문이 있는 신전 역시 사다리꼴 모양의 창문들이 벽의 한 면을 차지하고 있습니다.

　3개의 창문이 있는 신전을 지나면 인티와타나가 나옵니다. '태양을 붙잡아 맨 곳'이라는 뜻을 지닌 해시계입니다. 200톤 무게의 거대한 바위에 높이 1.8미터, 너비 36센티미터의 돌기둥이 솟아 있는 하나의 돌입니다. 이 돌기둥은 동지인 6월 1일에 한 해의 운세를 점치는 중요한 역할을 합니다. 아침과 저녁 두 번에 걸쳐 돌기둥에 드리워진 그림자를 보고 올해의 강우량을 측정했고, 이 결과에 따라 재배작물과 시기를 결정했다고 합니다. 그림자가 길면 비가 많고 그림자가 짧으면 비가 적다고 하니, 그림자가 짧은 해에는 잉카가 제단에 머리를 수그리는 일이 많았겠죠.

　또한 정오에는 돌기둥 위로 태양이 일직선으로 위치해 그림자가 생기지 않는다고 합니다. 그래서 돌기둥에 태양을 붙잡아 매는 의식을 치렀다고 합니다. 잉카인들은 천체의 궤도가 바뀌면 커다란 재앙이 생긴다고 믿었고 그런 연유로 태양을 조금이라도 붙잡아두려 한 것이죠.

　인티와타나를 지나면 곧이어 태양의 신전이 나옵니다. 마추픽추의 유적은 하나의 건물을 제외하고는 모두 다시 재건되거나 보수되었습니다. 이는 빙엄이 남긴 발견 초기의 사진에도 잘 나타나 있습니다. 사진 속 마추픽추는 건물은 없고 무너진 잔해만이 가득해 마치 폐허 같은 모습입니다. 이 돌을 맞추어 현재의 마추픽추가 태어났으니, 사실은 저 돌이 정말 저 자리에 있었는지, 잉카의 건축이 정말 이랬는지 알 수가 없습니다. 그런데 잉카시대의 건축 그대로 온전히 남아 있는 건물이 하나 있으니, 바로 태양의 신전입니다. 잉카의 석축은 정밀하고 과학적이라지만 모든 건축물을 다 그렇게 지을 수는 없었을 것입니다. 그러나 신전이나 왕궁 등 특별한 건축에는 온 정성을 쏟았을 터이니 태양의 신전이 온전한 것은 잉카의 정성이기도 하고 태양신의 영광이기도 합니다.

    신전지구의 마지막 방문지는 거울의 신전으로 불리는 특이한 사원입니다. 신전 안에는 3개의 작은 돌 웅덩이에 물이 담겨 있습니다. 여기서는 재미난 실험이 가능한데, 특정 각도가 아니면 아무리 요리조리 바라봐도 물에 태양이 비치지 않습니다. 샤울이 가리키는 각도로 바라봐야만 태양이 보이고 그 각도를 조금만 벗어나면 물 위에 아무것도 비치지 않습니다. 3개의 물웅덩이는 태양, 달, 별을 비추는 신탁의 장소였고, 대사제들은 여기에서 예언을 받고 국사에 조언을 했으니 샤울이 알려준 각도는 사제가 백성을 미혹에 빠뜨린 각도입니다.

    티베트에도 비슷한 메시지 기능을 가진 호수가 있습니다. 티베트에서는 영적 지도자인 달라이 라마가 승천하면 환생한 달라이 라마를 찾기 위해 고승들이 라모라초 호수에 모여 명상을 한다고 합니다. 명상 중 호수 위로 떠오른 영상을 보게 되면 고승들은 명상을 중단하고 이미지의 해답을 찾아 길을 나섭니다. 메시지를 가지고 전국을 헤매던 한 고승이 우연히 농가에 들어가 목을 축였는데 그 집이 라모라초에서 본 영상과 같다는 것을 깨닫고 주인에게 묻습니다.

"집에 어린아이가 있나요?"

농부의 아들에서 티베트의 최고 권력자가 된 달라이 라마 14세의 이야기입니다. 전 세계에서 가장 평등한 권력구조라고 불리는 티베트의 환생불 제도. 신분, 재능, 권력, 재력 그 무엇도 영향을 미치지 못하지만 환생불로 인정되면 가장 낮은 자리에서 가장 높은 자리로 수직 상승하게 되니 혁명보다 더 급격한 신분의 변화입니다. 인간사에서는 불가능한 일입니다. 신이 있기에 가능할 뿐입니다. 그 신을 잡고 있던 것이 잉카제국에서는 마추픽추였으니, 다시금 마추픽추에 살았던 그들과 그들이 지키려 한 그 무엇에 대한 궁금증이 더해갑니다. 마추픽추는 신의 이름으로 잉카에 명령했고 잉카는 마추픽추의 뜻을 따랐으니, 잉카제국의 실질적인 지배는 마추픽추에 의해 이루어진 것이 아니었을까요.

마추픽추가 가장 잘 보이는 전망포인트, '망지기의 집 앞'에 섰습니다.
라마 한 마리가 모델이 되어줍니다.

위냐이 와이나에서 바라본 산세.
중첩된 산줄기는 마추픽추의 존재를 철저히 숨기는 위장막이었죠.

위냐이 와이나는 잉카트레일에 산재해 있는 여러 유적지 중
가장 잘 보존된 유적지입니다.

마추픽추로 향하는 관광열차를 타고
꾸불꾸불 산을 돌아 이어진 잉카트레일에 도전해볼까요.

절벽에 걸린 잉카브릿지는 건너려는 자에게도 건넌 자에게도
다시 돌아올 수 없는 여정입니다.

ROUTE 4

안데스 고원에 숨겨진 문화,
티와나쿠 · 티티카카 호수

볼리비아 사람들은 말합니다.
'아틀란티스는 볼리비아이고 수도는 티와나쿠'라고.

PERU
BOLIVIA

잉카의 시조가 선택한 티티카카

인간이 살기에 그리 좋은 조건이 아닌 3,890미터의 고도에 문명이 탄생했습니다. 그들은 어떤 이유로 이렇게 높은 곳에 문명을 이룩했을까요? 티티카카Titicaca 호수에서 가진 첫 질문은 역시나 풀기 어려운 난제입니다. 잉카의 시조가 처음 내려왔다는 티티카카. 단지 하늘과 가까워서일까요?

사라진 초 고대문명으로 '뮤Mu, 태평양에 존재했다는 문명 대륙'와 '아틀란티스Atlantis, 대서양에 존재했다는 문명 대륙' 대륙이 있습니다. 양 대륙은 어느 날 바다 속으로 사라졌다고 합니다. 플라톤은 아틀란티스 대륙의 크기를 리비아와 아시아를 합친 것보다 크다고 말했습니다. 플라톤이 인지한 아시아는 지금의 이란을 포함한 오리엔트에 한정되었으니, 아틀란티스는 지중해 세계의 절반이 넘는 거대한 문명대지입니다. 그런 문명대지가 하루아침에 바닷속으로 사라졌습니다. 존재 자체가 가설이지만 남미의 문명개화를 사라진 대륙과 연관 짓는 속설이 있습니다. 문명대지가 사라짐과 동시에 문명이 없던 땅에 갑자기 발전된 문명이 탄생했다고 구전으로 전해져 온다면, 사라진 대륙과 어떤 연관이 있다고 생각해야 하지 않을까요? 문명이란 발전단계가 필요한 것이므로 누군가 이식하지 않는 한 갑작스런 탄생은 있을 수 없기 때문입니다. 사라진 문명에 집착하는 학자들은 '문명의 이식자는 아틀란티스나 뮤 대륙이 침몰할 때 대륙으로 옮겨온 사람들'이라고 주장합니다. 이들은 문명대지가 바닷속으로 침몰할 때 산간지방에 살았기 때문에 살아남을 수 있었고, 이들의 섬을 떠나면서 문명이 지구촌 곳곳에 싹텄다고 주장합니다. 거대한 땅이 바닷속으로 사라지던 날 산간지방에 살던 사람들만이 살아남았다면 향후에 그들이 편안한 저지대를 외면하고 고지대에 문명을 고집한 이유로 충분하지 않을까요. 고지대에 대한 집착이 과거의 경험에서 나온 것이고, 언젠가 다시 닥쳐올 종말을 대비한 의식적인 행동이었다면 말입니다.

물론 그럴지라도 3,900미터는 사람이 살아가기에 너무 높은 고도입니다. 티티카카에 사는 개구리는 희박한 산소를 더 흡입하기 위해 피부의 면적을 넓혀서 피부에 쪼글쪼글한 주름이 깊게 잡혀 있습니다. 안데스의 주민은 저지대 사람에 비해 심장과 폐가 더 크며 혈액량도 2배, 헤모글로빈 수치도 2배에 달한다고 합니다. 부족한 산소를 한 번에 많이 옮기기 위해 운송수단을 2배로 늘린 결과 나타난 신체의 변화입니다.

그렇게 적응했다고 몸이 편안할까요? 안데스 주민도 고도를 힘들어하는 모습이 그들의 생활 속에서 잘 나타납니다. 티티카카 안내자인 샌디는 작은 비닐봉투에 코카잎을 가득 가지고 다니며 쉬지 않고 씹습니다. 코가잎을 씹으면 피 순환이 잘 되고 열이 날 뿐 아니라 힘이 솟아 6시간 동안 배가 고픈 줄 모른다며, 고산에 머무르는 동안 코카잎을 씹으라고 권합니다. 코카잎은 신체반응을 무디게 하는 일종의 마취제 성분이 포함된 칼로리 높은 식물입니다. 그러니 덜 피곤하고 덜 고통스러우면서도 힘이 나고 배고픔을 잊게 하는 효과가 있습니다. 달리 말하면 몸이 상해도 고통을 모르게 한다는 뜻이니 과다섭취가 몸에 좋을 리 없습니다.

안데스에 피어난 문명은 그렇게 고통을 잊어가며 살아남으려 애쓴 결과물인 것입니다. 강 하구의 풍요를 활용했다면 훨씬 쉬웠을 텐데, 불편한 자연환경을 이겨내면서 고원에 살아남으려 한 이유가 그날의 고통스런 기억 때문일 수 있다고 생각하니 숨겨진 문화에 대한 궁금증이 더해 갑니다.

이런 궁금증을 안고 티티카카 호수를 찾아갑니다. 티티카카는 코르디예라 오리엔탈과 코르디예라 옥시덴탈 산맥 사이에 갇힌 알티플라노 고원의 한 부분이며, 코르디예라 레알 산맥과 코르디예라 카라바야 산맥 그리고 주변을 감싼 화산 산맥이 가두어버린 내륙바다입니다. 면적은 8,372제곱킬로미터로 충청남도 면적과 비슷하며, 60퍼센트가 페루에 속해 있고 40퍼센트가 볼리비아에 속해 있어 서로 공평히 나눈 모양새입니다. 티티카카 호수는 1000~1200년 주기로 수량이 줄었다 늘었다 하는데, 볼리비아 쪽 티티카카에서 차로 1시간 거리인 티와나쿠Tiwanaku 유적지에 부두유적과 수로가 남아 있는 것을 보면 확장했을 때는 지금의 2배 정도 크기가 아니었을까 추측됩니다. 기원전 2세기를 티와나쿠 문명의 시작이라고 보는 고고학적 시각으로 봐도 문명의 탄생이 티티카카 호수의 확장기와 맞물리며, 티와나쿠의 쇠퇴 역사도 티티카카 축소기와 시기적으로 맞물리니, 티티카카의 변화가 티와나쿠 문명의 성쇠를 낳았다 해도 이상할 것이 없어 보입니다.

남미에서 가장 미스터리한 티와나쿠 문명이 사라진 후 티티카카 주변에는 4개의 부족국가가 들어섰다고 합니다. 아이마라족, 코야족, 푸나족, 잉카족은 각각 티티카카 주변에 작은 왕국을 세우고 서로 경쟁하고 견제하며 공존했습니다. 그러다가 세력을 확장한 아이마라족에 모두 흡수되어 티티카카는 아이마라족의 영역이 되었습니다. 세력 다툼에서 밀린 잉카족은 쿠스코로 이동해 현지의 케추아Quechua어를 구사하는 민족과 화합하여 대성공을 거두었고, 역으로 티티카카를 공략해 최후의 지배자가 되었습니다. 안내자 샌디가 들려주는 티티카카의 역사 이야기입니다.

티티카카 유람은 배를 타고 2시간 30분을 달리면 닿는 타킬레Taquil 섬에서부터 시작합니다. 티티카카에는 총 41개의 섬이 있으며 그중 잉카가 탄생한 태양의 섬, 그 옆에 짝을 이룬 달의 섬, 그리고 갈대로 만든 인공섬인 우로스 섬, 잉카의 전통이 가장 잘 보존되어 있다는 타킬레 섬이 주요 관광지입니다.

첫 방문지 타킬레 섬은 잉카사회의 근간이었던 공동소유와 공동분배가 지켜지는 섬입니다. 모든 결정은 마을 원로회의에서 결정되며 개인에게 문제와 다툼이 생기면 공동체의 기준에 따라 결정합니다. 샌디는 이를 '잉카 방식 그대로'라고 살을 붙입니다. 배에서 내려 섬을 종단하는 트레킹을 시작하면 제일 먼저 만나는 것이 마을 입구를 알리는 아치형 문입니다. 마을로 들어서면 길 양편으로 밭이 펼쳐지고 가끔 판매를 위한 가판이 놓여 있습니다.

밭에는 퀴노아Quinoa, 남아메리카 안데스 산맥 지역에서 생산되는 작물와 감자, 옥수수가 심어져 있는데, 특히 퀴노아의 색이 화려해 눈에 띕니다. 퀴노아는 붉은색과 흰색 2종류가 심어져 있습니다. 낱알이 다닥다닥 붙어 있어 외양으로는 수숫대 같지만 수수에 비해 낱알이 많고 색이 화려합니다. 퀴노아는 우리에게도 건강식품의 대명사로 통합니다. 유일하게 나트륨이 함유되지 않은 식품, 식물이면서 동물성 수준의 단백질을 함유한 식품, 우주인의 음식 등 수식어도 다양합니다. 3,500미터 이상의 고원에서만 재배가 가능해서 페루, 볼리비아, 에콰도르의 산간이 주 재배지라고 합니다.

마을을 들어서서 1시간 30분가량 걸으면 타킬레 섬의 중심광장에 도착합니다. 광장에는 신부가 없어서 항상 문이 닫혀 있다는 성당, 의사는 있지만 환자가 없어 개점휴업이라는 보건소, 추억이 담긴 엽서를 보낼 수 있는 우체국, 그리고 남자들이 만든 수공예품을 판다는 공판장이 들어서 있습니다. 일행이 물건을 사려고 흥정을 거는데 전혀 물건 값이 내려가지 않아 그만두었다며 공판장에서 나옵니다. 처음 말한 금액만을 반복할 뿐 전혀 흥정이 되지 않으니 당황했던 모양입니다. 타킬레 섬은 모든 것이 공동소유입니다. 순번에 의해 여기서 물건을 팔 뿐이고 정해진 시간만 채우면 되니 물건 값이 내려갈 리 없습니다. 어찌 보면 가장 좋은 거래입니다. 사는 사람도 마음이 편하고 파는 사람도 편하기만 합니다. 하지만 일행은 결국 물건을 사지 못했습니다. 비싸서가 아니고 익숙하지 않아서입니다. 깎아야 이득을 본 것 같고 안 깎으면 손해를 본 듯한 정서적 불안 때문이기도 하고요.

이런 현상은 식당에서도 이어집니다. 밭 사이를 돌아 어느 개인의 집으로 안내되었습니다. 넓은 앞마당에 자리 잡은 식탁에는 단출한 음식이 차려져 있습니다. 저는 샌디에게 아까의 궁금증에 대해 다시 물었습니다.

"식당도 공동체에서 정해주나요? 그럼 금액과 메뉴까지 같나요?"

답은 예상을 빗나가지 않았습니다. 식당의 순번도 공동체에서 정하기 때문에 영업을 위해 어떠한 노력을 할 필요가 없다고 합니다. 메뉴는 퀴노아 수프에 송어와 오믈렛으로 정해져 있고 그날 주어진 손님을 받아 정해진 음식을 제공하면 그만이라고 하니 참으로 속 편한 사람들입니다. 현대사회의 스트레스는 경쟁과 격차가 원인이라고 합니다. 경쟁을 배제한 이들의 삶에서 배울 점은 없을까요. 샌디의 설명을 빌리면 타킬레 섬의 평균수명은 90세이며 노인들은 죽을 때까지 흰 머리카락이 없다고 합니다. 유기농 음식, 공해 없는 맑은 공기, 스트레스 없는 삶, 그들의 머리가 하얗게 될 이유가 없어 보입니다.

하지만 그게 영원할 것 같지만은 않습니다. 마을 여기저기 게스트 하우스를 짓고 있는 것이 보입니다. 서빙하는 여인들은 식사가 끝나기 무섭게 전통춤을 선보이고 팔려는 물건을 펼쳐 놓습니다. 펼쳐 놓은 물건의 반은 섬에서 만든 것이고 반은 어딘가의 공장에서 가져온 관광토산품입니다. 타킬레 섬 주민에게도 돈이 필요한 시대가 도래한 것이겠죠. 아이들을 도시에 있는 학교에 보내려는 부모들과 타킬레 섬이 미래가 아니라고 말하는 사람이 늘어갈수록 타킬레 섬에도 머리가 허연 사람들이 지나다니게 되겠죠. 머지않아.

타킬레 섬을 떠난 배는 우로스 섬에서 멈춥니다. '물 위에 뜬 섬'으로 알려져 있는 우로스 섬은 '토토라Totora'라는 갈대를 쌓아 만든 인공섬입니다. 우로스 섬을 방문하면 섬을 만드는 과정부터 생활 전반에 대한 안내를 들을 수 있습니다. 우로스 섬의 역사는 9대 잉카인 파차쿠티가 티티카카를 정복할 때 잉카군을 피해 섬으로 주거지를 옮긴 우로스족에 의해 시작되었다고 합니다. 그래서 그런지 모든 섬에는 망루가 세워져 있습니다. 바닥이 단단하지 않은 갈대섬에 망루를 세우기는 쉽지 않았을 텐데 섬마다 이를 마다하지 않고 세웠다는 것은, 적의 침입을 살펴야 하는 아픔이 문화로 정착한 것으로 보아야겠지요. 섬은 자족형 공동체입니다. 섬을 파서 만든 가두리 양식장에서 킹 피시king fish와 송어를 키우고 있습니다. 고유 어종인 카라치Carachi는 너무 작아 우로스의 주민들을 충족시키지 못한 모양입니다.

토토라로 만든 배를 한번 타보라는 권유에 따라, 2개의 토토라 배 위에 나무상판을 얹고 그 위에 기둥을 세워 2층으로 만든 배에 올랐습니다. 나일 강에는 토토라와 같은 종류인 파피루스가 있지요. 이집트는 파피루스의 부력을 이용해 배를 만들었습니다. 파피루스 배는 나무로 만든 배보다 부력이 좋아 무거운 석재를 나르는 데 긴요하게 사용되었습니다. 나일 강 하류의 피라미드는 1,000킬로미터나 떨어진 아스완에서 석재를 날라 건축하였는데, 파피루스 배가 아니었다면 운반하기 어렵지 않았을까요. 파피루스가 없었다면 '기자의 피라미드'는 카이로가 아닌 채석장이 가까운 아스완에 들어섰을지도 모릅니다. 클레오파트라는 파피루스로 만든 배를 여러 개 고정시키고 그 위에 갑판을 얹고 다시 2층에 상판을 얹은 펠루카를 타고 다녔습니다. 클레오파트라와 안토니우스가 사랑을 나눈 배도 파피루스로 만든 배였습니다.

파피루스로 만든 배는 이렇게 지중해의 역사를 들었다 놨다 했는데, 토토라로 만든 배는 티티카카에서 무슨 일을 했을까요. 티티카카 주변에도 거대 석조건축물이 많고, 동시대 세계 최대 규모의 도시인 티와나쿠를 감싸는 수로와 티티카카 호수가 연결되어 있는 것을 보면 도시를 건축하는 데 필요한 석재를 날랐을 것이라는 추측이 가능합니다. 대륙은 달라도 만드는 재료, 만드는 방법, 배의 구조와 기능뿐 아니라 사용목적까지 동일한 토토라 배와 파피루스 배, 두 대륙은 문명을 공유하고 있었던 것일까요?

더도 말고 티와나쿠 같은 도시

플라톤은 스승인 소크라테스가 스스로 독배를 마시고 죽음을 선택하자 아테네 시민들의 비겁을 탓하며 아테네를 떠나 이집트를 찾았습니다. 그는 이집트에 머무르는 동안 신관에게 아틀란티스에 대한 전설을 들었고, 이를 저서 『티마이오스대화 편』에 남겼습니다.

'기원전 9500년경 대지진과 홍수가 일어난 지 하루 만에 섬 자체가 바닷속으로 가라앉았다. 가라앉기 전 아틀란티스의 모습은 왕궁을 중심으로 여러 가지 설비와 건물이 딸린 3개의 육환대陸環帶와 바닷물을 끌어들인 3개의 둑이 동심원상으로 에워싸고 있었다.'

아틀란티스에 대한 기록은 플라톤이 남긴 것이 유일하지만 꽤나 정확하게 기술하고 있어서 이를 찾으려는 사람들을 들뜨게 했습니다. 그럼 아틀란티스는 어디에 있는 것일까요. 플라톤의 기록에는 아틀란티스의 위치에 대한 기록은 없고 지형적 설명만 남아 있어 마치 보물지도 속 수수께끼 같습니다.

'아틀란티스에는 넓은 평원이 있고 수도는 높은 봉우리에 있으며 대운하를 통해 바다와 연결되어 있다.'

플라톤의 기록을 종합하면 아틀란티스는 넓은 평원이며 수도는 평원에 솟은 산봉우리 위에 있고 도시의 구조는 육환대, 즉 3개의 둥근 육지 띠 사이로 수로가 있는, 마치 우주 정거장 형태의 도시 구조입니다. 도시 구조로만 본다면 두바이의 인공섬 팜 주메이라를 상상할 수 있습니다.

인류가 발견한 도시 유적 중 그런 조건에 부합되는 고대도시는 어디일까요. 볼리비아 사람들은 말합니다. '아틀란티스는 볼리비아이고 수도는 티와나쿠'라고.

고대의 도시 유적 중에 플라톤의 서술에 그나마 가장 부합되는 조건이기도 해서 억지 주장 같지만은 않습니다. 티와나쿠는 3,900미터의 높은 고도에 티티카카의 물을 끌어들여 수로로 감싼 구조의 도시입니다. 플라톤이 언급한 3개의 육환대인지는 알 수 없지만 겨우 5퍼센트만 발굴된 상태라고 하니 과연 볼리비아가 사라진 아틀란티스일지 흥분됩니다.

그러나 티와나쿠 유적지에 들어서면 모든 사실이 혼란스럽습니다. 수로에 끌어들인 티티카카 물은 식수로 쓸 만큼 맑지 않아 광야 끝에 걸린 산 반대편에서 맑은 물을 끌어왔다고 합니다. 높은 곳에서 낮은 곳으로 물이 흐르는 건 당연한 순리임에도 물이 역으로 흘러 산을 넘어왔다는 설명에 어안이 벙벙합니다. 지구 자기장의 영향을 받아서 그렇다는데, 과학적으로 이를 설명할 수 있을까요. 강한 자기장은 물분자 내 수소의 속박을 약화시켜 물의 부피를 증가시킨다고 합니다. 그렇다면 자기장의 영향을 받아 부피가 증가한 물이 어떤 운동성에 의해 산을 넘어왔다는 결론이 나오고, 자기장이 물에 끼치는 영향과 어떤 때 역류효과가 최대인지 과학적으로 인지하고 있었다고 이해해야 되는 것이겠죠. 자기장이 물에 미치는 영향과 운동성을 이해하고 물을 끌어오는 데 활용했다면 도대체 티와나쿠의 문명 수준은 얼마만큼 성취되었던 것일까요.

천문관측소로 추정되는 칼라사사야Kalasasaya는 주변 민족들이 티와나쿠에 모여 학문을 배운 요람이자 천문을 관찰하는 관측소였다고 합니다. 한마디로 신문명과 지식이 퍼져나간 학교입니다. 그래서인지 문명의 창달자 비라코차가 머무른 장소라는 전설이 전해집니다. 안데스 주변 민족에게 선진문명을 가져다 준 존재 비라코차. 원주민이 구전으로 전하는 그는 수염 난 흰 얼굴에 긴 망토를 걸치고 슬리퍼를 신은 모습입니다. 아테네의 학자이거나 이집트의 지식인 또는 예수의 모습이라고 해도 지나치지 않습니다. 예수의 열두 제자 중 바돌로메를 닮았다는 코리칸차의 황금우상의 모습이기도 합니다.

남아메리카 대륙은 오래전부터 타 문명권과 교류가 없었을까요? 학자들은 여러 가지 가설을 들어 선진문명 이식을 주장합니다. 구대륙과 같이 문명 발전 단계를 거치지 않고 신석기 혹은 청동기에서 고차원의 석조건축물을 건축하고, 천문학과 높은 수학지식을 지녔던 점을 들어 우주인이 전해준 것이라는 '우주인 문명설', 피라미드 건축·태양 숭배·티티카카의 토토라 배·머미·비라코차 전설 등을 볼 때 이집트인이 이주한 것이라는 '이집트 문명설', 타대륙과 교류가 없어서 문명의 발전에 불균형이 일어났을 뿐이라는 '자체문명 발전설' 등 다양한 주장이 있지만 무엇 하나 명료한 것은 없습니다.

한편 티와나쿠의 중심 칼라사사야는 황도경사 천체의 적도와 지구의 적도 사이의 기울기, 혹은 지구의 자전축의 기울기에 의해 지어졌다고 주장하는 학자가 있습니다. 볼리비아의 아르투르 포스난스키Artur Posnansky 교수는 태양의 표준방위각과 오차가 있는 몇 개의 건축물을 조사해서 칼라사사야가 1만

5000년 전에 건축된 건축물임을 확인했다고 합니다. 그가 내세우는 주장의 근거는 황도경사입니다. 지구가 똑바로 서 있다면 황도경사가 없겠지만 지구는 기울어져 있고 자전축이 22도 1분과 24도 5분 사이에서 변화합니다. 그리고 한 주기가 4만 1000년에 이릅니다. 너무나 긴 시간이라 인간의 시간으로는 좀처럼 확인하기 어려운 미세한 변화이지만 정밀한 계산으로 숨겨진 시간을 알아낼 수 있습니다. 단, 조건은 칼라사사야가 태양의 표준방위각에 일치시켜 지어져야겠죠. 포스난스키 교수가 1만 5000년을 계산해낸 근거는 이렇습니다. 태양의 신성을 나타내려는 건축물은 태양과 일치하는 조각이나 부속물을 남기기 때문에, 만약 건물이나 부속물의 방위각이 오늘날의 일출 및 일몰 방위각과 오차가 있다면 이 오차값만큼의 시간이 건물의 나이라는 가정에서 출발합니다. 포스난스키 교수는 티와나쿠 여러 건축물의 표준방위각을 측정한 결과 이 값이 현재 태양의 표준방위각과 일정한 오차를 갖고 있음을 발견했고, 이를 4만 1000년의 황도경사 주기에 비례해 계산한 결과 1만 5000년이란 결론을 얻었습니다. 포스난스키 교수의 주장은 하나의 가설일 뿐입니다. 하지만 이를 뒷받침하는 증거들은 한둘이 아닙니다. 1만 5000년 전, 티와나쿠는 어느 정도의 문명을 일구었을까요?

칼라사사야에 있는 태양의 문에는 46마리의 톡소돈Toxodon이 조각되어 있습니다. 톡소돈은 160만 년 전 이 지역에서 번성하다 기원전 1만 2000년경에 멸종된 수륙양생의 포유류입니다. 티와나쿠의 문명은 기원전 300년에서 기원후 900년이라고 역사학자들은 말합니다. 그러면 티와나쿠의 문명인은 본 적도 없는 톡소돈을 어떻게 신전의 문에 새겨 넣을 수 있었을까요? 톡소돈은 3미터가 넘는 호전적인 동물입니다. 수륙양생이라 티티카카 호수에 오가는 배는 물론이고 가끔은 육지로 올라와 티와나쿠 주민을 공포로 몰아넣은 동물이 아닐까요. 그러니 톡소돈을 신전에 조각하며 경배하지 않았을까요? 그렇게 생각하면 톡소돈이 살아 있을 때 지어진 신전이라는 주장에 공감하게 됩니다.

인류가 기억하는 역사는 6500년이 고작입니다. 신석기의 문화혁명은 기원전 7000년경 농업혁명을 일구어내면서 시작되었습니다. 그래 봐야 현재로부터 9000년 전입니다. 그때 인류는 옷이나 제대로 걸쳤을까요. 그런데 티와나쿠가 보여주는 1만 5000년의 흔적은 무엇인가요. 우리가 모르는 또 다른 세상의 이야기가 정녕 존재하는 것인지요. 그런 상상을 가능케 하는 증거물이 티와나쿠 곳곳에 존재합니다.

칼라사사야에는 물론이고 지하 신전으로 이어진 길에는 정교한 돌 조각이 즐비합니다. 잉카의 상징이기도 한 네 방향의 길이가 같은 십자가 문양의 돌판, 돌과 돌을 고정시키려 'ㄷ'자 홈이 파인 돌, 다양한 문양이 정교하게 조각된 바위, 거대석상은 물론이고 심지어 태양의 문까지, 티와나쿠를 장식한 돌은 모두 몬조나이트Monzonite라고 합니다. 몬조나이트는 섬록암으로 불리는 특수한 돌인데, 강도가 7이상이라서 '돌을 자르는 돌'로 불리는 돌입니다. 거대 석조건축에 많이 사용되는 화강석은 강도가 5.5정도여서 고대에는 화강석을 자를 때뿐 아니라 다듬을 때도 몬조나이트를 사용했습니다. 그런데 문제는 티와나쿠의 석조물이 화강석이 아닌 몬조나이트로 지어졌다는 점입니다. 강도 7인 몬조나이트 원석은 강도 10의 물질인 다이아몬드로만 자를 수 있다고 합니다. 그런데도 돌의 요철은 마주 끼울 때 면도칼 하나 들어가지 않을 만큼 정밀하고, 돌 표면에 조각된 문양은 석고를 다듬은 듯 정교합니다. 다이아몬드가 발견되지 않은 남아메리카 대륙에 몬조나이트로 건축된 티와나쿠 유적지는 무엇을 뜻하는 것일까요?

문명의 창시자 콘티티 비라코차 석상이 존재하는 지하신전은 지상에서 1.8미터 아래에 만들어져 있습니다. 티와나쿠 유적 모형도를 참고해 보면 신전에서 수로는 200미터가 채 되지 않는 거리이고 지상보다 낮아 물이 주기적으로 들락거리게 만들어진 신전입니다. 지하신전 중앙에는 3개의 석상이 있는데, 중앙석상은 콘티티 비라코차이고 2개의 작은 석상은 비라코차 전설에 나오는 열두 제자 중 하나일 것이라고 학자들은 추측합니다. 중앙석상의 하체를 감싼 의복에는 수메르 문자가 적혀 있다고 합니다.

핸콕의 『신의 지문』에 의하면 티와나쿠 지역에는 물고기 꼬리를 가진 '출루아와 우만투아'라는 신에 대한 전설이 전해집니다. 그런데 이 전설은 메소포타미아의 전설에 나오는 수륙양생이자 이성을 소유한 존재에 관한 이야기와 같은 내용이라고 합니다. 수륙 양생하는 무리의 지도자 오안네스는 메소포타미아에 암흑을 거두고 문명을 전달해준 문명창시자입니다. 그의 몸은 반인반어, 즉 인어의 모습입니다. 지하신전의 중앙석상도 물이 들어올 때에는 물에 잠겼을 테니 반인반어의 상징으로 표현되었다고 볼 수 있습니다. 문명의 전달자인 반인반어의 존재 오안네스와 라틴아메리카에 문명을 전달해준 비라코차는 다른 존재일까요?

티와나쿠 유적지는 현재 5퍼센트밖에 개발되지 않았고, 오래도록 방치된 유적이라 그런지 가져갈 수 없는 거대한 돌덩이밖에 남아 있지 않습니다. 하지만 그것만으로도 티와나쿠의 규모나 문화 수준을 예측하는 데 충분하다고 합니다. 유적의 규모로 보면 약 10만 명이 살았을 것으로 추측되고 아즈텍족의 테노치티틀란이나 잉카의 쿠스코에 비해도 전혀 손색이 없는 거대도시입니다. 잉카 왕실의 피를 이어받은 '가르실라소 데 라 베가스'는 아직 스페인의 손길이 미치지 않아 황폐화되지 않은 티와나쿠의 모습을 기록으로 남겼습니다. "거대하고 도저히 믿을 수 없는 티와나쿠 건축물에 대해 서술하지 않을 수 없다." 티와나쿠에 대해 남긴 첫 서술은 이렇게 시작됩니다. 도저히 넘볼 수 없는 위대한 건축물 앞에 잉카의 왕족은 고개를 숙인 것입니다. 코야족이 티와나쿠를 건설했는지 단지 활용했는지는 누구도 알지 못합니다. 하지만 파차쿠티는 티와나쿠를 보고 감복해 코야족을 쿠스코로 데려와 쿠스코의 재건을 맡겼습니다. 그것도 티와나쿠를 본뜨라고 구체적으로 지시했다고 합니다. 파차쿠티는 '더도 말고 티와나쿠 같은 도시'를 바랐다고 하니, 쿠스코의 영광이 따라올 수 없는 신비의 도시였음이 분명합니다. 티와나쿠의 진실은 무엇일까요.

토토라 갈대를 엮어 만든 우로스 섬.
크고 작은 섬 44개가 호수 위에 떠 있습니다.

타킬레 섬 입구의 아치문에서,
바다와 같이 광대한 호수를 바라봅니다.

배 위에서 한 컷, 토토라 갈대로 만든 배에서 노를 젓는 소녀의 뒷모습을 담았습니다.

'태양의 문'은 티와타쿠 유적지의 실체로 통하는 메시지입니다.
어떤 메시지를 전하고 있을까요?

사발모양 분지에 들어앉은 라파스 시내를 감싸는 레알 산맥과 와이나 포토시.

ROUTE 5

볼리비아가 외면한 혁명가
체 게바라,
그의 루트와 아마존을 찾아

체 게바라가 죽음 직전 소리쳤던 마지막 말이 떠오릅니다.
"쏘아, 겁내지 말고! 방아쇠를 당겨!"

 BOLIVIA

───── 남미에서 가장 신비한 자연을 품은 땅

티와나쿠에서 볼리비아의 수도 라파스La Paz로 향하기 위해 알티플라노라고 불리는 4,100미터의 고원을 가로지릅니다. 라파스가 가까워질수록 코르디예라 레알 산맥의 만년설봉이 멋진 자태를 드러냅니다. 웅장한 자태를 뽐내는 와이나 포토시, 날아오는 형상의 콘도리리와 일리마니까지 6,000미터의 고산들이 무리 지어 나타나는데 뒷동산같이 친근하기만 합니다. 제가 달리는 고원이 4,100미터이니 고작 2,000미터 더 솟은 아담한 산일 뿐입니다.

    라파스로 들어가는 길목에 자리 잡은 전망대에 오르면 안데스가 우아하게 감싸는 산악도시가 한눈에 들어옵니다. 200만 명이 모여 사는 라파스는 사발모양의 분지에 들어앉아 산비탈을 따라 확장했습니다. 하지만 큰 도시로서 확장하는 데는 한계가 있어 보입니다. 그에 비하면 티와나쿠는 얼마나 현명한 선택을 한 것인가요. 끝없는 알티플라노 평원과 티티카카의 물을 품었으니 문명도시가 성장하기에 최적의 장소입니다. 다시금 티와나쿠를 돌아볼밖에요.

볼리비아는 남미에서 가장 신비한 자연을 품은 땅입니다. 역사의 변방에 있어 인간이 만들어낸 설치물은 별것 없지만, 자연이 빚은 창작물은 세상 어디보다 신비롭고 우아합니다. 안데스 산맥 사이에 펼쳐진 알티플라노 고원, 안데스 너머 거대한 아마존 늪지, 그리고 안데스 트레킹까지. 안데스 산맥을 동서로 넘나드는 볼리비아 여행의 시작은 와이나 포토시Huayna Potosi 트레킹입니다.

새벽의 어둠을 가르며 라파스를 벗어나 외곽의 작은 마을을 여럿 지나 한갓진 산길에 들어섭니다. 그렇게 1시간 30분을 달리면 '광부의 무덤군'이 나옵니다. 그 아래로 작은 호수들이 마법의 거울처럼 와이나 포토시를 비추고 있습니다. 이 아름다운 산하에 자연스레 자리 잡은 무덤은 무엇인지요. 사자死者에 대한 배려인가 생각했지만, 십자가는 더 많은 사연을 품고 있었습니다.

1935년, 볼리비아가 차코전쟁Chaco War, 1932-1935에 패배하면서 기존 정치집단에 대한 신뢰가 무너지고, 봉건적인 지배질서를 해체하려는 사회 요구가 거세게 일어납니다. 이런 상황에서 퇴역군인이 중심이 된 '민족혁명운동당Movimiento Nacionalista Revolucionario, MNR이 현실정치에 참여하면서 볼리비아의 좌파정치가 시작됐습니다. 하지만 정권교체 후에도 변화

없는 미증유의 혼돈상태가 이어졌습니다. 혁명에는 성공했지만 새로운 질서확립에는 실패한 것이지요. 혁명으로 기존 질서를 무너뜨릴 수는 있지만 새로운 질서를 세우는 일은 탈 혁명기의 큰 과제입니다. 그래서 혁명이 어려운 게 아니라 탈 혁명이 어렵다는 말을 하는 것 같습니다.

볼리비아는 156년간 무려 193번의 쿠데타와 혁명을 겪습니다. 국민들은 일상이 되어버린 쿠데타와 혁명을 기득권의 다툼 정도로 치부하고 외면하게 되었죠. 정치에 대한 혐오가 극에 달했을 때, 부통령 르네 바리엔토스René Barrientos가 또 한 번의 쿠데타를 일으킵니다. 집권에 성공한 바리엔토스 정권은 권력기반을 강화하는 수단으로 농민조합을 끌어들이고, 정권의 대척점에 있는 광산조합과 좌파세력에 대한 탄압을 시작했습니다. 광산 노동자들은 전국적인 파업으로 맞섰지만 바리엔토스 정권은 군대를 동원해 파업을 무력진압했고, 이 과정에서 수많은 희생자가 발생했습니다. 여기에 묻힌 무덤의 주인 역시 그때 죽음을 당한 광산 노동자들입니다.

여기까지가 혁명가 체 게바라Che Guevara, 1928년-1967년가 볼리비아로 혁명여행을 떠나기 전의 상황입니다. 남미의 완전한 혁명을 꿈꾼 체 게바라의 시각으로 보면 볼리비아의 군사정권은 가장 악랄한 독재정권임과 동시에 반드시 쓰러뜨려야 할 대상이었겠죠. 이런 이유로 체 게바라는 머뭇거림 없이 볼리비아로 떠났습니다.

체 게바라는 '게릴라의 활동영역은 도시가 아닌 농촌이고 농민의 보호를 받아야만 성공할 수 있다'는 마오쩌둥의 게릴라 이론을 따르며 쿠바에서 큰 성공을 거두었습니다. 하지만 볼리비아는 쿠바가 아니었습니다. 쿠바에서 체 게바라는 의사였으며 농민의 친구였습니다. 하지만 볼리비아에서 체 게바라는 대중의 지도자이길 원했습니다. 또한 자신의 혁명에서 조금도 양보하지 않았습니다. 그 결과 광산 노동자 조직과 도시 지하 조직에 기반을 둔 공산당과도 연대하지 못했고 농민의 도움도 받지 못했습니다. 1953년 좌파정권은 토지개혁을 단행했고 농민들은 작은 땅이나마 자신의 토지를 가지고 있었으니, 체 게바라의 이야기가 귀에 들어오지 않았을 것입니다. 혁명이란 결국 땅을 얻기 위한 과정이니까요.

체 게바라는 혁명여행에 동참한 30여 명의 혁명동지 외에는 볼리비아의 어느 세력으로부터도 보호받지 못한 채 쓸쓸하게 생을 마감했습니다. 체 게바라는 그런 땅에서 죽었습니다. 혁명의 열기로 가득한 쿠바가 아닌, 혁명이 일상이고 장난이 되어버린 땅, 볼리비아에서 죽은 것입니다. 체 게바라는 스스로 죽을 장소를 찾아 날아든 불나방 같습니다. 영원한 혁명을 꿈꿨지만 볼리비아를 너무 몰랐던 것이지요. 반복된 혁명으로 그가 확인한 실체는 무엇이었을까요. 혁명도 평화와 행복, 부유함을 가져다주지 못했으니 자신의 주장이 헛되었음을 느끼지 않았을까요. 그가 쿠바로 돌아가지 않고 볼리비아에서 최후를 맞은 것은, 자신이 걸어온 길에 대한 회의와 피로감 때문일지도 모르겠습니다. 체 게바라가 죽음 직전 소리쳤던 마지막 말이 떠오릅니다.

"쏘아, 겁내지 말고! 방아쇠를 당겨!"

체 게바라를 생각하며 그가 선택한 땅 볼리비아의 자연과 미소를 찾아 여행을 시작합니다.

　차량은 '와이나 포토시 베이스 캠프'라고 쓰인 산장 앞에 정차합니다. 출발지에서 몸을 추스르고 본격적인 트레킹에 나섭니다. 30분 정도 완만한 오르막을 오르면 넓은 평지 길이 나옵니다. 더 걸으면 빙하 퇴석지대를 지나 너덜지대가 펼쳐집니다. 길고 가파른 너덜구간은 정상의 전진 캠프Advanced base camp, ABC까지 이어지므로 체력을 아끼며 쉬엄쉬엄 올라야 합니다. 5,000미터 지점에 누군가 쌓아놓은 캐른Cairn, 돌탑이 등반자를 환영해줍니다. 캐른을 지나 캠프에 닿습니다. 캠프는 달콤한 휴식을 제공하는 이층침대와 가벼운 음식이 제공되는 식당을 갖추고 있습니다. 따뜻한 코코아를 한 잔 주문하고 기념사진을 남깁니다. 트레킹이 목적인 사람은 여기가 마지막 지점이지만, 정상에 오르는 사람은 캠프에서 새벽까지 휴식을 취한 후, 정상을 찍고 당일에 캠프로 돌아온다고 합니다. 정상에서 흘러내린 빙하를 보며 코코아를 마시는 동안 구름이 몰려오기 시작합니다. 고산은 구름이 태양을 가리는 순간 바람이 불고 기온이 급격히 내려가기 때문에 하산을 서둘러야 합니다. 하산은 올라온 길을 되짚어 내려가는 길이라 2시간이 채 걸리지 않았습니다. 12시에 하산을 시작해 비를 맞지 않았지만 1시간 늦게 하산한 동행인은 비를 흠뻑 맞았을 뿐 아니라 하산 중 안개가 껴서 고생을 많이 한 듯합니다. 고산은 날씨가 좋다가도 급변하니 아쉬워도 12시, 늦어도 2시에는 하산하는 게 좋습니다.

　영화『에베레스트』(Everest, 2015)는 10명의 사망자를 낸 '1996년의 에베레스트 상업등반대' 사고를 바탕으로 만들어졌습니다. 당시, 등반대에 참가했던 미국 저널리스트이자 산악인 존 크라카우어는 회고록『희박한 공기 속으로』(황금가지, 2007)에서 상업등반대 사고는 두 팀의 리더가 하산시간을 지키지 않아 발생한 인재라고 밝히고 있습니다. 사고 당시 6만 5,000달러를 참가비로 낸 등반객은 정상까지 올라가고 싶다고 욕심을 부렸고, 고객을 잃고 싶지 않던 두 상업등반대의 리더는 고객의 요구를 들어주려 했습니다. 결국 상업등반대의 일부 참가자는 4시가 넘어서야 정상에 올랐고 제시간에 내려오지 못해 참변을 당한 것입니다. 등반대의 두 리더는 고객과 함께 최후를 맞았습니다. 다행히 존 크라카우어를 비롯해 일찍 하산을 시작한 사람들은 폭풍이 몰아칠 때쯤에 캠프에 도착해 살 수 있었습니다. 누군가의 말처럼 살아 있으면 다음이 있지만 죽으면 정상만 있다는 말을 되새겨봅니다.

아마존, 지구의 거대한 산소공장

아마존은 안데스의 선물입니다. 안데스가 융기하기 전 아마존은 대서양에서 태평양으로 흘렀습니다. 당시는 지금의 지형과 달리 동쪽이 높고 페루, 볼리비아는 저지대였습니다. 그러나 4만 년 전 안데스의 골격을 이루던 화산들이 활동을 시작하면서 대륙과 평행을 이루는 긴 띠 형태의 대륙이 생겨났고, 나스카 판이 아메리카 판을 밀면서 안데스가 벌떡 일어나 오늘날의 알티플라노 고원이 만들어졌습니다. 이 과정에서 땅과 땅 사이에 바닷물이 갇혀 거대한 소금대지가 형성된 것입니다.

　안데스가 운명을 바꾼 건 알티플라노만이 아니었습니다. 물의 흐름도 바꾸어 놓았습니다. 태평양으로 흐르던 강물은 산맥에 가로막혀 산맥 경계선과 저지대를 따라 확장했고 주변이 물에 잠기면서 거대한 열대늪지가 만들어졌습니다. 안데스에 막힌 물은 수위가 높아지면서 결국 역류하기 시작했고 물길이 바뀌면서 아마존이 탄생했습니다.

　아마존은 안데스 줄기를 따라 부채꼴 모양으로 드넓게 형성됐습니다. 거대한 늪지 셀바와 팜파는 생명의 보고이며, 열대우림은 지구 산소량의 약 20퍼센트를 생산하는 산소공장입니다. 아마존의 수역은 약 700만 평방킬로미터로 아프리카 콩고 강의 2배에 달하며 우리나라의 70배 가까이 되는 어마어마한 면적입니다. 하지만 아마존은 무차별적인 개발로 몸살을 앓고 있습니다. 지난 20년 동안 브라질 면적에 해당되는 열대우림이 사라졌으며 현재도 매년 0.5퍼센트의 열대우림이 사라지고 있다고 합니다. 『멸종』(김시준, 엠아이디, 2014)의 저자는 지구에 일어났던 5번의 대멸종의 주원인이 산소농도 감소라고 주장합니다. 실제로 지진이나 화산분화, 쓰나미로 70억 인구의 95퍼센트가 멸종하는 일은 일어나지 않습니다. 하지만 산소의 감소가 심각한 수준에 이르면 이 땅에 누가 살아남을 수 있을까요. 이렇게 지속적으로 아마존을 잃게 되면 이산화탄소가 증가하면서 온실효과를 유발해 생태계에 악영향을 줄 것입니다. 아마존을 생각함에 있어 개발과 보존이라는 대립적 구도가 아닌, 새로운 의식이 필요한 시기인 것 같습니다. 산소의 확보라는 대명제가 모든 것에 우선해야 하지 않을까요. 영화 『인터스텔라』(Interstellar, 2014)는 메마른 지구를 버리고 새로운 행성을 찾아 나서는 인류의 이야기입니다. 언젠가 영화처럼 지구도 물 한 방울 없는 사막으로 변하게 될지 모릅니다. 영화 속 주인공은 새로운 행성을 찾는 데 성공했지만, 그런 기적이 현실에서도 일어날까요.

아마존에서의 여행은 자연체험입니다. 짧은 시간에 아마존을 체험하려면 시설은 조금 불편할지라도 태초의 모습을 간직한 볼리비아 아마존이 좋습니다. 낮 동안에는 아마존에서만 서식하는 핑크돌고래와 함께 수중 댄싱을 즐길 수 있습니다. 사람의 손길이 익숙한지 방문자를 피하지 않고 다가옵니다. 밤이 되면 카이먼이라 불리는 아마존의 작은 악어를 찾아 나이트투어를 떠납니다. 악어의 사촌이라는 카이먼은 팔뚝만 한 크기의 작은 악어입니다. 아마존의 안내자 호세가 강둑에 라이트를 비추며 카이먼을 찾습니다. 라이트를 반사하는 카이먼의 눈이 어둠 속에서 별처럼 반짝입니다. 호세는 조심스럽게 배를 몰아 불빛에 눈이 먼 카이먼을 날쌔게 낚아챕니다. 배를 뒤집어 만져보라고 하는데 날카로운 이빨을 보니 주저하게 됩니다. 호세는 더 큰 카이먼을 찾지만, 저는 어쩐지 밤하늘에서 눈을 떼지 못하겠습니다. 달도 숨을 죽인 하늘엔 별이 가득합니다. 이렇게 많은 별을 본 게 언제였던가요. 더구나 강을 주유하는 선상이다 보니 하늘을 가리는 나뭇가지 하나 없습니다. 호세가 흔드는 라이트 불빛만 아니면, 지구가 탄생한 첫날의 고요를 느낄 수 있을 것 같습니다.

"호세, 라이트를 꺼줘요."

몸을 길게 누인 채 밤하늘을 바라봅니다. 하얗게 흐르는 은하수가 지배하는 밤은 별을 헤는 밤이라는 표현으로는 부족합니다. 강물에 몸을 맡긴 채 유유히 은하수를 헤집고 다닙니다.

둘째 날은 아침 일찍 팜파 트레킹을 떠났습니다. 팜파를 걷는 동안 모기떼가 전신에 달라붙습니다. 모기장 옷을 입었건만 온몸에 울긋불긋 꽃무늬가 가득합니다. 아마존의 모기는 주둥아리가 기형적으로 긴가 보죠. 팜파 트레킹은 늪지를 거닐며 아나콘다를 만나는 프로그램입니다. 그런데 모기 때문에 걸음을 옮길 수가 없습니다. 결국 모기에 쫓겨 팜파 트레킹을 중도 포기하고 피라냐를 낚으러 작은 지류로 이동했습니다. 낚시 초보도 낚싯대를 드리우기만 하면 파라냐가 몰려온다는데, 도통 소식이 없습니다. 아무래도 건기에서 우기로 바뀌는 시기여서 피라냐가 없는 것 같습니다. 그래도 강을 거슬러 오르는 동안 다람쥐원숭이, 다양한 조류, 지구에서 가장 큰 설치류라는 카피바라까지 만났으니 아마존의 멋진 자연 생태계를 눈으로 본 것만으로 대만족입니다. 3일간의 아마존 여행을 마치고 라파스로 돌아오며 아마존을 그려봅니다. 핑크돌고래의 수중 댄스, 캠프의 정성스런 음식, 강가를 수놓은 새와 원숭이, 밤하늘의 은하수, 돼지를 닮은 두더지인 카피바라……. 아마존에서만 볼 수 있는 풍경이 하나둘이 아닙니다. 공기가 희박한 라파스로 돌아오고 보니 아마존의 하루하루는 그리움입니다. 특히 싱그럽고 풍부한 산소가 더욱 그립기만 합니다.

체 게바라의 최후를 찾아서

라파스공항에 내리자마자 가벼운 두통과 고산증세가 나타납니다. 아마존의 끈적거림도 싫지만 알티플라노의 높은 고도 역시 편안하지는 않습니다. 체 게바라의 최후와 만나려면 다시 안데스를 넘어 정글로 가야 합니다. 루레나바께공항에서 산타클라라로 갈 수 있으면 좋으련만, 비행기 노선이 연결되지 않아 안데스를 넘어 라파스에서 하루를 묵고 다시 안데스를 넘어 아마존과 맞닿은 정글도시 산타크루스로 향합니다.

체 게바라는 열대우림의 작은 마을 바예 그란데Valle Grande에 혁명근거지를 만들고 막사와 함께 병원, 학교, 세탁소를 지어 자립기능을 갖춘 작은 소도시로 키웠습니다. 하지만 정부군이 토벌을 시작하자 마을은 순식간에 풍비박산이 납니다. 체 게바라와 16명의 게릴라는 정부군에 쫓겨 추로계곡으로 도망쳤고, 아마존 정글이 안데스와 만나 급격히 좁아지는 지역에서 전투를 거듭하며 탈출을 시도했습니다. 하지만 단 6명만 안데스를 넘어 칠레로 탈출하고, 대부분은 사살되거나 생포되었습니다. 그들 중에 체 게바라도 끼어 있었죠. 체 게바라는 다리에 총상을 입은 채 생포되었고 라이게라 마을의 소학교 교실에 감금되었습니다. 라이게라 마을은 체 게바라가 생의 마지막 시간을 보낸 교실을 기념관으로 꾸며 손님을 맞고 있습니다. 그를 외면했고 심지어 밀고까지 했던 사람들이 그의 죽음을 팔고 있는 현장입니다.

장 코르미에Jean Cormier가 지은 『체게바라 평전』에서는 그의 마지막을 이렇게 묘사하고 있습니다. 상부의 명령을 받은 하사관 테란은 차분히 앉아 있는 체 게바라를 일으켜 세웁니다. 하지만 테란은 자신이 임무를 완수할 수 없으리라는 두려움에 사로잡히고 말지요. 그때 체 게바라는 그가 일을 끝낼 수 있도록 격려합니다.

"쏘아, 겁내지 말고! 방아쇠를 당겨!"

테란은 후에 기자에게 이렇게 증언했다고 합니다. "그의 눈은 강하게 빛나고 있었습니다. 나는 그에게 매혹당했습니다. 나는 크고 위대한 그의 모습을 보았습니다."

체 게바라는 목숨을 구걸하지 않았습니다. 피곤한 삶을 끝내고 싶었습니다. 쉬지 않고 달리는 폭주기관차에서 내리고 싶었던 연약한 인간 체 게바라. 그가 꿈꾼 건 혁명도 정의도 아닌 인간성이었습니다. 체 게바라를 통해 알게 된 질문을 저에게 던져봅니다.

"인생이 살 만한 가치가 있느냐 없느냐를 판단하는 것이 철학의 근본 문제에 답하는 것이다."(알베르토 까뮈)

체 게바라와 최후의 6인이 묻혔던 바예그란데의 암매장지.
지금은 작은 기념관으로 꾸며놓았습니다.

암매장지 건물 내 병원 세탁소에는 시신 발굴 당시 쿠바 학자가 썼다는 "그들은 땅속 깊이 묻혔지만 우리는 찾아내고야 말았다"라는 글귀가 남아 있습니다.

체 게바라와 최후의 6인의 비문 앞에서 잠시 묵념.

정글보트는 한 마리 구렁이처럼
광대한 숲을 스멀스멀 가르며 아마존 정글 속으로 들어갑니다.

날개에 올빼미 눈을 박아 넣은 위장술의 달인
'아마데우스 나비'를 소개합니다.

수많은 동식물이 살아가는 볼리비아 아마존은 태초의 원시적인 모습을 간직하고 있습니다.

ROUTE 6

비밀을 품은 신비한 대지, 우유니 · 알티플라노 · 아타카마

볼리비아는 은에 이어 초석까지
돈 되는 건 다 빼앗기고 고통만 받았습니다.

BOLIVIA
CHILE

우유니는 사막일까 호수일까

우유니Salar de Uyuni는 안데스가 낳은 또 하나의 보석입니다. 안데스 중부는 대륙판인 아메리카 판과 해양판인 나스카 판이 만나는 지점입니다. 밀리지 않으려는 힘과 밀고 들어가는 힘이 팽팽하게 대립하다가 나스카 판이 아메리카 판 아래로 섭입攝入해 들어가면서 땅이 솟구쳐 올랐고, 그 결과 두터운 산줄기가 중첩된 지형이 형성됐습니다. 좀 더 구체적으로 살펴볼까요?

 4000만 년경, 화산작용으로 초기 안데스 산맥의 윤곽이 형성되었습니다. 이후 1800만 년부터 지각이 융기하며 안데스 전반의 산줄기가 형성됩니다. 초기의 상승은 그리 급격하지 않았지만, 200~400만 년 사이 지각을 잡고 있는 힘이 약해지면서 땅이 2배나 높이 솟구쳐 오르는 급

성장기를 갖게 됩니다. 산맥이 그토록 급격하게 융기했다면 많은 변화를 가져왔을 것입니다. 땅이 치솟으면서 물길이 막힌 강은 거대한 열대습지로, 대륙의 서부는 4,000미터의 메마른 고원으로 변했습니다. 그리고 산맥 사이에 갇힌 바다는 소금으로 이루어진 거대한 사막과 호수가 되었지요. 이것이 바로 경기도 전체 면적보다 큰 세계 최대의 소금사막, 우유니입니다. 우유니는 신비롭고 경이로운 경관으로 유명합니다. 우유니에 들어서는 것은 전혀 상상하지 못한 '또 다른 세상'으로 들어가는 일입니다.

바이칼 호수Lake Baikal, 러시아 시베리아 남동쪽에 있는 세계에서 가장 오래되고 가장 깊은 호수도 바닷물이 갇혀 만들어진 호수지만, 지금은 담수호가 되었습니다. 바이칼에는 해마와 바다표범이 살고 있습니다. 대부분의 생명체는 멸종했지만 몇 종류의 바다생명체는 낮은 염도에 적응하는 생존법을 터득했습니다. 다윈이 말한 적자생존의 현장입니다. 아제르바이잔의 카스피해, 우즈베키스탄의 아랄해, 중국의 청해, 에티오피아 다나킬 저지대의 소금호수 역시 모두 바닷물이 갇혀 만들어진 호수입니다. 그중 민물이 지속적으로 유입된 바이칼은 담수호가 되었고 물 유입이 거의 없는 다나킬 저지대는 소금사막이 되었습니다. 아랄해, 카스피해, 청해는 민물의 유입이 줄어들며 호수의 염도가 급격히 높아져 서서히 죽음의 호수로 변해가고 있습니다. 우유니는 어디에 해당될까요?

우유니는 안데스에 포위되어 있고 고원인 데다 사막기후라 비도 많이 내리지 않습니다. 그나마 북부에서 유입되는 물줄기는 티티카카가 모조리 흡수합니다. 그러니 1800만 년 전 안데스가 융기하며 가둔 바닷물이 엄청난 양이었고 그 물이 모두 증발하며 오늘날의 우유니 사막이 되었다는 주장은 설득력 있어 보입니다. 그런데 이게 전부일까요? 그렇다면 계속해서 우유니 사막이 성장하는 이유는 어떻게 설명해야 할까요? 소금을 채취하고 또 채취하는 지금도, 소금사막은 조금씩 넓어지고 있습니다. 볼리비아 정부가 소금을 몰래 붓기라도 하는 걸까요?

우유니 소금대지는 잘게 조각나 있고 소금판과 판 사이의 틈으로 소금결정이 피어올라 있습니다. 다른 소금사막에서는 보기 어려운 광경입니다. 어렴풋한 기억을 더듬어 다나킬 저지대의 소금사막을 떠올려봅니다. 다나킬 사막의 소금대지는 단단하고 두꺼운 소금판이 겹을 이룰 뿐, 균열된 모습은 보이지 않았습니다. 청해나 아랄해 역시 호숫가에 불규칙적인 소금암석이 쌓여 있을 뿐입니다. 히말라야를 넘어 인도로 실려 나가는 티베트의 짜브예차카 소금호수도 매끈하게 펼쳐진 소금대지의 모습입니다. 그럼 우유니처럼 소금판의 균열 사이로 소금결정이 솟구쳐 오르는 메커니즘은 어디서 찾아야 할까요? 그 문제를 이해하려면 우선 지하수가 소금사막으로 솟구치는 이유를 찾아야 할 것 같습니다.

티티카카 호수에는 35개의 지류가 흘러들고 물줄기는 호수에서 하나로 합쳐집니다. 티티카카에서 흘러나온 물줄기는 남으로 흘러 보보 Booboo 호수에 유입되고 보보 호수에서는 지하로 흐르다가 우유니 사막이 이르러 상승합니다. 지하수는 왜 우유니에서 상승할까요. 이 궁금증이 우유니가 팽창하는 열쇠입니다.

우유니에서는 소금물이 소금결정으로 바뀌는 데 이틀이 소요됩니다.

다른 지역과는 비교가 안 되게 빠른 시간입니다. 시간을 단축시키는 어떤 매개가 있다고 봐야겠지요. 일본 방송사 NHK가 제작한 다큐멘터리 『창공의 놀라운 거울』(Miraculous Mirror of the Sky, 2013)은 우유니의 소금결정이 이틀 만에 만들어지는 비밀은 미네랄 때문이라고 밝히고 있습니다. 꾸준히 성장하는 우유니의 비밀은 미네랄이었던 겁니다. 우유니를 둘러싼 대지에는 소듐, 리튬, 마그네슘 등 엄청난 미네랄이 묻혀 있다고 합니다. 아마도 바다였을 때 수상생물과 수초가 만들어낸 선물일 것입니다. 특히 리튬은 휴대폰, 전기자동차, 2차전지에 들어가는 기본소재이기 때문에 볼리비아 정부는 우유니의 소금이 아니라, 그 밑에 묻혀 있는 리튬에 나라의 미래를 걸고 있습니다. 결론적으로 우유니 소금사막의 확장은 티티카카에서 흘러나온 물이 미네랄이 풍부한 대지와 만나 만들어진 것입니다.

지프차는 광대하다 못해 끝없는 지평선을 달립니다. '이런 사막에서 차가 고장 나면 어떻게 될까?' 괜한 걱정이 아닙니다. 우유니에서는 가끔 실종사고가 일어납니다. 그중 지금까지도 회자되는 애달픈 사연이 있습니다. 1970년대 한 독일인 어머니가 두 아이를 데리고 우유니로 여행을 떠났습니다. 그런데 지프차가 고장 나 소금사막 한가운데 멈춰버린 것입니다. 구조를 기다리던 어머니는 최후의 선택으로 두 아이를 데리고 걷기 시작했습니다. 칭얼대는 작은 아이를 업고 투정하는 큰아이를 어르며 어머니는 계속 걸었습니다. 어머니는 신께 빌고 또 빌었습니다. 하지만 어머니와 두 아이는 작열하는 태양을 벗어날 수 없었습니다. 소금사막을 벗어나지 못하고 죽음을 맞은 것입니다. 우유니의 면적은 서울의 20배, 전라도의 전체 면적과 비슷합니다. 그러니 걸어서 벗어나는 건 불가능합니다. 지금같이 여행객이 많지도 않았을 때, 노후차량으로 우유니에 들어가는 건 참으로 위험한 일이었습니다. 그래서 그 후로는 최소한 차량 2대 이상이 움직여야 합니다.

우유니는 비극적 사연과 어울리지 않는 장난기 가득한 사진으로 유명합니다. 순백의 도화지 같은 풍경 덕분인데, 원근감을 측정할 사물이 없기 때문에 사물의 크기를 마음대로 연출할 수 있습니다. 사진 속 여행자는 소인국의 백성이 되기도 하고 거인국의 폭군이 되기도 합니다. 선인장 섬 Isla Incahuasi, 물고기 섬으로도 불림을 배경으로 사진찍기 놀이를 하다가, 섬 정상을 향해 걷습니다. 선인장 섬은 소금사막 한가운데 오롯이 솟은 봉우리인데, 고도가 3,800미터인 만큼 정상을 돌아내려 오는 데 1시간이나 걸립니다. 선인장은 어떻게 소금사막 한가운데 뿌리를 내렸을까요. 혹 수초가 선인장으로 변한 건 아닌지요.

선인장은 천천히 자라는 식물입니다. 선인장 섬에서 자라는 선인장은 1년에 1센티미터 정도 성장한다고 합니다. 입구에 초라하게 서 있는 선인장을 우습게 봤는데, 키는 작아도 저보다 어른입니다. 정상이 멀지 않은 곳에 우뚝 선 9미터의 선인장은 약 900살로 최고령이죠. 그런데 주변에 그만 한 놈이 지천이니 선인장 섬에서 수백 년은 명함도 못 내미는가 봅니다.

선인장 암그루가 단일 줄기로 멋없게 서 있는 것에 반해, 수그루는 가지를 두셋 뻗어 화려한 자태를 뽐냅니다. 꽃 모양도 크고 화려한 수그루에 비해, 암그루는 작은 꽃을 가지에 겨우 붙이고 있습니다. 이 역시도 '능력 있으면 날 잡아봐라' 하는 암컷 선택의 하나인가요. 다육식물인 선인장은 잎이나 줄기가 두툼해 많은 수분을 뿌리가 아닌 줄기와 잎에 저장합니다. 그러다 보니 겉은 방수비닐같이 미끈하고 안은 부드러운 스펀지 같은 섬유질로 촘촘합니다. 이런 선인장도 나이가 들면 섬유질이 나무같이 단단해집니다. 그래서 죽은 선인장의 줄기를 보면 구멍이 많은데도 재질은 나무같이 단단합니다. 얼마나 단단한지 보여주려는 듯 선인장섬의 기둥, 서까래, 대문, 쓰레기통 등 건축물은 모두 선인장 줄기로 만들어 놓았습니다.

선인장 섬을 오르다 보면 석회질 찌꺼기가 덕지덕지 붙은 암석이 주변을 뒤덮고 있습니다. 산호가 죽어 암석이 된 산호암반입니다. 선인장섬이 바다였다는 증거입니다. 4000만 년 전 물고기들이 뛰놀기 좋았던 석회석 암반의 산호섬은 이제 지상으로 올라와서는 선인장의 보금자리가 되어 생명을 키우고 있습니다.

치유의 대지 알티플라노

분노조절이 안 되는 중년 남성이 병원을 찾았습니다. 의사는 남성에게 "편안하지도 안락하지도 않지만 마음이 편안해지는 곳을 보라"고 말했습니다. 그런 곳이 어디냐고 묻자, 의사는 끝이 보이지 않는 광야를 가리켰습니다. "그곳에 가면 나의 분노가 사라질까요?" 중년 남성이 물었습니다. 그러자 의사는 "분노는 갇혀 있는 마음입니다. 저 광야에 마음을 풀어주세요"라고 답했습니다. 남자는 웃으며 병실을 나섰습니다. 저는 볼리비아에서 그런 대지와 마주했습니다.

알티플라노Altiplano, 평균 해발 고도 3,660미터 고산 고원를 가리켜 치유의 대지라고 합니다. 날 수 있는 공간이고 상상할 수 있는 공간이며 돌아보게 하는 공간이기 때문입니다. 하루 종일 달려도 끝이 어딘지 알 수 없고, 다시 되짚어 달려도 끝에 닿지 않습니다. 그래서 저는 며칠째 알티플라노의 품에 안겨 있습니다. 끝에 닿을 때까지 무인지경의 공간을 마음껏 즐길 생각입니다.

우유니를 벗어나 알티플라노 끝을 향해 달리는 첫날, 먼지가 풀풀 날리는 메마른 들판을 가로질러 클피낙Clpinak에 도착합니다. 마을의 첫인상은 라파스와는 사뭇 다릅니다. 작지만 청결한 집들이 짜임새 있게 서 있습니다. 중앙광장에는 흔한 플라스틱 쓰레기 하나 보이지 않습니다. 여기가 볼리비아가 맞나요?

클피낙은 광부들이 사는 마을입니다. 광부라고 하면 삶의 질이 낮을 것이라고 생각했는데 큰 착각이었습니다. 볼리비아의 월평균 소득은 200달러인데 광부의 월급은 1,000달러라고 합니다. 거기에 각종 혜택까지 누리니, 위험을 무릅쓰고 도전해볼 만한 직업인 것 같습니다.

오늘날의 볼리비아 광부는 남부러울 것 없는 직업입니다만, 그 역사는 불행 그 자체입니다. 미국의 골드러시Gold Rush, 19세기 금광으로 광부가 몰려든 현상가 서부개발로 이어져 산업발전의 원동력이 된 것에 반해, 남미의 광산은 불행의 씨앗이 되었습니다. 혹시 이런 역설을 들어보셨는지요. "스페인 빈곤의 원인은 바로 스페인의 부富에 있다."

볼리비아의 포토시Potosi는 멕시코의 사카테카스Zacatecas와 함께 1600년대 세계 은 생산량의 89퍼센트를 차지하던 거대 은광이었습니다. 하지만 라틴아메리카에서 은이 가장 많이 생산된 은광을 가지고도 스페인 왕실은 부채에 시달렸고 1557년에서 1647년 사이에 무려 6번씩이나 파산을 선언했습니다. 스페인 왕실은 은이 가져다주는 부만 믿고 사치를 넘어 불필요한 전쟁을 자주 벌였습니다. 귀족들도 향락적인 생활에 젖어 중국의 비단, 이슬람의 유리제품, 영국의 직물을 사들였고 이 덕에 돈은 중계무역을 했던 제노아와 네덜란드, 사치품을 만들어낸 프랑스와 영국의 금고에만 차곡차곡 쌓였습니다.

스페인 왕실의 사치를 뒤치다꺼리해야 했던 볼리비아의 광부들은 정말 억울하고 불행한 사람들입니다. 스페인 인디오는 바르톨로메 카사스Bartolomé de las Casas 신부가 유럽인이 남아메리카 대륙에서 벌인 끔찍한 일을 고발하는 〈인디아스 파괴에 관한 간략한 보고서〉를 발표하면서 노예에서 해방됩니다. 스페인 왕실은 유럽 각국의 비난여론에 밀려 1542년 인디오를 노예가 아닌 스페인 황제의 신민으로 선언하는 신헌법Leyes Nuevas을 공포했습니다. 이로써 인디오는 노예에서 해방됐지만, 그렇다고 삶이 나아지진 않았습니다. 농노에서 임금 노동자로 신분만 바뀌었지, 삶의 내용에는 차이가 없었기 때문입니다. 특히 광산 노동자의 삶은 그중에서도 가장 처절했습니다.

먼지 가득한 갱도에서 이틀씩 아무것도 먹지 못하고 코카잎을 씹으며 일하다 갱도 밖으로 나와도 얼마 쉬지 못하고 다시 갱도 안으로 들어가는 혹독한 생활이 반복되었기 때문에 광부들은 2년을 넘기지 못하고 생을 마감했다고 합니다. 광산의 주인들은 광부가 죽으면 노동력을 잃을까 봐 광부들의 목숨을 연장하기 위한 여러 대안을 내놓기도 했습니다. 그중 하나가 광산에서 일하는 노동자가 정해진 시간마다 지상으로 나와 일정시간 휴식을 취해야 한다는 법이었습니다. 혹독한 삶을 이겨낸 16세기 볼리비아 광부는 산업혁명의 근간을 제공했고 21세기 볼리비아의 꽃이 되었죠.

마을을 지나 용암계곡으로 달려가는 길 양편으로 형형색색의 퀴노아가 심어져 있습니다. 퀴노아는 볼리비아를 여행하는 동안 하루에 한두 끼씩 먹는 주식입니다. 붉은색, 하얀색, 검은색, 분홍색, 노란색까지 5가지 종류가 있는데 색도 아름답습니다. 그중 옅은 노란색 퀴노아를 '로열 Royal'이라 부르고 가장 비싸다고 합니다.

볼리비아의 퀴노아는 5년 전만 해도 50킬로그램에 350달러 정도로 거래되었습니다. 그런데 지금은 60~70달러로 가격이 뚝 떨어졌다고 합니다. 퀴노아가 건강식으로 급부상하면서 수요가 증가했는데 산지가격이 폭락하다니, 도무지 이해가 가지 않습니다. 무슨 이유일까요?

그 첨병은 페루입니다. 페루는 퀴노아를 2모작으로 수확하면서 화학

비료를 사용해 생산량을 대폭 늘렸습니다. 자본주의적 시장논리에 따라 퀴노아를 대량생산했기 때문에 세계인은 저렴한 퀴노아를 쉽게 맛볼 수 있게 되었지만 그로 인해 피해자가 생겨났습니다. 자연농법으로 적은 퀴노아를 수확하던 볼리비아는 시장성을 잃어버린 것이지요.

퀴노아 밭을 지나자 단단한 암반대지가 띠처럼 대지를 가르는 풍경이 눈에 들어옵니다. 절편을 올려놓은 듯 평편한 대지는 록키 밸리Rocky Valley라 불립니다. 알티플라노의 산증인이기도 한 이 암석층은 4000만 년 전 안데스가 몸통을 만들어갈 때 분출된 용암지대로 추측됩니다. 62킬로미터에 걸쳐 펼쳐진 용암대지는 풍화로 깎이고 다듬어져 10~30미터 높이의 사물형상의 모습을 하고 있고, 부식이 심한 표면은 구멍이 듬성듬성 나 있습니다. 안내자 파블로가 구멍을 가리키며 라바 벌룬Lava Balloon이라 알려줍니다. 용암이 대기로 솟구칠 때 대기에서 공기를 포집捕執하는데, 공기를 포집한 채 식어버리면 바위 안에 공기가 차지했던 만큼의 구멍이 생기게 됩니다. 라바 벌룬은 그런 과정으로 생겨난 것이죠. 바위표면을 뜯어내며 이런 생각을 해봅니다. 용암기둥은 4000만 년의 시간을 어떻게 살았을까?

알티플라노를 가로지르는 도중 하루 유숙하기로 한 비냐 말Vina Mar 마을에는 '동굴 호텔'이 있습니다. 용암지대 한쪽 끝을 파고들어가 벽에 지붕을 엇대어 객실을 꾸민 자연친화적 호텔입니다. 객실이 11개밖에 되지 않아 미리 예약하지 않으면 묵기 어렵고, 무엇보다도 하나밖에 없는 호텔이라서 방을 확보하지 못하면 일정에 지장이 생깁니다. 호텔의 고도는 4,200미터입니다. 안나푸르나 베이스캠프의 고도가 4,130미터, 동남아시아의 최고봉인 키나발루가 4,101미터인 걸 감안하면 아주 높은 고도입니다. 그런데도 고산증세가 전혀 나타나지 않습니다. 쿠스코부터 시작하여 티티카카, 라파스, 우유니까지 서서히 고도를 높이며 적응한 덕분일까요.

안데스를 넘어 칠레 아타카마로 떠나기 전 광대한 벌판 안에 숨겨진 보물찾기에 나섭니다. 4,970미터 고원을 넘어 첫 번째 보물인 진흙화산, 두 번째로 플라밍고가 가득한 붉은 호수 Red Lake로 향합니다. 붉은 호수를 가득 메운 플라밍고는 미네랄이 풍부한 소금호수에서 운기조식하고 때가 되면 따뜻한 저지대로 날아간다고 합니다. 소금은 인간만이 아니라 모든 생명체에게 필요하죠. 지나치지 않으면 약이 되지만, 많이 섭취하면 병의 원인이 됩니다. 인간에게만 해당되는 사항은 아닌가 봅니다. 호숫가를 걷다 보니 플라밍고 사체가 나뒹굴고 있습니다. 제때 소금호수를 떠나지 못했던 것일까요.

간헐천에 들러 온천을 하고 국경을 향해 차를 달립니다. 국경으로 달려가는 동안 인적 없는 황야에는 먼지를 일으키며 지나가는 덤프트럭이 보입니다. 얼마 안 가 하얀 소금벌판에서는 포클레인이 보이고 공장 같은 건물도 눈에 띕니다. 알티플라노의 끝이 가까워올수록 자주 목격됩니다. 포클레인이 무엇을 캐고 있나 했더니, 붕산硼酸이었습니다. 소금벌판의 흙을 정제해 붕산을 추출해낸다고 합니다. 붕산은 어릴 때 집집마다 비상약으로 가지고 있을 만큼 중요한 약품이었지요. 칼에 베여도, 뜨거운 물에 데여도, 놀다 넘어져 무릎이 까져도 어머니는 붕산가루를 들고 나와 상처부위에 뿌려주곤 했습니다. 현재는 법랑의 안료로 쓰여 의료용이 아닌 화학약품으로 팔리고 있습니다.

알티플라노의 대지에는 붕산뿐 아니라 다양한 광물질이 묻혀 있습니다. 볼리비아는 풍부한 광물질로 인해 전쟁까지 벌어진 슬픈 역사가 있습니다. 전쟁의 발단은 붕산도 은도 리튬도 아닌 초석硝石이었습니다. 라틴아메리카의 독립 초기 각국은 국경이 모호한 지역이 많았습니다. 그런 지역 중 하나가 아타카마였고 볼리비아, 칠레, 페루는 이 지역을 공동 관리하고 있었습니다. 그런데 아타카마에서 대규모 초석이 발견됩니다. 초석은 화약의 주원료로 경제적 가치가 높았습니다. 이에 광물 영유권을 놓고 볼리비아와 칠레의 전쟁이 벌어진 것은 당연한 일이었겠죠. 이후 페루가 볼리비아를 도와 전쟁에 참가하면서 볼리비아-페루 연합국과 칠레가 4년간 전쟁을 치렀는데, 이를 두고 남미태평양전쟁 War of the Pacific Coast of South America 혹은 '초석전쟁'이라고 합니다. 당시 페루는 군사적으로 우세했지만 칠레는 독일로부터 고도의 군사훈련을 받은 정예 군대였습니다. 전쟁이 지속될수록 칠레가 우의를 점했고 결국 칠레의 승리로 전쟁은 끝났습니다. 그로 인해 안데스 넘어 광활한 아타카마 사막은 모두 칠레의 영토로 귀속되었고 볼리비아는 바다로 나가는 출구를 잃었습니다. 칠레는 아타카마에서 나는 광물질을 수출하며 경제성장을 이루었습니다. 볼리비아는 은에 이어 초석까지 돈 되는 건 다 빼앗기고 고통만 받았습니다. 은과 초석은 빼앗겼지만 우유니에 묻힌 리튬만은 볼리비아를 위해 잘 쓰이길 기도합니다.

　알티플라노 여행은 푸르고 짙은 라구나 베르데Laguna Verde 호수에서 리칸카부르Licancabur 화산을 마주하는 것으로 끝맺습니다. 해가 구름 뒤로 숨은 사이 어디서 불어오는지 모를 바람이 쏜살같이 호수 표면을 때립니다. 물빛은 짙은 청색으로 변하며 시리고 아픈 속마음을 감추지 않습니다. 그래서 초록호수로 불린다는데, 그 놈 참 고약합니다. 떠나는 사람의 마음을 이리 긁다니요.

　라구나 베르데에서 멀지 않은 고갯마루가 안데스의 턱입니다. 고도 4,600미터라지만 평원이 4,400미터이니 지프차는 언제인가 싶게 훌렁 넘어버립니다. 이제 지프차는 칠레 국경검문소가 있는 곳으로 달려갑니다. 칠레 검문소를 지나 버스로 갈아타면 2,600미터 아타카마까지 쉬지 않고 고도를 낮춥니다. 그 도로는 산 위에서 계곡을 향해 일직선으로 난 도로라서 고도계의 바늘이 정신없이 움직입니다. 고도가 낮아지는 만큼 알티플라노도 멀어집니다.

달과 가장 닮은 달의 계곡

아타카마는 지구에서 가장 건조한 지역으로 꼽힙니다. 비가 내려도 대기에서 날아가버리기 때문에 연강수량을 측정할 수 없다고 합니다. 푸른 생명을 찾아볼 수 없는 달月과 비슷한 환경이라서 이름도 '달의 계곡'이라는 뜻이지요. 이카-나스카-아타카마까지 메마른 사막벨트가 이어진 것은 훔볼트 해류와 강렬한 태양의 합작품입니다.

아타카마는 안데스 융기 이후 변화한 지질의 역사를 잘 보여주고 있습니다. 안데스가 융기하면서 바닷물이 낮은 지역으로 몰려 빠져나간 통로이자, 미처 빠져나가지 못한 바닷물이 화산재와 뒤범벅돼 지층을 이루며 굳어진 곳이 바로 이곳 아타카마입니다. 그래서 아타카마의 지층엔 소금결정체가 듬뿍 들어 있습니다.

새로운 대지의 안내자 마누엘은 보호구로 이동하는 중에도 여러 차례 이곳이 지질보호구Geolocal Area가 아닌 생태보호구Ecological Area임을 강조합니다. 형태적으로 보지 말고 숨겨진 내면을 읽으라는 뜻이겠죠. 보호구에 들어가 처음 발걸음을 멈춘 곳은 여기저기 균열이 간 진흙벽입니다. 마누엘은 눈을 감고 자연의 소리를 들어보라고 합니다. 눈을 감고 한참을 기다려도 바람소리 이외에 아무런 소리가 들리지 않아 눈을 뜨니 아무 소리도 못 들었냐고 묻습니다. 다시 눈을 감고 귀를 쫑긋 세우니 작지만 찢어지는 듯한 소리가 들립니다. 마누엘은 그제야 설명을 시작합니다. 진흙에 소금이 많이 포함되어 있다 보니 진흙벽이 견고하지 않아 갈라지는 소리라고 말입니다. 저 벽 어딘가에서 지금도 조금씩 땅이 갈라지고 있다고 생각하니 재미납니다.

중앙아시아의 오아시스 도시는 성을 지을 때 낙타 젖에 갠 진흙을 외벽에 바른다고 합니다. 외벽의 겉표면이 돌같이 단단히 굳고 충격에도 잘 깨져나가지 않기 때문이지요. 화산재에 섞인 소금 역시 응고촉매제 역할을 하는 게 아닌지요. 소금이 그렇게 꽉 잡아 단단한 땅으로 만들어 주지 않았다면 아타카마는 먼지 풀풀 나는 부질없는 땅에 지나지 않았을 겁니다. 지금 이 소리는 소금이 먼지를 가두려는 유쾌한 리듬인 것이죠.

아타카마 대지는 황색이지만 비가 오면 하얗게 변합니다. 물이 흙에 스며들어 흙에 섞여 있는 소금을 녹이고 녹은 소금이 표층으로 솟아오르기 때문입니다. 황색과 흰색의 색감은 일몰 앞에서 흔적도 없이 사라집니다. 태양의 기울기에 따라 변하는 색감은 대지에 서서히 불을 지펴, 태양이 고개 너머로 사라질 즈음이면 대지는 활활 타오릅니다. 아타카마의 지킴이 리칸카부르는 불이 붙은 대지를 내려다보며 우렁차게 서성입니다.

그 옛날 아타카마 원주민들은 리칸카부르에 올라 신께 자신을 바쳤습니다. 자기희생은 아프리카 원시부족뿐만 아니라 고대 마야에서 흔하게 행해졌던 의식입니다. 마야의 왕은 주기적으로 선인장 가시로 혀에 구멍을 뚫고, 가오리 뼈로 성기를 찌르는 의식을 거행했고, 백성들은 왕의 자기희생을 보며 추종했습니다. 왕이 전쟁에 나가 자리를 비워도 자기희생 의식은 계속되었습니다. 마야인에게 자기희생은 천상 13계와 지하 9계를 통합하는 의식이며 왕은 이 의식을 통해 신의 아들로서 종교적 카리스마를 유지했습니다. 마야나 아프리카 피그미족은 자기희생 의식을 성스럽게 행했는데, 그런 영적 분위기는 때로 자살의식으로 확대되었다고 합니다. 마야와 피그미족의 집단자살은 외부로부터 견디기 힘든 위험이 닥쳐올 때 스스로 행하는 방어이기도 하지만 종교적 열의에 의한 일종의 의식이었습니다. 유대인의 마사다 요새만이 아니고 사이비로 분류되는 종교집단에서 벌어지는 일도 아닙니다. 자기희생 의식은 희생을 통해 승화를 꿈꾸는 과정이기 때문입니다. 마야는 칼을 스스로에게 향한 반면 잉카나 아즈텍은 칼을 외부로 향했습니다. 리칸카부르의 자기희생 의식도 잉카에 이르면 인신공양으로 바뀌기 때문입니다. 잉카는 젊은이를 발가벗긴 채 정상에 올라가 얼어 죽게 함으로써 신에 대한 봉양의식을 리칸카부르에서 수행했습니다. 마야는 자기를 희생했고 잉카와 아즈텍은 남을 희생의 재물로 삼았습니다. 마야는 스스로 사라지기를 택했고 아즈텍과 잉카는 멸망을 강요받았습니다. 두 문명의 차이는 선택의 차이가 아닐까요. 문명은 결국 집단이 선택한 길 끝에 머뭇거리는 목적지일 뿐이니까요.

순백의 도화지 같은 우유니의 대지에 어둠이 내려앉은 해 질 녘을 서성입니다.

자연의 일부라기보다 '다른 세상'이라는 표현이 어울리는 우유니.

우유니에서는 소인국의 백성이 되었다가
거인국의 폭군이 되어보느라 시간 가는 줄 모릅니다.

벽과 침대는 물론 바닥, 의자, 소파, 식탁 모두 소금입니다.
소금호텔의 하룻밤 이색 추억을 만들어보는 것은 어떤지요.

광활한 알티플라노는 야마의 천국입니다.

알티플라노 곳곳에 흐르는 온천에 발을 담가보는 것도 여행의 재미죠.

달의 계곡 아타카마.
지구에서 가장 건조한 지역에 이름을 올렸으니
대기권이 없어 비가 내리지 않는 달(月)과 비슷한 환경이라 해도
지나쳐 보이지 않습니다.

ROUTE 7

칠레의 역사적 세 남자,
아옌데·피노체트·네루다

"나는 칠레와 칠레의 운명에 대한 믿음을 가지고 있다.
1973년 9월 11일."

 CHILE

────── 칠레 여행은 사람을 따라간다

칠레는 지구상에서 가장 긴 나라입니다. 안데스 산맥을 따라 길게 내리 뻗은 칠레의 북쪽은 삭막한 사막과 소금대지가 있습니다. 수도 산티아고를 포함한 중앙은 온화하고 비옥하며, 남쪽의 파타고니아는 극지방의 혹독한 기후를 자랑합니다. 일주일 여행으로 세상의 끝에서 끝을 체험할 수 있는 특별한 나라가 바로 칠레입니다. 다양한 기후와 환경을 만나는 칠레를 소개하는 말로 흔히 '3W'와 '3F'를 꼽습니다. 3W는 좋은 날씨 Weather, 아름다운 여성 Woman, 질 좋은 포도주 Wine를 뜻하고, 3F는 생선 Fish, 꽃 Flower, 과일 Fruit이 많이 생산된다는 뜻입니다.

산티아고는 피사로의 부하 페드로 데 발디비아 Pedro de Valdivia, 1497-1553 가 세운 도시입니다. 발디비아는 피사로에게 산티아고 지역을 지배했던 원주민 마푸체Mapuche족을 점령하라는 명령을 받았습니다. 발디비아는 산크리스토발 언덕에 성채를 쌓아 마푸체족의 공격에 대비했다고 하는데, 강에 둘러싸였을 뿐 아니라 산티아고에서 가장 높은 봉우리에 성채를 쌓았던 것을 보면 마푸체족을 꽤나 두려워했던 것 같습니다. 그도 그럴 것이 마푸체족은 '지옥에서 온 사람들'이라는 뜻으로, 피부가 검고 키가 큰 호전적인 민족이었다고 전해집니다. 피사로가 잉카를 멸망시키고 한참이 지난 1540년에야 칠레 공략을 명령한 걸 보아도, 잉카를 멸망시킨 피사로의 군대가 168명의 비정규군인 것에 비해 150명의 훈련된 정규군이 동원된 것을 봐도, 마푸체족이 얼마나 용맹스러운 부족인지 알 수 있습니다. 라틴아메리카에는 아즈텍, 마야, 잉카만 있던 게 아니었던 것이지요. 여행지를 옮겨 갈수록 우리가 기억하지 못하는 수많은 부족과 문명이 있었다는 걸 깨닫습니다. 재미난 사실은 마푸체족의 체che가 사람을 나타내는 단어이기도 하다는 것입니다. 현대 남미에서도 '체'는 애정 어린 남자에 붙이는 존칭입니다. 이미 '체 게바라'를 통해 널리 알려졌지요. 고대 산스크리트어에서의 체che는 사람이 사는 장소를 나타내는 단어입니다. 에베레스트 트레킹을 하다 보면 남체, 텡보체, 팡보체, 딩보체 등 끝에 체를 붙이는 마을을 지나가게 됩니다. 고대 산스크리스트어에서 유래했다는 '체'는 사람이 사는 장소를 의미하지만 그 역시 사람이 있는 곳이라는 점에서 '사람'을 의미한다고 할 수 있습니다.

티티카카의 아이마라족은 풍속, 생김새, 언어까지 티베트와 유사점이 많습니다. 티베트민족은 얄룽창포 계곡 깊이 숨어 살다가 송첸감포松贊干

布왕 때가 돼서야 지금의 라싸Lhasa로 나와 고원에 문명왕국을 세웠습니다. 하지만 그들의 과거에 대해서는 알려진 게 없습니다. 티베트가 인도와 경계를 마주한 땅인 것을 생각하면, 그들도 산스크리트어를 사용하지 않았을까요. 그리고 오래전 그들과 같은 말을 쓰는 한 부족이 베링해를 건너 안데스 고원에 정착하며 아이마라족이 되고 해안가에 정착한 무리는 마푸체족이 된 건 아닐까요? 언어는 사회적으로 훈련된 것이기 때문에 쉽게 바뀌지 않는다고 합니다. 외형은 환경에 따라, 타인종과의 혼인으로 쉽게 변하지만 언어는 문화이기 때문입니다. 그러니 체che가 갖는 언어적 공통분모도 단순한 우연은 아닐 것 같습니다.

산크리스토발 언덕엔 발디비아와 카우포리칸마푸체족 추장의 동상이 있다고 했는데, 동상은 눈에 띄지 않고 도시 전체를 내려다보는 거대 마리아상만 눈에 들어옵니다. 마리아는 산티아고를 향해 미소 지으며 온화하게 팔을 내밀고 있습니다. 마치 칠레가 가톨릭의 땅이 되었음을 만천하에 알리고 있는 듯합니다.

산티아고의 중심지인 아르마스 광장에도 발디비아의 씩씩한 기마상이 서 있습니다. 그 옆 보도에 산티아고의 도시구조를 그린 동판이 박혀 있습니다. 동판에 묘사된 산티아고 한쪽 오이긴스 강 반대편은 안데스에서 흘러나온 두 갈래의 물줄기가 도시를 감싸 강에 둘러싸인 섬의 형세입니다. 광장 주변을 돌며 도시의 역사를 더듬어 가는 시티투어의 종착지는 대통령궁인 모네타 궁입니다. 모네타 궁은 불행했던 칠레의 역사를 기억하는 장소이고 남미 최초의 좌파 민선 대통령 살바도르 아옌데

Salvador Allende, 1908-1973, 군부독재의 상징 아우구스토 피노체트Augusto José Ramón Pinochet Ugarte, 1915-2006 그리고 참여시인 파블로 네루다Pablo Neruda, 1904-1973가 소설 같은 이야기를 만들어낸 현장입니다. 모네타 궁이 기억하고 있는 그날의 사건을 추적해봅니다.

칠레의 역사를 바꾼 두 남자, 아옌데 그리고 피노체트

칠레의 독립 영웅 베르나르도 오이긴스Bernardo O'Higgins, 1778-1842는 독립전쟁 이후 산티아고를 수도로 삼았습니다. 하지만 칠레는 독립 후에도 지도층의 자리바꿈만 있었을 뿐, 소수의 지주와 독점자본가의 특권을 보장하는 지배체제에는 변화가 없었습니다. 정치인, 군인, 관료 집단에게는 지위 상승의 기회가 주어졌지만 국민의 대부분은 식민정부나 독립정부의 차이를 느끼지 못했습니다. 마르크스는 "역사는 반복된다. 첫 번째는 비극으로, 두 번째는 희극으로"라는 유명한 말을 남겼지요. 칠레의 현대사는 마르크스의 명언과 같이 흘러갔습니다.

독립 칠레는 선진국이 아니었습니다. 1950년대 칠레의 보수정권은 농업사회에서 산업사회로의 전환을 꾀하며, 필요한 자본을 외국에 의존했습니다. 대부분의 자본은 미국에서 차입되었고 그 결과 1960년대 초에는 칠레의 100개 기업 중 61개 기업이 외국자본에 지배를 받을 만큼 대외종속이 심화되었습니다. 특히 미국은 칠레의 구리광산 개발에 적극적이었습니다. 스페인이 볼리비아에서 은을 캐 갔듯, 미국도 칠레에서 구리를 캐 간 것입니다. 식민시대라면 모를까, 칠레의 광부들은 파업을 선언하고 미국의 독식에 저항하기 시작했습니다. 이 과정에서 여행 중이던 한 젊은이가 칠레광산의 파업을 목격한 후 라틴아메리카의 구조적인 모순에 눈을 뜨고 인생의 행로를 바꿉니다. 그가 바로 체 게바라입니다.

하지만 미국자본은 이미 광산업뿐만 아니라 산업전반을 지배하고 있었습니다. 때문에 칠레는 구리를 열심히 캐다 팔아도 외채가 증가하고, 상환을 위해 신규차관을 또다시 도입해야 하는 악순환에 빠져들었습니다. 정치인들은 "자본이 빠져나가면 공장이 문을 닫는다. 그러면 너희들은 빵을 살 수 없어"라고 설득할 뿐, 근본적인 해결을 위해 나서지 않았습니다.

상황은 점점 악화되었고 사회적 갈등은 점차 심화됐습니다. 보수정권도 좌파정권도 국가와 민족을 위하고 의롭게 책무를 다하는 사람들의 집단입니다. 그럼에도 불구하고 서로 대립하는 건 문제를 바라보는 시각과 수단의 차이 때문이겠죠. 보수정권은 약을 발라가며 다친 부위를 낫게 하려 하고, 좌파정권은 환부를 도려내 새살을 채우려 합니다. 1960년대 칠레의 보수정권도 조금씩 약을 발랐지만 상처가 아무는 속도보다 병의 진행이 더 빨랐습니다. 상처가 너무 깊었던 것이지요. 수술이 필요한 시점이었고 사회변화에 대한 요구가 거세지던 시기였습니다.

미국 역시 이런 사회문제가 있었고 사회적 갈등이 심했습니다. 초창기 미국은 돈과 성공을 위해 모여든 모리배_{謀利輩}의 성전이었고, 체면도

위신도 없이 돈을 쫓는 싸움이 무한정 가능한 사회였습니다. 미국은 깊은 고통 속에 있었고 새로운 도약을 위해서 눈앞의 문제를 해결해야 했습니다. 위키백과는 미국이 선택한 대안을 이렇게 설명합니다.

"시어도어 루스벨트Theodore Roosevelt 대통령은 셔먼 독점금지법을 사용하여 대기업들이 무분별하게 비대해지는 트러스트시장독점을 목적으로 하는 기업결합를 견제함으로써 트러스트의 폐해를 막았다. 자본주의가 도를 넘어 거대기업의 횡포조차 감시, 관리하지 못하면 미국에도 공산주의가 뿌리를 내리게 된다."

루스벨트가 발전과 성장을 옹호하는 공화당의 대통령이었고 그 시점이 자본의 힘으로 미국이 성장을 구가하던 1902년이었다는 점을 볼 때, 역사를 보는 그의 관점은 놀라울 만큼 정확하고 합리적이었다는 생각이 듭니다. 거대기업이 경제의 자양분을 쪽쪽 빨아가는 걸 정부가 막지 못한 나라는 모두 혁명이 일어났고, 사회정권이 들어섰으며, 독점기업이 정치와 한배를 탄 독일과 일본의 경우 제2차 세계대전을 일으켰기 때문입니다. 산업화는 노동자와 자본가의 대립을 가져온다는 마르크스주의 역사관에서 볼 때 미국이 소련과 다른 길을 걷게 된 건 자본의 방종을 제압한 시어도어 루스벨트의 공로가 아닐는지요.

방종을 막지 못한 칠레는 1970년 무력혁명이 아닌 선거혁명으로 남미 최초의 좌파정권을 탄생시켰습니다. 모네타 궁 앞 헌법광장에는 남미 최초의 좌파 민선 대통령 아옌데의 동상이 있습니다. 동상의 기단에 "나는 칠레와 칠레의 운명에 대한 믿음을 가지고 있다. 1973년 9월 11일"

이라고 쓰여 있습니다. 1973년 아옌데에게 아니, 칠레에 무슨 일이 일어났던 것일까요.

아옌데 정권의 개혁정책은 외국자본과 지주를 향했습니다. 광업, 국가기간산업, 금융업을 국유화했고, 다음으로 농지개혁을 추진하여 소수에 집중된 토지를 농민들에게 분배했습니다. 그 효과는 사회 전반에 긍정적으로 나타났습니다. 개혁정책으로 지지부진하던 국민총생산GNP은 7퍼센트 높아졌고, 물가인상률은 37퍼센트에서 18퍼센트로 떨어졌으며, 8.3퍼센트에 달했던 실업률도 4.8퍼센트로 낮아졌습니다. 그런데 한쪽이 행복해지면 한쪽이 불행해지는 게 세상 이치 아니겠습니까.

재산을 잃은 기득권 세력은 점점 거세게 저항하기 시작했습니다. 이 상황을 조심스럽게 바라보던 미국이 그들을 후원하기 시작했지요. 아옌데 정부는 구리광산을 국유화하는 과정에서 보상이 아닌 몰수방식을 택했습니다. 때문에 미국도 큰 피해를 보았죠. 물론 칠레 입장에서 보면 미국은 이미 투자금의 수백 배를 가져간 상태였으니 무상몰수가 당연한 것이었겠지만, 미국 입장에서는 '아무것도 없는 놈들, 돈 들여 광산 만들어줬더니 생으로 빼앗아?' 하는 억울함이 있었을 겁니다.

어쨌거나 1971년 실시된 지방선거에서 칠레 국민은 좌파정부를 전폭적으로 지지했고 아옌데의 개혁정책은 국민의 지지에 힘입어 평탄하게 추진되어갑니다. 여기에 미국자본에 대한 저항으로 라틴아메리카 전역에 반미 동조화 현상이 확산되자 미국은 대책을 세울 수밖에 없었습니다.

미국은 쿠바에 반정부군을 상륙시켜 쿠바정권의 전복을 기도하고, 과

테말라 좌파정권에 반하는 반정부군을 지원해 좌파정권을 전복시켰습니다. 그리고 마침내 칠레 아옌데 정권을 전복하기 위한 작전에 들어갔습니다. 미국은 먼저 칠레의 주 수출품목인 구리의 가격을 폭락시켜 칠레 경제를 혼란에 빠뜨렸습니다. 미국에 동조한 국내기업들은 상품을 제한적으로 풀어 극심한 인플레이션이 일어났고, 수송업자들은 물건 수송을 거부해 사회는 극도의 불안에 빠졌습니다.

그 대표적인 예가 바로 네슬레Nestlé, 다국적 식품업체입니다. 아옌데 정권은 낙농국가인 칠레의 아이들이 우유를 먹지 못해 영양실조로 죽어간다며 15세 이하의 아동에게는 우유를 무상으로 지급하는 정책을 추진했습니다. 영아 사망률이 높았던 칠레 국민들은 전폭적으로 지지했지만, 사실 칠레에 유통되는 우유의 대부분은 네슬레의 통제를 받고 있었습니다. 네슬레는 우유를 저렴하게 구입해 무상으로 지급하면 제값에 팔 수 없다는 이유를 들어 정부가 요구하는 우유공급을 거부했습니다. 네슬레의 거부로 아옌데의 무상우유 공급정책은 실패했고, 이런 기득권의 저항으로 사회불안과 경기침체가 지속됐습니다. 아옌데에 대한 불만이 높아질 때쯤, 군부는 아옌데 정부의 정책을 비난하며 사회 안정의 대안세력으로 나서기 시작했습니다. 아옌데 정권은 점차 구체화되는 군부의 쿠데타 위협에 맞서 국민의 선택을 묻는 국민투표를 실시하겠다고 선언하고, 그 일정을 피노체트 장군을 비롯한 주요 육군 지휘관들에게 알렸습니다. 정공법으로 위기를 돌파하려는 아옌데와, 아옌데를 축출하려는 보수군부와의 갈등은 국민투표를 앞두고 극에 달했습니다. 국민투표에서 아옌데 정부가 승리하면 더 이상 현 정부를 부정하기 어렵다고 판단한 보수군부는 국민투표 전날인 9월 11일 쿠데타를 일으켰습니다.

9월 11일 새벽, 해군을 중심으로 한 쿠데타군은 발파라이소를 점령하고, 아옌데 대통령에게 24시간 이내에 대통령직에서 물러나 해외로 망명할 것을 요구하는 성명서를 발표합니다. 이미 주요시설은 쿠데타군의 손아귀에 넘어갔고, 모네다 궁 상공에는 폭격기가 선회하고 있었습니다.

모든 방송국이 쿠데타군의 수중에 넘어갔지만 다행히 라디오 방송국은 무사했습니다. 아옌데는 라디오를 통해 '대통령과의 담화시간'을 예정대로 진행합니다. 라디오를 통해 흘러나오는 아옌데의 외침은 비장했다고 합니다.

"지금 이 순간 폭격기가 머리 위를 날고 있습니다. 나는 조국을 위해 생명을 바칠 것입니다. 칠레 민중이 보여준 충성심에 죽음으로 보답하겠습니다. 나는 칠레 대통령으로서 명예로운 책임과 의무를 다할 것입니다. 나는 항상 여러분과 함께할 것입니다. 칠레 만세! Viva Chile!, 민중 만세! Viva el Pueblo!, 노동자 만세! Viva los Trabajadores!"

그는 대통령 궁 경비대를 대통령궁 밖으로 내보내고 민주주의 수호를 위해 찾아온 40여 명의 지지자와 모네타 궁에서 최후를 맞았습니다. 정치적 망명을 거부하고 칠레의 민주주의를 위해 죽음을 택한 것입니다.

미 국무성은 쿠데타가 난 다음날 "거듭 강조하건데 미국 정부와 미국 정부 내 어떤 기관도 쿠데타와 연루되지 않았다"고 지레 겁먹고 발표했습니다. 그러나 최근 비밀 해제된 미국 중앙정보국 CIA과 국무부, 국방부의 관련 극비문서에 의하면, 미국의 아옌데 정부 전복공작은 아옌데가 대통령에 당선된 직후 닉슨 대통령의 지시로 시작됐음을 밝히고 있습니다.

당시 백악관 안보담당 보좌관 키신저의 지시를 CIA 칠레지부에 전한 비밀문건에는 "아옌데가 쿠데타에 의해 전복되어야 한다는 것은 확고한 정책"임을 명백히 하고 있다고 합니다. 이외에도 "뒷일은 걱정 말고 48시간 내에 끝낼 수 있는 쿠데타 계획을 세워라, 쿠데타 전문가를 총동원하라, 칠레경제를 파탄에 빠뜨리고 공작금은 1,000만 달러로 하되 필요한 경우 더 사용해도 좋다"는 등의 내용도 들어 있었다고 합니다. 키신저는 중국과 핑퐁외교를 성사시킨 뛰어난 외교관입니다. 그는 왜 시어도어 루스벨트 대통령의 성공사례를 따르지 않았을까요. 식민시대부터 자라난 독점적 세력이 아닌 국민과 손을 잡고 칠레 민주주의의 성숙을 도왔다면 칠레는 미국의 든든한 우방이자 경제 동업자로 남았을 텐데요. 정치철학자 아렌트가 남긴 말이 떠오릅니다. "소크라테스Socrates, BC 469?~399의 죽음 이후, 서구 철학의 전통은 철학과 정치를 스스로 분리시킴으로써 소크라테스가 실천했던 사회적 역할, 즉 사회 구성원들이 스스로 생각하도록 유도하는 산파적 기능을 외면하였다."

정권을 잡은 피노체트는 쿠데타에 성공한 후 3개월 동안 공산당원과 좌익계 인사 1,800여 명을 공개 처형하며 사회를 공포로 몰아넣었습니다. 500여 개에 달하던 국영기업의 절반 이상을 무료로 원 소유주들에게 돌려주었고 나머지 국영기업도 공개입찰을 통해서 매각했습니다. 또 아옌데 정권에 의해 시행되었던 토지개혁을 파기하고 몰수되었던 토지를 본래의 지주에게 돌려주었습니다. 피노체트의 정책을 보면 그의 뒤에 누가 있었는지 추측하게 합니다. 쿠데타로 가장 재미를 본 건 구리광산을 다시 가져간 미국이었을 테니 투자를 잘못한 것 같지는 않습니다.

수치상으로만 보면 피노체트 통치시절 칠레는 사회불안이 없는 고도성장을 이룩했습니다. 미국과 보수층의 조작이 있었다고 하지만 쿠데타가 발생했던 1973년 물가는 500퍼센트나 뛴 상태였습니다. 그랬던 서민물가가 쿠데타가 성공한 이후 안정되기 시작해 1976년엔 180퍼센트로 내렸고, 1982년엔 10퍼센트대로 진정되었으며, 경제성장률은 1976~1981년 동안 7퍼센트대를 유지했습니다. 수치로 볼 때는 아옌데는 사회불안을 낳았고, 피노체트는 그 불안을 잠재웠습니다. 때문에 피노체트의 통치 초기에 칠레 국민은 아옌데를 잊었습니다. 그런데 얼마 지나지 않아 칠레 국민은 아옌데의 손을 들어주었습니다. 그 이유가 무엇이었을까요.

피노체트 집권기에 경제를 담당한 관료들은 시카고 대학 출신의 자유시장 경제주의자들, 일명 '시카고 보이즈Chicago Boys'였습니다. 그들은 자유무역, 정부개입 축소, 시장자유화 등 우리에게 익숙한 신자유주의 정책으로 칠레 경제의 틀을 다시 수립했고 칠레 경제를 살려냈습니다. 그런데 실제로는 하나도 자율이 없었다고 합니다. 피노체트는 "이 나라에서 나뭇잎 하나라도 내 명령 없이는 움직이지 못한다"라고 공공연히 말하고 다니며 강력하게 개입했습니다. 성과에 급급한 정책은 단기간에 효과가 나타나지만 결국은 한계에 다다릅니다. 시장 문을 열면 돈이 들어와 갑자기 자산 인플레이션이 일어나고 모두가 현재보다 부유해집니다. 일종의 상업혁명이 일어나는 원리와 같습니다. 하지만 들어온 돈이 필요한 곳 이외에 다른 곳으로 못 빠져 나가도록 길목을 막지 않으면 사방으로 스며들어 세균같이 번식하고 나중엔 주머니를 갉아먹습니다. 그렇게 되면 국민들은 다시 곤궁해지며 불만을 갖게 됩니다. 권력은 불만을 잠재우기 위해 공포를 이용하지만 공포는 결코 영원하지 않습니다. 공포도 익숙해지기 때문입니다. 피노체트 정권의 경제성장에 대해 객관적으로 평가하기 시작한 칠레 국민은 숫자 대신 변화를 요구했습니다. 그것이 바로 민주주의입니다. 피노체트는 거세지는 퇴진 요구에 1988년 군부정권의 집권연장을 묻는 국민투표를 실시했습니다. 54퍼센트의 반대에 부딪혀 정권을 내려놓게 된 피노체트는 종신제 상원의원으로서 면책권을 부여받았고 상원의원 47명 중 9명의 상원의원을 자신이 임명할 수 있게 법을 고쳐놓고서야 군사정권 통치의 막을 내렸습니다. 법 앞에 만인은 평등하다는 정신을 넘어선 한 사람을 위한 법이 만들어진 겁니다. 민주국가에선 있을 수 없는 일이 벌어진 것이지요.

국민들은 정부에 피노체트 쿠데타와 군부독재 17년 동안 일어난 인권유린 사태에 대한 조사를 요구했습니다. 피노체트의 뒤를 이어 대통령이 된 아일윈 Patricio Aylwin Azócar 은 레틱위원회를 조직하고 "범죄를 저지른 군 관계자가 사과한다면 이를 바탕으로 대화를 추진해나갈 것"이라고 공식 선언했습니다. 하지만 피노체트는 "군인이 단 한 명이라도 다치는 일이 생기면 그날로 헌법질서는 끝날 것이다"라고 엄포를 놓습니다. 피노체트의 말 한마디에 대통령도, 레틱위원회도 과거사 청산을 과제로 남겨놓은 채 물러서고 말았으니 피노체트의 권력보다 정치인들의 무력함을 탓할 밖에요.

조제프 드 메스트르Joseph de Maistre, 프랑스 철학자는 "모든 나라는 그 수준에 맞는 정부를 가진다. 민주주의에서 국민들은 그들 수준에 맞는 지도자를 가진다"라고 말했는데, 1988년 칠레 국민은 1970년 아옌데를 선택할 때만큼 용감하지도 정의롭지도 못했던 모양입니다.

칠레가 피노체트로부터 자유로워진 건 2000년대에 이르러서입니다. 리카르도 라고스Ricardo Lagos가 51퍼센트 득표로 대통령에 당선되면서 아옌데 이후 18년 만에 사회주의 정권이 들어섰지요. 라고스는 이전 대통령과 달리 과거사 문제에 적극적인 입장을 보였습니다. 라고스는 피노체트의 면책권을 박탈하여 피노체트에 대한 사법처리 가능성을 열어놓았습니다. 그러나 그러기엔 너무 늦었죠. 90세를 바라보는 피노체트가 무슨 수치심을 느끼고 어떤 반성을 하겠습니까.

독재자의 특성에 대해 사회학자들은 '자신에 대한 비판을 참지 못하고 남에게 인정받지 못하면 예측 불가능한 행동을 하는 위험이 있다'고 말합니다. 한마디로 나르시시즘의 심리유형을 가진 사람입니다. 그래서 독재자를 재판장에 세워 스스로 잘못을 인정하게 하는 과정이야말로 독재자를 진정으로 죽이는 것이라고 합니다. 그런데 피노체트 재판은 치매라는 건강상의 이유로 종결되었고 죽기 전까지 반성하지 않았습니다. 그는 죽는 순간까지 자신이 한 일에 떳떳했는지 모릅니다. 그래도 피노체트를 법정에 세우고 죽음을 맞게 함으로써 칠레 국민의 자존심은 세워졌다고 봐야겠죠. 피노체트에게 "당신 틀렸어요!"라는 말은 했으니까요.

칠레의 현실을 노래한 민중시인

발파라이소는 태평양을 건너 온 상선이 일본, 중국, 인도로 향하기 전 보급품을 채우던 마지막 거점항구였습니다. 파나마 운하가 개통되며 그 역할은 축소되었지만, 여전히 칠레를 대표하는 항구이자 칠레 현대사의 현장으로 남아 있습니다. 칠레의 역사적인 세 남자 모두 발파라이소와 인연이 깊기 때문이죠.

아옌데는 발파라이소의 빈민촌에서 성장했습니다. 그가 의사로 성공할 수 있는 길을 마다하고 모두가 행복한 나라를 꿈꾸며 정치가의 길을 택한 곳이 바로 이곳 발파라이소입니다. 파블로 네루다는 발파라이소에서 시인으로서 최고의 전성기를 맞습니다. 이후 아옌데의 죽음을 전해 듣고 조용히 눈을 감은 곳도 발파라이소입니다. 피노체트의 쿠데타군은 발파라이소를 제일 먼저 점령하고 산티아고로 밀고 올라가 쿠데타에 성공했습니다. 한 남자는 의사이자 정치가로, 한 남자는 외교관이자 시인으로, 한 남자는 군인이자 독재자로 삶을 시작한 곳, 세 남자가 운명적 전환점을 가진 곳이 발파라이소입니다.

칠레는 예술의 열정이 끓어오르는 나라입니다. 예술혼은 군부독재의 탄압에서도 문학과 음악에서 성숙을 멈추지 않았습니다. 총 5명의 라틴아메리카 노벨문학상 수상자 중 파블로 네루다와 가브리엘라 미스트랄을 칠레가 배출했지요. 발파라이소를 찾는 여행자는 파블로 네루다의 생가를 탐방하고 유네스코 세계문화유산으로 지정된 도시 뒷골목의 벽화를 둘러봅니다. 저도 그런 여정을 따라가려 발파라이소에 왔습니다.

발파라이소를 안내하는 안네Anne는 네루다의 생가를 방문한 뒤 전망대로 가서 점심을 먹은 후 뒷골목을 돌아보자고 작전을 짜줍니다. 그러면서 점심 메뉴로 피아나 마리나Piana Marina를 추천합니다. 10달러 정도면 맛볼 수 있는 피아나 마리나는 조개, 오징어, 생선 등을 뚝배기에 넣고 끓인 해물탕인데, 양도 맛도 칠레 음식 중 최고입니다. 점심을 미리 주문해두고 네루다 파블로의 생가를 방문합니다.

파블로 네루다는 '사랑의 시인' 혹은 '자연의 시인'으로 불립니다. 이외에도 '민중시인'이란 수식어가 붙습니다. 그는 빈농의 아들로 태어나 외교관으로, 사회운동가로 활동하면서도 시에 대한 열정을 놓지 않았던 남미의 대표시인입니다. 본래 정치색이 뚜렷하면 순수문학에서 벗어난다는 이유로 노벨상 후보에서 제외된다고 합니다. 그가 칠레 공산당 당수이자 사회주의 정치가로 현실정치에 깊이 참여했음에도 노벨문학상을 수상한 것은, 정치인이었을 때나 투사였을 때도 시의 성장을 멈추지 않았기 때문입니다. 아마 노벨위원회도 외면할 수 없었겠죠.

그의 삶을 들여다보면 그의 삶이 바로 시고, 그의 시가 바로 삶이란 걸 알게 됩니다. 외로움과 상처 그리고 자각에서 문학적 에너지를 찾은 네루다의 시는 단단하고 정직했습니다. 그의 삶 자체가 시의 에너지 공급원이었기 때문입니다.

네루다의 초기 작품은 낭만적이고 서정적이었다고 합니다. 시인으로 명성을 얻으며 네루다는 미얀마, 스리랑카, 자바, 싱가포르에서 외교관 생활을 자원했는데, 본국의 지원이 없는 명예영사 신분이었기 때문에 생활이 매우 궁핍했습니다. 더군다나 외로움을 달래려고 결혼한 네덜란드계 아내와는 스페인어로 소통이 안 돼 깊은 대화를 나눌 수 없었습니다. 이러한 절대 고독은 빈곤과 굶주림에 허덕이는 식민지 대중들의 비참한 삶과 인간적 관계를 깊이 바라보는 계기가 되었다고 합니다.

이후 네루다는 스페인 주재영사로 근무하면서 스페인 내전을 겪게 되었습니다. 양심과 힘이 격돌하는 전쟁의 광기를 목격하고 네루다는 문학을 위한 문학, 예술을 위한 예술이 아닌 현실에 바탕을 둔 시, 민중의 삶을 그려내는 시를 쓰는 데 자신의 예술혼을 바쳤습니다. 그는 스페인 영사로 머무는 동안 외교관 신분을 이용하여 프랑코군에 쫓기는 시민군을 숨겨주었고, 그들의 해외탈출을 도와주는 등 시민군 편에서 활동하다가 프랑코에 의해 추방되었습니다.

칠레로 돌아온 네루다는 보다 적극적으로 사회활동에 참여하며 변화를 갈구하는 칠레 민중의 대변자가 되었습니다. 하지만 검거령을 피해 칠레를 탈출해야 했고 3년간이나 정처 없이 유럽을 떠돌았다고 합니다. 그 과정에서 그의 내면세계는 더욱 깊어졌습니다. 혼자일 수밖에 없는 타지생활의 외로움, 영사 신분이지만 곤궁할 수밖에 없었던 마음의 상처, 그리고 스페인 내전에서 양심과 정의가 무력에 의해 짓밟히는 광경을 보며 그는 민중시인으로 거듭났습니다.

  시인은 시라는 무기로 만족해야 하지만, 그는 성에 차지 않았던 모양입니다. 시인으로 할 수 있는 일의 한계에 다다르자 현실정치에 뛰어들었습니다. 네루다는 좌파연합이 선거에 임하는 1970년, 공산당 후보로 추대되면서 정치인생에 정점을 맞습니다. 하지만 네루다는 단일후보를 이루기 위해 아옌데에게 후보 자리를 양보했으며 다시 시인의 자리로 돌아갔습니다. 네루다가 정치인에서 시인의 자리로 돌아와 안주한 곳이 바다를 마주한 발파라이소입니다. 그러나 시인의 삶은 오래가지 않았습니다. 비가 오는 어느 새벽, 의사가 파블로 네루다의 집을 두드립니다. 의사는 시인의 건강을 걱정하며 그의 아내에게 '오늘은 일체 라디오를 켜지 말라'고 신신당부하고 돌아갑니다. 시인은 쿠데타가 일어난 것을 모른 채 하루를 보냅니다. 오전을 평화롭게 지내던 시인은 요란한 대민방송에 소스라치게 놀라며 라디오를 켭니다. 아옌데의 죽음을 감지한 시인은 라디오 뉴스를 들으며 조용히 운명에 몸을 맡깁니다. 그렇게 자리에 누운 시인은 다신 일어나지 못했고, 며칠 뒤 죽음을 맞았습니다. 세 남자가 끌고 간 칠레의 현대사. 산티아고와 발파라이소는 동시대에 태어나 다른 방식으로 살다 간 세 남자가 뜨겁게 호흡한 땅이었습니다.

컬러풀한 항구마을 발파라이소.
골목길이 미로처럼 얽혀 있습니다.

발파라이소 달동네에 위치한 파블로 네루다의 집.
시인의 집으로 가기 위해선 미로 언덕을 올라야 합니다.

도시의 뒷골목을 세계적 명소로 만든 발파라이소의 벽화.
젊은 여행자의 가슴에 불을 지핍니다.

"빗속에 뒤엎어진 램프처럼
젖었어도 타닥타닥 타오르는 청춘"
파블로 네루다, 〈젊음〉 中

모네타 궁 앞 헌법광장에는
남미 최초의 좌파 민선 대통령 아옌데가 서 있습니다.

산티아고 대성당의 생생한 천장 벽화를 오래도록 올려다봅니다.

ROUTE 8

안데스 산줄기의 꽃, 멘도사

"우린 항상 나누어 먹고 돌려 마셔요.
그래도 우리에겐 병이 없어요."

 ARGENTINA

── 아르헨티나의 꽃으로 불리는 도시

안데스를 국경으로 걸친 나라는 7개국이나 됩니다. 저의 여행은 안데스의 산줄기를 따라 종縱으로 이어지기 때문에 페루에서 안데스를 넘어 볼리비아로, 다시 안데스를 넘어 칠레로, 이제 다시 안데스를 넘어 아르헨티나의 내륙에 핀 꽃, 멘도사Mendoza로 향합니다.

멘도사는 안데스의 최고봉 아콩카과Aconcagua, 해발 6,979미터와 아르헨티나의 대통령이었던 후안 페론과 그의 연인 '에비타'가 처음 만난 사연 많은 도시로 유명합니다. 작고 아담한 도시는 날씨가 온화해서 여행자가 여유롭게 쉬어가기에 더할 나위 없이 좋습니다.

안데스를 넘어 산티아고와 멘도사를 연결하는 국제버스는 남미여행에서 꼭 타봐야 할 교통수단 중 하나입니다. 국제버스가 칠레와 아르헨티나의 국경검문소를 소리 소문 없이 지나 안데스 산릉을 넘습니다. 산릉을 넘으면 끝도 없이 넓은 포도밭이 한눈에 들어옵니다. 8시간 만에 안데스의 가슴에 자리 잡은 멘도사에 다다른 것입니다.

아르헨티나의 와인 생산량은 세계 5위지만, 도시로만 치면 멘도사가 세계 최고입니다. 아르헨티나 포도농장의 90퍼센트가 멘도사에 있고, 생산되는 와인 중 70퍼센트 이상이 멘도사에서 만들어집니다. 와인 생산량이 많다는 것은 땅이 비옥하고 일조량이 많으며 물이 많다는 의미입니다. 이토록 풍요로운 땅이니 아르헨티나의 역사가 멘도사에서 시작된 이유로 충분하겠죠.

멘도사는 아르헨티나 독립에 한 획을 그은 역사의 현장입니다. 산 마르틴José de San Martin, 1778-1850 장군은 이 풍요로운 땅을 근거지로 삼아 세력을 넓히고 안데스를 넘어 스페인군을 무력화시킴으로써 칠레에 독립을 선사했습니다. 역사적으로 험준한 산맥을 넘어 상대의 허를 찌르는 전술로 대승을 거둔 전략가로는 힌두쿠시를 넘어 인도대륙을 넘본 알렉산더, 알프스를 넘어 로마를 궁지에 빠뜨린 한니발, 파미르고원을 넘어 탕구트 세력을 무력화한 당나라의 고선지, 알프스를 넘어 로마로 진격한 나폴레옹 등이 있습니다. 라틴아메리카에서는 산 마르틴 장군이 그 명예를 이어갑니다.

산맥을 넘는 작전은 무거운 전쟁도구와 식량을 싣고 대군이 일시에 움직여야 하고, 적이 유리한 고지를 선점하고 있다면 저항 한번 못하고 궤멸되기 쉽기 때문에 결행하기 어려운 전술입니다. 하지만 산 마르틴 장군에겐 다른 선택이 없었습니다. 칠레로 가려면 안데스를 넘어야 했기 때문입니다.

산 마르틴 장군은 스페인의 방어선에 걸리지 않고 안데스를 넘는 작전에 골몰했습니다. 그는 원주민에게 군대가 아콩카과 남쪽을 돌아 안데스를 넘을 것이라고 거짓 소문을 흘렸고, 소문을 들은 스페인군은 주둔지를 남쪽으로 옮겼습니다. 그 사이 산 마르틴 장군은 약 5,000명의 군인을 이끌고 멘도사를 출발해 아콩카과 북쪽 자락을 돌아 안데스 산맥을 넘는 강행군을 시작했습니다. 아콩카과 북쪽 산자락은 남쪽과 달리 산세가 험준하고 빙하가 길게 내려와 추위와 고산병까지 극복하며 안데스를 넘어야 했습니다. 스페인군은 산 마르틴이 안데스를 넘었다는 사실을 뒤늦게 알고 허겁지겁 추격했지만, 전열을 가다듬은 산 마르틴의 군대는 샤카부코에서 스페인군에게 대승을 거두었습니다. 이 전투는 칠레 독립에 직접적인 동기가 되었으며 이후 마이푸 전투Battle of Maipú에서 다시 스페인군을 격퇴시킴으로써 칠레는 진정한 독립을 맞게 됩니다.

산티아고 시민들은 산 마르틴을 해방자로 받들며 칠레 정부의 수반으로 추대했다고 합니다. 그러나 산 마르틴은 군인이었고 군인이 역사에 봉사하는 방법을 잘 알고 있는 사람이었던 것 같습니다. 그는 아르헨티나 독립전쟁을 총지휘하였음에도 아르헨티나 정치에 개입하지 않았고 칠레에서도 마찬가지였습니다. 칠레 정부의 수반 자리를 칠레 독립지도자인 베르나르도 오이긴스에게 양보하고 리마로 향합니다. 그리고 식민지 스페인군의 총본부인 리마를 해방시키기 위해 시몬 볼리바르Simon

Bolivar, 1783-1830와 역사적 만남을 갖습니다. 이 만남 후에 산 마르틴은 모든 권리를 볼리바르에게 양도하고 라틴아메리카를 떠났으며, 죽기 전까지 돌아오지 않았습니다. 산 마르틴은 무력의 한계와 정치의 파렴치함을 알고 있었던 걸까요. 어쩌면 라틴아메리카 대륙의 독립이라는 역사적 과업만이 그를 흥분시켰는지도 모르죠.

나폴레옹의 프랑스 시민군에 맞서 왕정을 지켰던 군인들은 자신들이 왜 피비린내 나는 전쟁터에 있는지 물었습니다. 프랑스 시민군은 자신을 위해 이 자리에 있지만, 그들은 왕실을 위해 이 자리에 있었고 산 마르틴 역시 그런 군인 중 한 사람이었습니다. 계몽주의 정신을 계승한 프랑스 시민군은 왕정 연합군에 패했지만, 그들의 이상은 유럽에 퍼져나가 왕정국가의 몰락을 가져왔습니다. 유럽뿐만이 아닙니다. 라틴아메리카에서도 스페인 왕실의 지배를 종식시켰으며 러시아에서 데카브리스트의 반란Decembrist Revolt을 시작으로 사회주의 혁명의 밑불이 되었습니다.

산 마르틴은 유럽의 전선에서 변화하는 세상의 질서를 보았겠죠. 유럽에서 돌아온 산 마르틴은 자신이 지켰던 왕정을 타도하고 라틴아메리카의 독립을 얻기 위한 전쟁을 시작했습니다. 아르헨티나에 이어 칠레, 그리고 볼리바르와 협동하여 리마를 함락시킴으로써 스페인 왕정통치를 종식시켰음에도 모든 권리와 권력을 포기하고 라틴아메리카를 떠났습니다. 그는 자신의 미래를 알고 있었을까요.

라틴아메리카는 독립했지만 세상의 변화를 거부한 사람들의 손에 끌려갔습니다. 이는 라틴아메리카 건국 영웅들의 종말을 통해서도 볼 수 있습니다. 오늘날의 중미 대부분을 해방시킨 시몬 볼리바르는 라틴 합중국合衆國의 꿈을 실현시키지 못한 채 사임해야 했으며, 볼리비아를 건국한 수크레는 강제 사임을 당한 뒤 암살되었고, 칠레를 건국한 오이긴스는 탄핵되어 망명길에 올랐습니다. 산 마르틴은 동료들의 말로를 알고 있었던 걸까요. 미국을 건국한 주요인물이 1대 혹은 2대 대통령을 역임하며 미국의 번영을 이끈 것과는 너무나 대조적인 길을 걸어간 라틴아메리카, 결국 그 차이가 오늘날의 차이를 만든 것이 아닐는지요.

시몬 볼리바르와 주고받은 이야기가 무엇이었기에, 산 마르틴은 모든 걸 포기하고 라틴아메리카를 떠났을까요. 알 수 없는 미스터리에 접근해 봅니다. 시몬 볼리바르는 1820년대 스페인의 식민지였던 베네수엘라, 콜롬비아, 볼리비아를 해방시키고 산 마르틴과 만나 페루를 공략함으로써 라틴아메리카 독립에 마침표를 찍었습니다. 그는 라틴아메리카를 하나의 합중국으로 만들려 하였고, 그렇게 해야만 미국이나 유럽에 대항할 수 있다는 신념을 가지고 있었습니다. 그의 신념은 합리적이고 현실적입니다. 당시의 라틴아메리카는 언어, 문화, 민족적 차이가 크지 않았고 심지어 역사마저도 공유해 하나의 나라같이 묶여 있던 거대한 대륙이었습니다. 그렇게 볼 때 통일 라틴아메리카의 자양분은 충분했습니다. 하지만 독립 이후 라틴아메리카는 스페인 왕실이 지배할 때보다 심한 지역대립과 갈등을 겪습니다. 그 결과 상승기운을 유지하지 못하고 추락해버렸죠.

시몬 볼리바르의 원대한 꿈은 라틴아메리카의 올바른 미래였을지 모릅니다. 라틴아메리카가 하나의 합중국으로 태어날 수 있었다면 풍부한 자원과 인구를 바탕으로 제2차 세계대전 이후 미국과 함께 세계를 이끌어가는 주도국가가 되지 않았을까요. 그런 면에서 산 마르틴의 선택에 회의가 듭니다. 그는 아르헨티나와 칠레를 독립시켰고 국민적으로 인기도 높았으며, 무엇보다 전투가 가능한 군대가 있었습니다. 시몬 볼리바르 역시 베네수엘라, 콜롬비아, 에콰도르, 볼리비아를 독립시킨 강력한 군대가 있었습니다. 두 사람은 손을 잡고 리마를 공략해 스페인을 라틴아메리카에서 쫓아냈습니다. 그런데 그것으로 끝이었습니다. 산 마르틴은 라틴아메리카를 떠났고 시몬 볼리바르는 베네수엘라, 콜롬비아, 에콰도르를 묶어 그란 콜롬비아 공화국의 대통령에 올랐을 뿐, 라틴아메리카 공화국을 세우지 못했습니다. 시몬 볼리바르는 라틴아메리카 공화국 설립을 위해 불철주야 뛰었지만 민주적인 설득으로는 한계가 있었고 결국 대통령직에서 쫓겨났습니다. 그리고 그란 콜롬비아 공화국마저도 베네수엘라, 에콰도르, 콜롬비아로 갈라져 지금에 이르고 있습니다.

산 마르틴과 시몬 볼리바르가 손을 잡고 라틴아메리카 공화국 설립에 운명을 같이했다면 어땠을까요. 사병을 거느린 지역의 토호들은 쉽사리 자신의 권리를 내놓지 않았을 테니 내전이 벌어졌겠지만, 둘이 손을 잡았다면 내전을 이겨내지 않았을까요. 전쟁과 독재를 옹호하는 건 아니지만 역사는 때로 힘에 의한 질서를 필요로 하고 때로는 힘이 역사를 만들어갈 때도 있습니다. 시몬 볼리바르나 산 마르틴이 내전을 해서라도 라틴아메리카를 통합하고 라틴아메리카 공화국의 존속을 위해 강력한 독재를 했다면 라틴아메리카의 운명은 어떻게 변했을까요.

여러 나라로 독립한 오늘날의 라틴아메리카는 호랑이가 사라진 정글에 호랑이의 이름을 판 여우가 주인이 된다는 우화의 단면과 같습니다. 시몬 볼리바르와 산 마르틴이 무대에서 퇴장함으로써 독재와 무력에 의한 지배가 라틴아메리카에서 오랫동안 횡행했습니다. 그리고 독재의 끝은 통합이 아닌 분리였으니 볼리바르와 마르틴의 높은 이상이 그저 아쉬울 뿐입니다.

안데스의 심장 멘도사

산티아고를 출발한 차는 8시간이 지나 멘도사 터미널에 닿습니다. 터미널에는 아콩카과 트레킹을 안내해줄 꼴로Colo라는 아가씨가 마중을 나와 있습니다. 체구가 단단하고 행동에 주저함이 없는 꼴로는 아콩카과 정상을 두 번이나 오른 전문 등산가이드입니다. 그녀가 세계에서 가장 어려운 벽 중 하나로 꼽히는 피츠로이Mount Fitzroy, 해발 3,405미터 등반사진이라며 휴대폰 속에 저장된 사진을 보여줍니다. 자신은 전문 산악인이니 말 잘 들으라는 경고 같습니다.

"피츠로이군. 정말 올랐어? 와, 멋지다. 무지 힘들다던데."

저의 칭찬에 꼴로가 어깨를 으쓱합니다. 피츠로이를 초등한 프랑스 등반가 리오넬 테레이는 자신의 등반 자서전인 『무상의 정복자』(하루재클

립, 2016)에서 가이드 조합이 생겨 안정된 수입을 얻을 수 있었고 그 덕분에 등반에 더 집중할 수 있었다고 기술하고 있습니다. 자급자족 시대를 벗어난 인류는 자신의 기술과 지식을 타인에게 제공하고, 그에 대한 대가를 받아 생활하고 있습니다. 그걸 상거래교환이라고 합니다. 꼴로는 아콩카과와 산에 대한 경험과 안전을 우리에게 제공하고, 우리는 그에 대한 대가를 주는 거래를 맺은 셈입니다.

꼴로에게 아콩카과 등반시즌이 끝나면 무슨 일을 하냐고 물으니, 다시 파타고니아로 내려가 등산가이드 일을 하다가, 파타고니아 시즌도 끝나면 4월 말에 고향으로 돌아간다고 합니다. 그동안 번 돈으로 남자친구와 여행을 가고, 겨울엔 동네 펍Pub에서 일을 하고 있으니 찾아와 한잔하고 가라고 농담까지 건넵니다. 단단한 몸이 재산인 젊은이의 호기가 느껴져 듣고만 있어도 기분이 좋습니다. 젊음은 그런 거죠. 행복할 의무가 있고 좋아하는 일에 집중할 권리가 있으니까요.

이야기를 나누며 동질감을 느꼈나 봅니다. 꼴로가 가져온 가죽가방을 풀어 마테차 가루를 작은 차 종제기에 채워 넣고 뜨거운 물을 붓습니다. 그러고는 쇠 빨대를 꽂아 나이 많은 운전사에게 건네고 다시 돌려받아 자신이 한 모금 빨더니 저에게도 건네며 "아르헨티나에서는 차를 공유하는 것이 문화"라고 설명합니다. 주저하지 않고 한 모금 먹고 돌려줍니다. 마테차는 이 사람 저 사람에게 계속 돌아갑니다. 입에 들어갔던 숟가락을 하나의 뚝배기에 담갔던 우리의 지난 시절보다 더 적나라합니다. 차를 공유해야 하는 무리 안에 마음에 안 드는 사람이 있으면 어떨까요. 싫

어하는 사람이 입을 댄 빨대를 거침없이 빨 수 있을까요. 다시 돌아온 마테차를 들고 한참을 주저했습니다.

"더는 안 되겠어, B형 간염도 있잖아."

"우린 항상 나누어 먹고 돌려 마셔요. 그래도 우리에겐 병이 없어요."

꼴로의 말이 맞다면 아르헨티나는 대지뿐 아니라 사람도 청정한 것이겠죠. 하긴, 빨대를 같이 빨아야 하는 사람들끼리 어찌 나쁜 마음을 먹을 수 있을까요.

대한민국은 8,000미터급 14좌를 완등한 산악인을 6명이나 배출했습니다. 박영석, 엄홍길, 한왕용, 김재수, 김창호 그리고 세계 최초 여성 완등자 오은선 씨입니다. 모두 유명한 산악인들이지만, 그들도 열정 하나로 어려움을 이겨낸 시절이 있었습니다. 아웃도어 시장이 크게 형성되지 않아 원정경비 조달이 어려웠던 시절, 산악인들은 '한국알파인가이드협회'라는 등반전문회사를 만들었습니다. 일반인도 고산등반과 해외원정에 도전할 수 있도록 돕는 특별한 회사였습니다. 산악인들은 원정대를 꾸릴 만큼의 자금이 마련되면 산을 찾아 떠났으며 그렇게 세월이 흘러 8,000미터 14좌의 기록을 이룩한 것입니다. 8,000미터 정상엔 거부할 수 없는 향내가 있는 것일까요.

8,000미터 14좌의 대업을 이룬 산악인 중, 유일하게 박영석 씨만 유명을 달리했습니다. 그는 8,000미터 14좌를 달성하고도 7대륙 최고봉, 남극점·북극점·에베레스트를 지칭하는 3극점 등반 등 인류 최초의 그랜드슬램을 달성하며 산으로 향하는 열정을 굽히지 않았습니다. 그리고

당시 산악계에 가장 어려운 숙제로 남았던 에베레스트 남서벽, 안나푸르나 남벽, 로체 남벽 등반에 나섰다가 첫 도전 상대인 안나푸르나 남벽에서 생을 마감했습니다. 그의 인생을 보면 20세기를 대표하는 모험가 우에무라 나오미植村 直己, 1941-1984가 떠오릅니다. 20년의 시간차를 둔 2명의 모험가가 자신의 명줄이 질긴지, 자연의 난관이 더 센지, 한판 승부를 겨루는 모습이 너무 닮았습니다. 그들의 굽히지 않는 용기에 감탄을 금할 수 없습니다.

저는 오래전 대학산악연맹 1년 후배인 박영석 씨를 공항에서 만나 이런 대화를 나눈 적이 있습니다.

"이룰 거 다 이루었으니 이제 위험한 산은 그만 가시게."

"산악인이 산에 안 가면 어딜 갑니까."

"나이가 있지 않아."

그는 대답하지 않았습니다. 나이를 타협할 순 없지만, 산은 타협할 수 있습니다. 그러나 그에겐 반대였나 봅니다. 아니 그럴 마음이 없었겠죠. 그의 죽음을 전해 듣고 한동안 저는 이런 생각을 했습니다. '결과를 알면서도 그리 산에 올라야겠어?' 그렇게 물었어도 대답은 여전히 같지 않았을까요. 인류는 70억 명이고 대부분 비슷하게 살아갑니다. 그러면서 나름의 이유를 들어 다른 사람을 비슷하게 만들려고 합니다. 박영석 씨는 비슷해지기를 거부한 몇 안 되는 산악인이었습니다.

아콩카과 트레킹 첫날. 숙영지인 콘플루엔시아Confluencia 캠프에는 풍선 같은 대형텐트가 여기저기 서 있고, 그 사이사이 돔형 텐트가 촘촘히 세워져 있습니다. 캠프에서 머무는 동안 거대한 식당텐트에 앉아 대부분의 시간을 보냈는데, 이것만으로도 고산에 오르는 산악인의 하루 저녁을 훔쳐보기에 부족함이 없습니다. 둘째 날은 남벽을 다녀오는 긴 트레킹입니다. 아콩카과 정상으로 가는 고전루트는 북면의 완만한 사면을 오르는 것입니다. 반면 남벽은 3,000미터에 이르는 '세계 3대 거벽' 중 하나입니다. 1974년 이탈리아의 산악인 라인홀트 메스너가 아콩카과를 찾았습니다. 그는 콘플루엔시아에서 하루를 보내고 북면이 아닌 남면을 향해 아콩카과로 접근했습니다. 그리고 남벽 아래에서 몸을 웅크린 채 밤을 지새우고 남벽에 초등 흔적을 남겼습니다.

라인홀트 메스너는 비범한 산악인입니다. 8,000미터 14개봉을 인류 최초로 오른 철인이자, 산악 관련 저술을 많이 남긴 작가로도 유명합니다. 체험에서 우러나오는 그의 저술은 내면의 성찰과 철학적 사색을 유도하면서 과학적이고 탐구적인 면을 갖고 있어 산악계의 노벨상인 '황금피켈 문학상'을 여러 차례 수상했습니다. 물론 국제올림픽위원회 IOC가 주는 메달은 거부했습니다. 그걸 받았다면 그의 철학에 회의를 가졌겠지만 다행히 "등산은 가장 철학적인 스포츠다"라는 명제를 잊지 않았던 것이죠.

라인홀트 메스너가 걸었을 빙하의 끝단, 모레인 Morain, 빙하가 운반한 자갈 및 토사가 퇴적된 지형 지대를 밟아가며 남벽으로 향합니다. 하루에 오가기에는 다소 무리가 있는 거리지만 아콩카과의 마력에 끌려 걸음이 멈추지 않습니다. 모레인 지대 상단부의 남벽 전망대, 프란프라즈 Franfraz에 이르니 절대 권력을 휘두르는 남벽이 보입니다. 우리나라에선 고려대학교 산악회가 저 벽을 처음 올랐습니다. 같은 학번의 산(山) 친구가 이 등반에 참가했었습니다. 한국의 대학 산악부는 대단한 집단이라는 생각이 듭니다. 제가 히말라야로 등반을 떠났던 1984년, 산악회 선배들은 한 달 월급을 주저 없이 내놓으며 2,400만 원을 모아주었습니다. 그렇게 떠났던 7명의 대원이 등반에 성공하고 돌아왔을 때, 가족보다 더 반겨주던 기억이 또렷합니다. 한국을 빛낸 산악인 중에도 대학 산악부 출신이 많습니다. 8,000미터 14좌를 오른 6명의 산악인 중 박영석은 동국대, 엄홍길은 한국외국어대, 한왕용은 우석대, 오은선은 수원대, 김창호는 서울시립대 산악회 출신입니다.

대학시절 산악부 활동은 나이가 들수록 인생을 살찌우는 긍지가 됐습니다. 커다란 배낭을 메고 교문을 나서면 얼마나 어깨에 힘이 들어가던지요. 학우들은 도서관으로 방향을 잡을 때, 산으로 향하면서도 전혀 불안하지 않았던 것은 배낭 안에 열정이 가득 들어차 있어서였겠죠. 토플 한 번 열어 보지 않고도 그럭저럭 사회생활을 하고 있으니 삶의 여유가 있었던 시절인 것 같습니다. 하지만 지금은 그때의 제 나이가 된 자식에게 '공부해라, 준비해라, 그래서 앞으로 어떻게 하려고 하니' 잔소리를 하는 부모가 되어버렸습니다. 저에 비하면 제 부모님은 호인이었습니다. "하고 싶은 만큼 해라, 그런데 그만둘 때를 놓치지는 말거라." 부모님은 아들을 통제할 수 없다고 판단하셨는지 저를 막거나 강제하지 않으셨습니다. 그 때문에 대학생활을 산에 미쳐서 보냈습니다. 덕분에 대학을 1년 더 다녔지만, 그럼에도 무리 없이 주어진 삶을 꾸려갈 수 있었던 건 산이 준 교훈이 있었기 때문이었죠. 그때 도서관으로 발길을 돌렸다면 젊은 시절을 여유 없이 보내고 지금까지 삶에 쫓기고만 있었을 테니 주저 없이 교문 밖을 나섰던 그 시절의 용기가 과욕만은 아니었던 것 같습니다. 저는 아콩카과 남벽을 향해 걷는 내내 남벽에게 물었습니다. 아니 자신에게 물었습니다. 산은 나에게 무엇을 주었을까. 숱하게 묻고 또 묻는 질문이지만 이제는 그 질문을 바꾸어 봐야겠습니다. 나는 무언가를 깨우칠 준비가 되어 있는가?

플라자 프란시아 전망대에서 아콩카과의 남벽과 마주합니다.
세계 3대 남벽으로 꼽히는 거벽의 웅장한 자태가 인상적입니다.

남벽에서 흘러내려온 긴 모레인 지대를 내려다보며 남벽으로 다가갑니다.

첫날 숙영지, 콘플루엔시아 캠프. 오늘은 알피니스트가 되어 볼까요?

짐을 나르는 물라(암노새)가 여행자의 발걸음을 가볍게 합니다.

푸엔테 델 잉카의 자연이 만든 다리.
주홍빛은 유황성분에 사는 박테리아 때문이라고 합니다.

아콩카과 입구의 오르코네스 호수에서 여행자의 특권을 만끽합니다.

ROUTE 9

변화를 불러오는 땅, 팜파스

그 행사에 무명 여배우였던 에바가 참석하게 되면서
아르헨티나를 뒤흔든 세기의 로맨스가 시작되었습니다.

ARGENTINA

───── 나를 위해 울지 말아요, 아르헨티나

멘도사는 마음을 현혹하는 도시여서 떠나는 발걸음이 무겁습니다. 안데스를 넘었고 아콩카과를 걸어봤고 와이너리까지 가보았으니, 아쉬울 것 없이 다 해본 거 같은데도 아쉬움이 줄어들지 않습니다. 아직 **빼앗긴** 마음을 되찾아오지 못했나 봅니다.

멘도사를 떠나 다음 목적지인 바릴로체San Carlos de Bariloche, 라틴아메리카의 알프스라는 별칭을 가진 휴양도시로 향하는 장거리 버스에 올랐습니다. 2층 버스는 '루타 40 Ruta, 영어로 Road'으로 널리 알려진 도로를 18시간 달려 바릴로체에 닿을 것입니다. 루타 40은 체 게바라의 여행을 그린 영화『모터사이클 다이어리』(The Motorcycle Diaries, 2004)로 유명해진 도로입니다. 아르헨티나와 칠레가 볼리비아와 만나는 북쪽 국경에서 시작해 멘도사와 바릴로체를 지나고 파타고니아의 끝을 향해 남쪽으로 뻗어가다가, 엘 칼라파테에서 동쪽으로 방향을 틀어 리오가예고스에서 끝을 맺으며 장장 5,244킬로미터가 이어집니다. 『RUTA 40』(박명화·박지현, 책읽는수요일, 2012)에 따르면 이 길은 미국의 '루트 66', 호주의 '스튜어트 하이웨이'와 함께 세계에서 가장 긴 도로라고 합니다. 한쪽 끝에서 다른 쪽 끝을 이어주는 길로 두 세계가 연결되고, 서로 다른 두 세계는 만남을 통해 자각하고 성숙합니다. 체 게바라는 자신을 세상과 연결해준 루타 40을 달렸고, 루타 40에 존재하는 여러 세상을 만나면서 자신과 무엇이 다른지 그리고 왜 달라야 하는지 깨달았습니다. 길이 아니었으면 평생 보지도 느끼지도 못했을 다른 세상을 루타 40이 연결해준 것입니다.

　멘도사와 바릴로체를 이어주는 18시간의 버스여행은 루타 40의 한 구간이며 광활한 팜파스Pampas, 아르헨티나 중심 대평원로 이어지는 길입니다. 버스는 목가적 분위기가 흐르는 정적의 대지 속으로 빨려 들어갑니다. 저녁에 출발해 버스 안에서 아침을 맞고 점심때가 되어서야 바릴로체에 도착하기 때문에 버스에서 팜파스의 밤과 아침을 맞습니다. 비로 쓸고 간 듯 붉은빛이 가늘게 분산된 저녁노을의 팜파스, 들판에 김이 피어오르며 햇빛이 퍼져나가는 이른 아침의 팜파스, 메마른 대지가 뿌옇게 타들어가는 한낮의 팜파스, 버스 안에서 팜파스의 하루를 만나는 재미가 쏠쏠합니다. 끝도 없이 펼쳐진 팜파스를 달리는 한낮, 메마르고 황량한 대지는 가도 가도 끝이 없어서 바라보는 사람까지 허전하게 만듭니다. 이렇게 외롭고 고독한 땅에 불행한 사생아로 태어나, 자신의 꿈을 찾아 세상과 마주 서고, 세상이 무어라 하든 꼿꼿이 정상에 선 당찬 여성이 있습니다. '에비타' 에바 페론Eva Peron, 1919-1952은 지금 달리는 이곳, 팜파스의 사생아였습니다.

에바 페론의 어머니 후아나는 인근의 작은 목장주인 후안 두안Huan Duarte의 정부였습니다. 둘 사이에는 5명의 아이가 있었고 에바는 그중 넷째였습니다. 목장주는 자신의 자식임에도 후아나가 낳은 5명의 아이를 법적 자식으로 인정하지 않아 에바는 사생아로 살아야 했습니다. 팜파스에서의 생활은 변화 없고 지루했지만, 그녀는 우연히 얻은 낡은 잡지 속 여배우를 보며 지루한 일상을 빛나는 미래로 메워나갔습니다. 15세가 되는 해, 그녀는 팜파스에서의 불행한 삶을 정리하고 부에노스아이레스로 가출을 결행합니다. 에바를 품기에는 광활한 팜파스도 너무 작은 세상이었나 봅니다.

소녀는 꿈을 안고 부에노스아이레스에 도착하지만, 배경도 학력도 재산도 없는 그녀에게 성공은 너무도 먼 일이었습니다. 에바는 할 수 있는 일은 무엇이든 마다하지 않으며, 밑바닥부터 천천히 꿈을 향해 걸었습니다. 극단의 허드렛일과 단역 배우로, 라디오 방송에 가끔 출연하는 이름 없는 연예인으로 하루하루 살아가던 그녀에게 마침내 운명의 시간이 찾아왔습니다.

1943년 후안 페론Juan Domingo Perón, 1895-1974을 중심으로 한 통일장교단은 쿠데타를 일으켜 아르헨티나의 정권을 잡습니다. 당시 페론은 부통령 겸 노동복지부 장관직을 겸임한 정권의 실세였습니다. 운명의 도화선은

1944년 안데스 자락의 풍요로운 도시 산 후안San Juan에서 일어납니다. 6,000명 이상의 인명피해를 낸 강력한 지진이 발생했고 당시 노동부 장관이던 페론은 이재민 구호기금을 마련하기 위해 멘도사에서 자선행사를 열었습니다. 그 행사에 무명 여배우였던 에바가 참석하게 되면서 아르헨티나를 뒤흔든 세기의 로맨스가 시작되었습니다. 에바가 훗날 그날을 회상하며 '멋진 하루'였다고 말한 것을 보면 둘은 첫 만남부터 불꽃이 튀었나 봅니다.

두 사람은 만난 지 얼마 지나지 않아 동거에 들어갔습니다. 아마 첫 아내를 잃고 외로웠을 페론이 더 적극적이었겠죠. 당시 페론은 주요산업의 국유화, 외국자본의 축출, 노동자 위주의 사회정책 등 사회주의 성격이 강한 정책을 실행에 옮기면서 정치적 입지를 넓혀가고 있었습니다. 그때까지만 해도 에바는 그저 사랑스럽고 여린 여자일 뿐이었습니다. 하지만 에바는 황량한 팜파스에서 꿈을 키웠던 강인하고 주관이 강한 여성입니다. 단지 실체가 아직 나타나지 않았을 뿐이죠. 중국엔 낭중지추囊中之錐라는 고사가 있습니다. 재능이란 주머니 속의 송곳과 같아 비록 지금은 숨겨져 있어도 때가 되면 주머니를 뚫고 나온다는 말입니다. 아르헨티나의 상황이 평화로웠다면 그녀는 후안 페론의 주머니 속에 감춰진 채 평화로운 삶을 살았을지 모릅니다. 하지만 아르헨티나는 혼돈 속에 있었고 그녀가 재능을 발휘할 시간은 천천히 다가왔습니다. 페론의 급진적 정책이 군부 내 보수파의 저항을 받으면서 반 페론주의자들이 페론을 데스카미사도스Descamisados 섬에 구금하는 일이 벌어진 것입니다. 군사쿠데타였지만 에바는 위축되지 않고 대통령궁으로 모여든 대중 앞에 나타나 페론의 석방을 촉구하는 연설을 시작했고, 그날의 외침은 대중의 가슴에 거대한 물결을 일으켰습니다. 대중은 에바의 아름다운 외모와 감성을 자극하는 호소력, 물러서지 않는 용기에 갈채를 보냈고 그녀를 가슴속 연인으로 받아들였습니다. 이로써 에바는 삼류배우에서 온 국민을 감동시킨 특급배우로 다시 태어났습니다. 팜파스를 달리며 끝도 없이 외쳤던 꿈이 이루어진 것입니다. 대중은 그녀를 사랑했고, 그녀를 위해 거리로 쏟아져 나와 후안 페론의 석방을 외쳤습니다. 노동자들도 전국적인 파업을 일으키며 에바를 지지했습니다. 군부는 결국 10일 만에 페론을 에바의 품으로 돌려보내며 새로운 주인의 탄생을 인정했습니다.

   에바의 인기를 목격한 페론은 석방되자마자 에바와 결혼했습니다. 에바를 등에 업고 선거에 나선 페론은 다음해 대통령으로 당선되었고 에바는 영부인 자리에 올랐습니다. 사생아에서 삼류배우로, 삼류배우에서 대중의 사랑을 받는 정치인이자 영부인으로, 그녀의 삶은 소설같이 언제나 극적이고 절절했습니다. 그녀가 연기한 인생드라마의 절정은 자신의 죽음으로 끝을 맺습니다. 그녀는 영부인이자 영향력 있는 정치인이 되었지만 삶을 향유하며 천천히 내려올 운까지는 타고나지 못했나 봅니다. 에바의 나이 34살, 척수 백혈병에 자궁암 진단이 내려지면서 드라마 같은 인생에 마침표를 찍습니다. 사생아로 태어나 맨몸으로 세상을 헤쳐 온 그녀는 대중의 사랑을 갈구했고, 사랑을 정복했을 때 운명을 다했습니다. 얼마나 삶을 포기하기 힘들었을까요. 대중을 사랑했고 대중의 사랑을 갈구했던 에바는 마지막 유언으로 대중이 자신을 잊지 않도록 해달라고 당부했다고 합니다. 페론은 에바의 유언대로 시신을 썩지 않게 방부처리하여 노동부 건물에 안치했습니다. 하나의 머미Mummy가 아니라 진정한 머미가 탄생한 것이죠.

　에바와 함께 정치적 성취를 이룬 후안 페론은 그녀의 죽음으로 위기를 맞습니다. 페론은 에바가 죽고 얼마 지나지 않아 쿠데타 세력에 의해 망명길에 올랐습니다. 그에게도 영광의 시간은 짧았던 거죠. 그녀가 좀 더 오래 살았다면 페론은 정권을 유지할 수 있었을까요? 에바가 살아 있었다면 국민들은 다시금 그녀를 위해 쿠데타에 맞서 저항했을지도 모릅니다. 하지만 에바는 죽었고 국민들은 경제적 고충을 겪고 있었습니다.

　페론은 에바가 없는 상황을 한탄했을 겁니다. 그러나 그보다 중요한 건 페론과 에바가 선택한 정책은 노동자를 위한 독재였고, 국민과 노동자를 위한 독도도 결국은 독재라는 사실입니다. 민주주의의 근본은 자원의 분배입니다. 소수에게서 다수에게로 자원배분에 참여하는 폭이 넓어질수록 민주주의 지수는 높아지고 이를 민주주의의 성장이라고 합니다. 페론의 정책은 민주주의의 발전과 무엇이 달랐을까요. 페론의 정책으로 많은 혜택이 자본가에서 노동자에게로 돌아갔지만 역설적이게도 노동자의 파업권은 인정되지 않았습니다. 페론은 노동자와 대중을 위한 독재를 했지만 결과적으로는 독재만 남았고, 정책이 힘을 잃었을 때 노동자는 더 이상 같은 편이 아니었습니다.

　일본의 저명한 교수인 사이토 다카시는 『세계사를 움직이는 다섯 가지 힘』(뜨인돌, 2009)에서 자본주의와 사회주의를 이렇게 요약합니다.

"자본주의는 태생적으로 인간본성에서 비롯된 자연적 시스템인데 반해, 사회주의는 인위적으로 만들어졌다. 본질적으로 자본주의는 욕망을 중심으로 돌아가는데, 사회주의는 욕망을 무시한 채 이론적으로 이상적인 시스템을 만들었지만 결국 그것을 운영하는 인간은 여전히 욕망을 갖고 있다."

에바가 오래 살았다면 그녀의 환상을 깨는 후일담이 많이 생겼을지도 모르겠습니다. 에바는 반대파를 핍박했으며 권력유지를 위해 독재를 선택했기 때문입니다. 하지만 그녀는 모두가 사랑할 때 '대중의 연인'으로 숨을 거두고 아름답게 생을 마감했습니다. 그리고 오늘까지도 아르헨티나인의 가슴에는 유령같이 그녀의 잔영이 떠다니고 있습니다. 그녀의 영향력이 얼마나 대단했는지는 그녀의 시신을 두고 벌인 정치권 싸움에서도 잘 나타납니다. 쿠데타로 정권을 잡은 군부는 그녀의 죽음이 가져올 파장을 두려워해 에바의 시신을 몰래 이탈리아로 반출해 숨겼다고 합니다. 그 사실을 알게 된 대중들은 그녀의 시신을 남편에게 돌려주라고 군사정권에 압력을 가했고, 군사정권은 할 수 없이 시신을 마드리드에 망명 중인 페론에게 돌려주었습니다. 시신이 이리저리 옮겨졌다는 건 그만큼 그녀가 폭발력 있는 존재이며 아르헨티나가 어둡고 긴 터널을 걷고 있었다는 뜻이겠죠.

에바는 언제나처럼 페론에게는 구원자였습니다. 군부독재가 끝나고 다시 재개한 자유선거에서 페론은 죽은 에바를 앞세워 세 번째로 대통령에 당선되었습니다. 페론은 새로 결혼한 부인 이사벨 페론을 부통령에 앉히고 지지세력을 모아 페론주의_{페론 정권이 내세운 경제·사회 정책의 통칭으로 불}리는 사회주의 정책을 부활하려 했지만 대통령에 취임하고 10개월도 못 돼서 사망했기 때문에 그의 정책은 시작도 못하고 끝났습니다. 후안 페론이 사망하고 부통령 이사벨 페론이 대통령직을 승계했으나 곧 이은 쿠데타로 이사벨 정권은 문을 닫고 3만여 명의 실종자를 낳은 아르헨티나의 군부독재가 시작되었습니다. 이사벨 페론은 에바의 시신을 대통령 관저로 옮겨 와서 극진히 모셨다고 합니다. 에바의 덕을 보려 한 모양입니다. 하지만 에바의 사랑은 페론에서 끝났고 국민도 냉정했습니다. 대통령 자리에 얼마 머무르지 못한 걸 보면요. 이사벨 정권을 쓰러뜨리고 정권을 잡은 군사정권은 에바를 레콜레타 공동묘지의 가족묘역으로 옮기도록 허락해 현재는 부에노스아이레스의 공동묘지에서 편히 쉬고 있습니다. 사후 24년 만에 대중의 연인에서 가족의 품에 안긴 묘당엔 '두아르테 가족_{Familia Duarte}'이라고 쓰여 있습니다. 에바는 가족의 품에 안기는 걸 진정 원했을까요. 자신을 버린 두아르테 가문인데 말이죠. 하긴, 그녀가 원한 건 대중이었으니 껍데기인 시신이 어디에 묻힌들 무엇이 중요할까요. 아르헨티나가 기억하기만 하면 되는 것이죠.

    페론의 정책은 어떤 문제를 안고 있었을까요? 사이토 다카시의 말처럼, 욕망을 무시한 채 이론적으로 이상적인 시스템을 만들었고 그걸 운영해보려고 강력한 독재를 추구함으로써 생겨난 문제일까요? 그렇다면 왜 페론은 사회주의적 정책에 매달렸는지 궁금합니다. 카스트로_{Fidel}

Castro, 쿠바의 혁명가도 아옌데도 노동자, 농민을 중심으로 한 정책을 펼쳤지만 결과는 신통치 않았습니다. 물론 미국이라는 배후가 있었고, 조금은 단순한 대중이 중심에 있었으며, 영리하고 여유로운 보수층이 지켜보고 있었습니다만. 그렇다고 문제의 원인을 밖으로 돌린다면 '잘 되면 내 탓, 안 되면 남 탓'으로 돌리는 것과 같으니 정책을 집행하는 사람의 자세가 아닙니다. 페론주의는 "경제 강국 아르헨티나는 왜 추락했는가?"라는 질문과 함께 논란의 중심에 서 있습니다. 제2차 세계대전 직후 아르헨티나는 폐허가 된 유럽보다 유리한 위치에 있었음에도, 종전과 동시에 내리막을 걷기 시작했습니다. 왜일까요?

소련이 강대국이 된 건 사회주의 공업화 정책 때문이라고 합니다. 농업에 기반을 둔 차르체제가 지속되었다면 러시아는 강국이 되지 못했고 제2차 세계대전에서 독일을 막아내지 못했을 것입니다. 영국이 스페인을 세계의 바다에서 몰아낸 것 역시 공업화의 결실입니다. 스페인이 1차 산업에 매달릴 때 영국은 공업혁명을 이룩했고 그 생산력으로 스페인을 무너뜨렸습니다. 미국 역시 농업중심의 남부와 공업중심의 북부가 대립한 전쟁에서 북부가 승리한 시점부터 공업화에 필요한 노동력을 남부에서 흡수해 초강대국으로 성장합니다. 아편전쟁에서 중국은 병력으로는 26배, 화력으로는 10배가 넘는 물량공세를 하고도 영국에 무릎을 꿇었습니다. 바로 공업력의 차이 때문이었습니다. 페론이 정권을 잡은 1946년 아르헨티나는 공업화의 길에 있었고 도시는 모여드는 노동자로 거대한 슬럼가를 형성해갔습니다. 농업과 축산 중심의 산업에서 공업중심 산업으로 바꾸기 위해서는 도시 서민의 구매력을 키워야만 했고, 도시 서민의 구매력이 유지되려면 안정적인 중산층이 있어야 했습니다. 그건 시대의 요청이고 아르헨티나가 나아가야 할 길이기도 했습니다.

페론은 저소득층 노동자에게 매년 임금의 20퍼센트 상승을 약속했으며 임금인상 이외에도 다양한 복지정책을 내놓았습니다. 예산을 확보하기 위해 외국인 소유의 철도 사업과 전화 사업을 국유화했고, 수출용 곡물을 독점적으로 구매하는 무역촉진기구IAPI를 설립하여 높은 금액으로 곡물을 해외에 팔아 재원을 마련하는 정부주도형 산업정책을 실행했습니다. 그리고 정책을 효율적으로 집행하기 위해 강력한 독재정책을 택했습니다. 여러 면에서 푸틴 러시아 대통령을 보는 듯합니다. 러시아 국영 에너지 기업인 가스프롬Gazprom사는 러시아 GDP의 10퍼센트, 정부예산 수입의 20퍼센트를 차지할 만큼 국가산업에 차지하는 비중이 높습니다. 페론의 무역촉진기구도 비슷하지 않았을까요. 대통령직을 연임하고 한 박자 쉬었다가 세 번째 대통령에 당선된 이력까지 비슷합니다. 독재와 권력집중의 방식 역시 같습니다. 하지만 예나 지금이나 독재와 권력집중은 효율적일지 몰라도 위험한 독화살이 되어 돌아올 수 있습니다.

미국의 트루먼 대통령은 페론을 파시스트로 몰아세우며 아르헨티나의 곡물을 수입하지 못하도록 전 세계를 상대로 정치적 압력을 넣었고 유럽이 이에 동조하면서, 성장하던 아르헨티나 경제는 무역적자를 기록하며 바닥으로 곤두박질쳤습니다. 곡물과 축산물 수출이 막히면서 페론은 필요한 예산을 확보할 수 없었고 지금까지 벌여놓은 복지정책을 유지할 방안도 찾지 못했습니다. 페론은 현실에 맞게 돈 들어갈 구멍을 어느 정도 조절하려 했지만, 한 번 '빵 맛'을 본 노동자는 양보하지 않고 거리로 쏟아져 나와 빵을 달라고 외쳤습니다. 페론은 통화발행으로 부족한 재원을 메우는 악수惡手를 두기 시작했습니다. 무분별한 통화발행은 '눈 가리고 아웅'입니다. 자국 통화를 포기한 대표적인 예로 짐바브웨 Zimbabwe, 아프리카 대륙 중앙 남부에 있는 나라가 있습니다. 미화 1달러 가치가 짐바브웨 3조 달러에 달해 돈을 거저 주어도 가져가는 사람이 없었던 짐바브웨처럼, 아르헨티나도 5,000포인트가 넘는 극심한 인플레이션을 겪습니다. 경제가 위기로 치달으며 페론의 시대는 막을 내립니다.

하지만 아르헨티나의 인플레이션은 다른 시각에서 한번 살펴볼 필요가 있습니다. 당시 노동자의 임금이 지나치게 낮고 산업화의 결실을 일부 자본가와 외국 투자자가 모두 가져갔다면, 그럼으로써 국내에 투여되는 자본량이 적어 국가발전이 정체되어 있었다면 페론의 정책을 다른 각도에서 살펴볼 필요가 있습니다. 강제성이 있더라도 저소득층을 끌어올려 두터운 중산층을 만들려는 정책이었기 때문입니다.

중국에서 슬픈 인터넷 조크가 유행처럼 번진 적이 있습니다. 중국 내에서 집값이 가장 비싼 곳이 '심천'이라는 곳인데, 심천에 집을 사려면 농민은 당나라 때부터 일해야 하고, 공장 노동자는 아편전쟁 때부터 일해야 하며, 사무직 노동자는 문화대혁명 때부터 월급을 모아야 집 한 채를 살 수 있다는 것입니다. 적은 소득으로 어떻게 소비를 일으켜 경제를 살리느냐는 말이겠죠. 이에 시진핑 정부는 중진국 함정 개발도상국이 경제발전

초기단계에서는 순조로운 성장세를 보이다 중진국 수준에 이르러 정체되는 현상에 빠진 중국경제의 활로를 내수진작에서 찾고 있으며, 내수를 진작시키기 위해 국민의 평균급여 상승을 정책의 주요 테마로 잡고 있다고 합니다.

1940년대 아르헨티나가 그렇지 않았을까요. 그렇다면 페론주의가 문제는 있었지만 보완하면 쓸 만한 정책이었을 수도 있습니다. 실제로 페론주의가 도입된 초기 1946~1948년 동안 아르헨티나 경제는 약 25퍼센트 성장했습니다. 페론의 분배정책은 극빈층 국민의 60퍼센트가 국가소득의 33퍼센트를 분배받는다는 역사상 유래가 없는 파격적인 내용이었습니다. 정책효과로 저소득층의 소득증대가 현실화되었으며 이는 곧 두터운 중산층의 형성을 가져와 공업발달의 원동력이 되었습니다. 그러나 미국의 수입금지 조치로 내리막길에 들어섰고 모든 책임은 페론에게로 돌려졌습니다. 그런데 모든 책임이 페론주의 때문일까요? 페론정책은 얼마 시행도 못해봤으니 결과를 논하기에 섣부르지 않은지요. 미국의 고의적인 역습이 없었다면 어떤 결과를 맺었을까요.

시몬 볼리바르가 라틴아메리카 합중국을 이룩했다면 미국과 한판 붙어볼 만할 텐데, 아르헨티나 혼자서는 한계가 있었죠. 결과론적으로 보면 아옌데도 페론도 주어진 시간이 길지 않아 정책의 결과를 판단하기 어렵다고 봅니다. 더불어 미국이라는 '보이지 않는 손'이 운명을 좌우하는 불행한 시대였다는 것도 큰 불운이었고요.

아옌데와 페론을 몰아낸 군부는 신자유주의 경제체제를 받아들였고 외자에 의존한 공업화 정책으로 당장의 문제를 해결했습니다. 같은 길을 가는데, 아옌데와 페론은 내부의 재원을 활용하려 했고 군부정권은 외부에서 그 재원을 들여와 단번에 해결했습니다. 그러나 외부에서 돈을 끌어오면 당장의 먹거리는 해결되지만 빚이 남게 되죠. 아르헨티나는 여전히 모라토리엄Moratorium, 통상적으로 외채를 지불할 수 없는 상황을 맞은 국가가 채무 상환을 연기하는 방침을 대외적으로 알리는 것, 사실상 국가 부도 선언에 직면해 있습니다. 그 문제를 풀려고 12년 좌파정권을 버리고 마우리시오 마크리Mauricio Macri가 이끄는 우파정권이 탄생했습니다. 페론의 후계자들이 선거에서 패한 이유는 무기력한 경제 때문이었다고 합니다. 좌파의 포퓰리즘이 야성적 충동을 말살시켰고 경제를 무기력하게 만들었으니 가져다주는 떡만 기다리다 이 상황이 된 것입니다. 이반이란 젊은이는 아르헨티나 좌파정권 시절을 이렇게 설명합니다. "공립학교는 무료인데 많지 않아 들어가기 어렵고 병원은 무료인데 의사를 보려면 3개월을 기다려야 하니 기다리다 죽겠다 싶어 개인 병원을 찾아가 돈을 지불하고 치료합니다. 그러니 있지만 없는 것이죠." 반면 우파의 우려도 잊지 않고 말해줍니다. "집권한 지 얼마 되지도 않았는데 인플레이션이 35퍼센트 뛰었고 3개월 전 전기료가 300퍼센트나 올랐습니다. 시장엔 중국산이 가득한데 전기료마저 대폭 올랐으니 그나마 남은 중소공장은 모두 문을 닫을 겁니다." 중국산과 경쟁하는 방법은 하나 있죠. 임금을 대폭 깎고 일을 더 하면 해결할 수 있을 겁니다. 그런데 아르헨티나 사람들이 그걸 받아들일 이유가 있을까요. "우린 땅이 넓고 인구는 적어요. 소고기도 많고 우리끼리 충분히 먹고살 수 있어요. 그런데 왜 열심히 일해야 하죠? 우린 중국 사람이 아닙니다." 이반의 말이 귀에 생생합니다. 라틴아메리카 합중국이 역사적으로 성공을 거두었다면 브라질과 베네수엘라에서 석유를 가져오고, 볼리비아에서 금을 가져오고 페루에서 생선과 모직물을, 쿠바에서 설탕을 자체적으로 생산하고 소비하기에 충분했을 텐데요. 라틴아메리카 합중국은 존재하지 않으니 그저 아쉽기만 합니다.

라틴아메리카의 알프스 바릴로체

버스는 밤새 달려 다음날 점심때가 지나서야 바릴로체 버스터미널에 도착합니다. 바릴로체는 안데스 산등성이에 포근히 자리 잡은 호반도시입니다. 설산이 있고 호수가 있고 호숫가에 촘촘히 사람이 모여 살아서 '라틴아메리카의 알프스'로 불립니다. 바릴로체에서 선택한 첫 번째 여행은 세로 로페즈Cerro Lopez를 오르는 트레킹입니다. 여행사는 가이드, 차량, 점심 도시락을 포함해 90달러를 달라고 합니다. 하루 산행으로 적당한 금액이어서 프로그램에 참여했습니다.

 버스에서 내려 가파른 숲길을 오르는데, 흙먼지가 등산로에 수북이 쌓여 뒷사람과 한참 거리를 두어도 날리는 먼지를 피할 수가 없습니다. 그렇게 1시간을 오르고 나니 작은 산장이 나옵니다. 산장에서 휴식을 취하는 동안 잘 닦인 비포장도로를 런닝복 차림으로 뛰어 올라오는 부부가 보입니다. 이게 무슨 일인가요. 비포장길을 걸어오면 될 것을 숲길을 선택해 이 먼지를 다 먹었으니.

산장엔 젊은 부부가 가벼운 스낵과 차를 팔고 있었는데, 장식이라곤 가우초(라틴아메리카의 유목민)의 마구馬具가 전부입니다. 자신의 역사를 갖지 못한 아르헨티나의 한계일까요? 마구가 문화의 전반이라뇨. 마구를 둘러보고 나니 어릴 때 즐겨 보았던 〈카스터 장군〉 텔레비전 시리즈가 생각납니다. 인디언이 쓰러질 때마다 손뼉치고 미국 기병대가 총 맞아 쓰러지면 애달파했었죠. 기병대를 이끌던 카스터 장군은 영웅이었지만, 동시에 인디언을 가장 많이 몰살한 장군이었습니다. 아르헨티나에도 그런 인물이 있습니다. 로카 장군Alejo Julio Argentino Roca Paz, 1843-1914입니다. 그는 1870년 팜파스에 소수로 퍼져 사는 원주민을 일일이 찾아다니며 멸절시켰다고 합니다. 흔히 아메리카에서 원주민 학살을 진공청소기에 비유하는데, 아즈텍이나 잉카의 중심부는 인구가 많아 인종청소가 불가능했지만 거주 인구가 적은 변방은 진공청소기로 빨아들이듯 원주민을 전부 제거하고 자신들의 파라다이스를 만들었습니다. 그런 나라 중 하나가 아르헨티나이니 마구가 상징인 게 이상해 보이지만은 않습니다. 영국의 사회학자이자 역사학자 마이클 만Michael Mann은 "서구사회가 이룩한 정치적 발전은 인종적 단일화의 힘이었고, 그 핵심에는 인종청소가 있다"고 말합니다. 유럽뿐 아니라 아르헨티나의 어두운 단면이기도 하죠.

마구밖에 장식물이 없는 산장이지만 그래도 나우엘우아피Nahuel Huapi Lake 호수의 전망이 아름답고 산장에서 파는 수제맥주도 일품입니다. 마을마다 수제로 만든 맥주에 라벨을 붙여 판다는데, 감미료를 넣지 않은 담백함이 아주 좋습니다. 여기서 1시간 반을 걸으면 두 번째 산장이 나오고, 다시 1~2시간을 걸으면 로페즈 정상에 이르게 됩니다. 로페즈 정상은 단단한 암질 위로 비바람이 몰아치는 남성다운 산봉우리입니다. 알프스 대부분의 봉우리가 그렇듯 봉우리 꼭대기와 산장의 거리는 1시간도 되지 않지만 바람이나 온도가 전혀 다릅니다. 안데스에서도 바람은 2,000미터 위와 아래를 전혀 다른 세상으로 바꾸어 놓는 모양입니다.

바릴로체에서의 이튿날은 나우엘우아피 호수를 탐방했습니다. 이 섬에서 자생하는 아라야네스Arrayanes 나무는 지구에서 오직 이 섬에서만 자란다고 하니 귀가 솔깃합니다. 여행이란 게 본래 생소한 자극을 찾아가는 일이니만큼, 찾아가 볼 가치가 높은 것 같습니다. 부두에서 쾌속선을 타면 40분을 달려 아라야네스 나무숲에 내려섭니다. 숲속으로 난 나무발판을 따라 한 바퀴 돌아 나오는 데 15분밖에 걸리지 않습니다. 뭐가 대단하다는 건지 고개가 갸우뚱해집니다. 그래도 세계 유일이라니 거기에 가치를 두어야죠. 나무의 형태나 생김새를 보면 외피가 비닐같이 매끈한 게 오래전 호수에 잠겨 생식하던 해초가 물이 빠지면서 나무가 된 게 아닐까 하는 상상을 하게 합니다. 마음이 얼굴에 드러난다고 하더니, 항상 조심하려 하지만 잘 되지 않았나 봅니다. 지루해하는 모습을 보았는지 안내자 페드리코가 흥이 나지 않느냐고 물으며, 내일을 기대하라고 어릅니다. 인생에도 여행에도 내일이 있죠. 그러니 실망은 어리석은 일인가 봅니다. 오늘은 내일로 가는 과정이니까요.

나우엘우아피 호수는 맑고 청결한 호수입니다. 호수의 끝은 칠레와의 국경이고, 안데스의 건장한 설봉들이죠. 외국인들은 호수를 어떻게 즐길까요. 그들의 행로에 동참하려 배에 오르고 보니 여러 나라 사람들이 모여 있습니다. 브라질, 칠레, 미국, 호주, 프랑스, 아르헨티나 사람이 같은 요트에 올랐습니다. 호숫가 외진 곳에 요트를 정박해놓고 먹고 마시고 물에서 풍덩거리다 낮잠 자고 그렇게 왁자지껄한 하루를 보내는 것이 저의 오늘 여행입니다. 그것 말고 무엇이 있는지 궁금해 물어보니 원시림을 3시간 걷는 트레킹이 있다고 알려줍니다.

나우엘우아피는 아르헨티나에서 최고의 호수공원이라고 알려져 있습니다. 최고의 호수공원을 걷는 즐거움을 마다할 이유가 없죠. 배에서 내려 숲길을 걸으면 잔잔하고 고결한 나우엘우아피 호수의 숨결을 느낄 수 있습니다. 덩달아 저의 마음도 잔잔해집니다. 호수에 흘러드는 지류를 밟아 숲으로 1시간 30분을 들어가니 더 이상은 안 된다고 폭포가 막아섭니다. 저 위에서 떨어지는 물은 호수로 흘러들겠죠. 그리곤 어디론가 다음 행로를 찾아 이어갈 것입니다. 꽉 막힌 호수에서도 물은 갈 길을 찾아 나가니, 자연의 이치는 사소한 곳에서도 인간사를 품을 만하다는 생각이 듭니다. 인생이 절벽 앞에 막혔다는 생각이 들 때 여행을 생각하곤 했습니다. 지금도 여전히 벽 앞에 서 있죠. 물이 되어야겠습니다. 벽을 넘을 게 아니라 돌아가도록 말입니다.

안데스 산맥에 자리 잡은 호반도시 바릴로체.
오후의 광장에 햇살이 쏟아집니다.

멘도사에서 바릴로체까지 18시간을 달리는 장거리버스는
여행자의 숙소 겸 교통수단이죠.

나우엘우아피 호수 건너편 눈 덮인 안데스를 넘으면 곧바로 칠레에 닿습니다.

세로 로페즈 산장에서 맛본 수제맥주의 맛, 궁금하시죠?

세로 로페즈 정상에 올랐으니 하산하는 발걸음이 경쾌하기만 합니다.

ROUTE 10

남미의 요정,
파타고니아

"우리는 세로토레를 보았다.
그것은 거의 등반이 불가능한 것처럼
거대한 기둥으로 홀로 서 있었다."

 ARGENTINA

──────── 피츠로이와 세로토레

 나신裸身을 드러낸 요정을 바라봅니다. 아름다움을 숨기지 못한 모습에 질투심이 일어납니다. 자신을 좀 더 감출 줄 알았더라면 사랑만 듬뿍 받았을 텐데요. 요정은 말합니다. "땅을 뚫고 올라온 게 아니라 주변이 깎기는 동안 홀로 굳건히 견디었어요." 그렇군요. 파타고니아의 요정은 긴 세월 주변이 깎이고 도려내지고 주저앉는 동안 꼿꼿이 자신을 지켜온 세월의 요정이었습니다.

 요정의 실체를 찾아 엘 찰텐El Chalten 마을을 향해 달려갑니다. 2시간 30분을 달린 차는 벌판에 버려진 듯 홀로 있는 라 레오나La Leona 카페에 멈춰 섭니다. 카페 벽에는 전설적인 열차강도 버치 캐시디Butch Cassidy와 선댄스 키드Sundance Kid의 현상금 포스터가 붙어 있습니다. 폴 뉴먼과 로

버트 레드포드가 열연한 『내일을 향해 쏴라』Butch Cassidy and the Sundance Kid, 1969라는 영화를 떠올려보면 그들은 단순 강도라기보다 꿈을 좇는 사내들같아 보입니다. 두 남자는 볼리비아의 허술한 은행을 털려고 알티플라노에 숨어들었건만 그들을 쫓던 보안관은 대륙 끝까지 도망갔다고 생각했는지, 이 먼 곳까지 다녀갔습니다.

다시 차를 달려 도착한 엘 찰텐은 산 아래 자리 잡은 작은 마을입니다. 오지이지만 운치 있는 식당과 안락한 호텔이 적지 않습니다. 호텔에서 등산가이드를 만나 점심을 예약한 식당으로 향합니다. 판게아라는 식당은 마을 입구에 있어 식당을 찾아가는 동안 마을을 관통합니다. 길을 따라 한 줄의 건물이 늘어서 있고, 뽀얗게 먼지를 일으키는 바람이 영화 『황야의 무법자』 A Fistful Of Dollars, 1964 속 한 장면을 연상시킵니다.

리오넬 테레이는 『무상의 정복자』에서 "페론 장군으로부터 극진한 영접을 받았고 적극적인 후원이 있었음에도 막상 엘 찰텐에 와서는 조랑말 4마리를 구하는데 일주일을 넘게 기다렸고, 목동 몇 명을 빼고는 사는 사람이 없어서 포터를 구하기 어려웠다. 결국 1톤 가까운 짐을 모두 대원이 옮겨야 했다"고 1951년의 엘 찰텐의 상황을 전하고 있습니다. 목동 몇 명이 살던 마을이 지금은 멋진 호텔과 식당이 즐비한 트레킹의 메카로 변했으니 그가 살아 있었다면 격세지감을 느꼈겠죠.

저녁식사를 하고 피츠로이Fitz Roy, 파타고니아의 최고봉와 세로토레Cerro Torre, 불가능의 암봉으로 불리는 봉우리가 한눈에 보이는 전망대로 향했습니다. 1월의 파타고니아는 밤 9시가 넘어야 해가 지기 시작하고, 10시가 되어도

사물을 분간할 만큼 훤합니다. 40분을 걸어 다다른 전망대는 피츠로이와 세로토레를 연결하는 미니트레킹의 길목입니다. 두 봉우리를 거침없이 조망하는 갈림길에 서서 어둠이 내려앉을 때까지 만월의 갈망을 주유합니다. 더딘 해걸음이 머뭇거리다가 암봉에 걸렸습니다. 민낯의 암봉에 불을 붙여 어둠을 밝히니 어두운 뱃길의 등대 같습니다.

파타고니아 원주민은 피츠로이를 '연기를 부르는 산'이라고 불렀다고 합니다. 원주민이 바라본 산은 암봉에서 구름이 피어나고 온종일 구름 속에 잠겨 자태를 보여주지 않는 신비한 그 무엇이었나 봅니다. 그런데 오늘은 저를 접대하려는지 두 봉우리가 미친 듯이 찬란합니다. 자신을 불사르며 빛을 토해내는 광풍이 얼마나 강렬한지 제 몸도 태워버릴 듯합니다.

엘 찰텐에서는 이틀에 걸쳐 피츠로이와 세로토레 트레킹에 도전합니다. 피츠로이 트레킹은 엘 찰텐 마을에서 시작해 같은 길로 돌아오는 방법과 차량으로 엘 필라El Pilla로 이동하여 트레킹을 시작하고 엘 찰텐에서 끝내는 방법이 있습니다. 트레킹 초보자이거나 체력이 약한 사람이 아니라면 엘 필라에서 시작하는 트레킹을 선택하는 게 좋습니다. 훨씬 맛이 깊기 때문입니다. 반면 체력이 약한 사람은 능력만큼 간 후 돌아와야 하니 엘 찰텐에서 시작하는 편이 좋습니다. 트레킹 거리가 왕복 22킬로미터인 걸 감안하면 등산로가 평탄하다고 해도 하루에 완주하기엔 먼 거리이니 무리하지 않아야 합니다.

엘 필라 마을에서 블랑코Blanco 강을 따라 천천히 피츠로이로 향합니다. 강줄기를 쫓다 바라본 암봉은 바라보는 각도에 따라 조응하여 변화무쌍한 얼굴을 보여줍니다. 암봉만이 아닙니다. 암봉을 받치는 빙하가 계곡마다 길게 혀를 내밀고 있고, 묵직한 모레인 지대엔 흙과 자갈이 쌓여 있습니다.

등산가이드는 절벽에 의해 잘려나간 빙하를 가리키며 행잉글레이셔 Hanging Glacier, 낭떠러지 또는 험한 산비탈에 있는 빙하라고 알려줍니다. 속으로 '그냥 잘려나간 빙하인데' 했지만, 그가 알려준 시간을 되짚어보면, 저 빙하는 산에서 흘러내리다 절벽을 만나서 공중에 뜬 채로 흘렀을 것입니다. 맞닿은 지면이 없으니 땅과의 마찰이 적어 빙하가 폭포수같이 흘러내렸겠죠. 지금은 절벽 위에 걸려 있는 빙하와 절벽 아래의 빙하호수로 나누어져 있지만, 한 몸이었을 때는 언제쯤이었을까요. 아마 그리 오래전이 아니었을 것 같습니다.

블랑코 강을 건너자 길이 두 갈래로 갈라집니다. 오른쪽 방향은 피츠로이 호수전망대로 향하는 가파른 오르막길이고, 왼편은 엘 찰텐 마을로 이어지는 회귀로입니다. 오른쪽으로 방향을 잡으면 가파르고 헐벗은 오르막이 숨이 탁 막히게 서 있습니다. 이 오르막을 올라야만 피츠로이와 빙하호수를 만날 수 있으니 다른 선택지가 없습니다. 오르막은 모레인 둔덕이라 그런지 노면이 심하게 패여 속살이 드러난 채 지그재그로 이어집니다. 1시간 정도 오르막길을 올라 둔덕 끝에 다다르면 빙하가 시린 입김을 내뿜어 목줄기에 싸늘한 한기가 몰려옵니다. 여기가 피츠로이와 포인세노트 Poincenot 연봉의 장엄한 자태가 빙하호수의 해맑은 풍경과 만나는 자리입니다. 넋을 놓고 한참을 바라보다가 한 장의 사진에 주변을 모두 담습니다. 그리고 풍경 위에 저를 넣고 다시 한 장 찍습니다. 여기까지 오느라 수고했다는 말을 하려는지 풍광은 변함없이 멋지기만 합니다.

왜 암봉에 피츠로이라는 이름이 붙여졌을까요. 생소한 이름이 봉우리가 지닌 가치에 못 미치지 않나 생각했습니다. 하지만 피츠로이Robert FitzRoy가 누구인지 알고 나면 그렇지도 않습니다. 봉우리에 알맞은 무게라는 생각이 듭니다. 피츠로이는 라틴아메리카로 향했던 탐사선 '비글호The Beagle'의 선장이었습니다. 당시 풋내기 청년이 이 배에 올라탔는데, 그가 바로 찰스 다윈Charles Robert Darwin입니다. 철부지 청년은 자신이 미래에 어떤 업적을 남길지, 무엇을 이룰지 모른 채 배에 오릅니다. 1870년, 비글호에 처음 승선할 때를 회상하며 친구인 윌리엄 프레이어에게 보낸 편지를 보면, 그가 얼마나 준비 없이 배에 올랐는지 짐작할 수 있습니다.

"모든 책 중에서 『훔볼트의 여행』(Humboldt's Travel)만큼 감명받은 책은 없었네. 그 책의 여러 부분을 읽고 또 읽었지. 카나리제도를 가려 했는데, 비글호 탐사 제의를 받고 기꺼이 받아들였어. 나는 해부학에 대해 아무것도 몰랐고 동물학에 대해서도 체계적인 글을 읽은 적이 없었는데 말이야. 복잡한 현미경은 건드려보지도 않았으며 지질학도 승선하기 6개월 전에 시작했지. 사실 나는 비글호 위에서 공부를 시작했던 거라네."

데이비드 아텐보로David Attenborough가 서간을 모아 발간한 『찰스 다윈의 서간집』에는 찰스 다윈이라는 위대한 학자도 회의와 불안에 휩싸여 첫

발을 내딛기 시작했으며, 성공하기까지 고뇌와 갈등이 멈추지 않았음을 보여줍니다. 『종의 기원』(1859)은 확신에 의해 쓰였지만 비글호에 오른 청년 찰스 다윈은 아무런 준비도 없이 천천히 그 길로 들어선 것입니다.

찰스 다윈은 『종의 기원』을 저술함으로써 인류에게 사고의 전환을 가져다준 위업을 이룩했습니다. 그 시작은 의학공부를 중단하고 비글호에 탑승한 것이었고, 그런 그에게 기회를 제공한 배의 선장이 바로 피츠로이였죠. 피츠로이는 영국의 왕족이었으며 지적이고 총명한 과학자로, 명예를 중시하며 신앙심이 깊은 인물이었습니다. 20대 후반의 젊은 나이에 비글호를 총지휘하면서 무리 없이 항해를 이끌었습니다. 라틴아메리카를 탐사하는 동안 피츠로이와 찰스 다윈은 공동으로 탐사보고서를 작성했는데 세상을 바라보는 시각과 생각이 비슷했던지 견해 차이나 충돌은 거의 없었다고 합니다. 하지만 두 사람은 나이가 들면서 각자의 길을 걷게 됩니다. 다윈은 과학자로서 냉철한 분석과 연구를 이어간 반면, 피츠로이는 종교에 순종하는 삶으로 돌아갔습니다.

젊은 시절 서로 존중하고 동의했던 두 사람이 후에 얼마나 다른 생각을 가지게 됐는지 잘 보여주는 일화가 있습니다. 찰스 다윈이 『종의 기원』을 발간하고 6개월이 지난 1860년, 영국 옥스퍼드대학에서 진화론에 대한 공개논쟁이 있었습니다. 성공회 주교인 새뮤얼 윌버포스 주교가 진화론을 비난하고, 이에 헉슬리가 맞서면서 열띤 논쟁이 벌어졌는데, 이때 피츠로이가 청중으로 참석해 있었다고 합니다. 피츠로이는 '인간을 믿지 말고 신을 믿자'고 호소하며 찰스 다윈을 비난했으며, 자신의 발언이 큰 공감을 일으키지 못하자 몹시 분노하고 자책했다고 합니다. 피츠로이는 찰스 다윈이 비글호에 승선했을 때, 긴 항해가 지루하면 읽어보라고 자신이 건네주었던 라이엘의『지질학의 원리』(Principles of Geology) 복사본을 읽고 찰스 다윈이 '진화론'을 완성했다고 생각한 것입니다. 죄책감과 원망이 얼마나 컸는지 그는 공개논쟁이 있고 얼마 지나지 않아 자살을 선택합니다.『종의 기원』을 신성을 모독한 책으로 보았던 완고한 인물의 이름을 붙여서 그런가요. 피츠로이는 사람의 발길을 허락하지 않는, 타협이 없는, 완고한 최고봉으로 유명합니다.

불가능의 암봉에 오른 사람들

파타고니아의 최고봉 피츠로이는 1952년, 당대 등산사조를 이끌던 프랑스 등반가 리오넬 테레이 Lionel Terray 와 귀도 마뇽 Guido Magnone 에게 정상을 허락했습니다. 영국인 에드워드 윔퍼에 의해 마터호른 Matterhorn 이 초등되면서 알프스 황금기의 영광을 영국이 빼앗아갔지만 알프스를 국경으로 두고 있는 프랑스, 이탈리아, 독일은 알프스 황금시대를 이끌어간 산악강국입니다. 이들의 경쟁은 알프스를 넘어 히말라야, 카라코람으로 확대되었고 특히 파타고니아에서는 프랑스와 이탈리아 출신 산악인들의 활동이 독보적이었습니다. 리오넬 테레이와 귀도 마뇽은 영국이 추구하던 등정 위주의 과시적 등반을 거부하고 등반을 고뇌와 소통을 통한 미적 세계로 끌어들인 멋의 창시자입니다. 두 탐미주의 산악인이 줄을 맞잡고 파타고니아의 자연조건과 피츠로이의 난해함을 이해하며 한 발씩 오른 등반이 바로 피츠로이 초등이었습니다. 이들의 등반은 피츠로이의 완고함을 극복하는 방법이 정면돌파가 아닌 자연에 대한 이해라는 것을 보여준 등산미학의 큰 줄기였으며, 새로운 세계의 문을 두드린 개척등반이었습니다. 무사히 피츠로이에 오른 두 등반가는 하산하며 맞은편의 세로토레를 유심히 살폈습니다. 그리고 본인들이 보고 느낀 바를 등반보고서로 남겨 산악계에 새로운 과제를 던졌습니다.

"우리는 세로토레를 보았다. 그것은 거의 등반이 불가능한 것처럼 거대한 기둥으로 홀로 서 있었다."

두 사람의 예언 같은 한마디는 큰 파장을 일으켰습니다. 당대를 대표하는 산악인이 '불가능의 대상'으로 단정 지었기 때문에 세로토레를 향한 세계 산악인들의 대담한 도전이 시작된 것입니다.

세로토레는 2개의 침봉이 가지런히 서 있는데, 주봉이 '세로토레'이고 위성봉은 '세로에거'라고 불립니다. 세로에거는 세로토레 등반 중 추락사한 첫 희생자 토니 에거Toni Egger를 추모하여 붙여진 이름입니다. 토니 에거는 세로토레와 첫 대면 당시의 심정을 이렇게 남겨놓았습니다.

"토레는 환상적인 산으로 거대한 화강암 탑이다. 그 벽은 치즈를 칼로 자른 듯이 보인다. 상단부는 얼음으로 뒤덮여 있으며 암탑의 벽은 빙하에서 정상까지 1,000미터 치솟아 있다."

하루재클럽에서 출간한 『세로 토레 메스너, 수수께끼를 풀다』(2014)는 라인홀트 메스너가 세로토레 등반 이야기를 집약하고 나름의 해석을 달아놓은 책입니다. 메스너가 저술한 책이기도 하고 지구의 끄트머리 세로토레에서 벌어진 경쟁과 논쟁을 일목요연하게 정리한 책이라 산악서적으로 가치가 높습니다. 이 책에는 2명의 이탈리아 산악인이 주인공으로 나옵니다. 놀라운 암벽 클라이밍 능력으로 '돌로미테Dolomite의 거미'라고 불리던 체사레 마에스트리Cesare Maestri와 당대를 대표하는 등반가 월터 보나티Walter Bonatti입니다. 두 사람은 당대를 대표하는 산악인이었지만 성향, 철학, 활동지역이 모두 달랐습니다. 마에스트리가 동 알프스의 돌로미테에서 활동했다면 보나티는 서 알프스에서 활동했고, 보나티가 자연주의자로서 행위와 도덕에 엄격했다면 마에스트리는 자유주의자이고 편의적 사고를 가진 인물이었습니다. 특히 책 속에서 마에스트리는 자유롭고 열정적이면서도 과시욕과 영웅주의에 빠져 비정상적인 집착으로 일관하는 독선적인 산악인으로 그려집니다. 메스너는 이들의 차이를 사실주의자와 이상주의자의 대립이라고 기술했습니다.

 두 등반가는 세로토레에 오르기 전 국가사업인 K2원정대에 참가신청을 했습니다. 둘 다 뛰어난 등반가였음에도 불구하고, 마에스트리는 산악협회로부터 위궤양이 있었다는 병력을 이유로 원정대 탈락 통보를 받습니다. 표면적으로는 위궤양 전력을 이유 삼았지만 사실은 다른 사람과 소통이 잘 안 되는 마에스트리가 등반 중 독단적인 행동으로 불화를 일으킬 것을 우려한 산악협회가 그를 의도적으로 배제한 것이었습니다. 최고의 등반가라고 자부하던 마에스트리는 절망했고 자존심에 큰 상처를 입었습니다. 그는 자신이 최고임을 증명해 영광과 자존심을 되찾아오고자 했습니다. 그가 불가능의 암봉에 인생을 걸며 바란 것은 단 하나였습니다. 세로토레에 올라 세상에 자신이 최고임을 입증하는 것이었습니다.

한편 K2원정대에 선발된 보나티는 동료를 대신해 무거운 산소통을 8,000미터가 넘는 마지막 캠프까지 옮겨놓는 희생을 하였음에도, 산소통을 운반하는 중에 산소를 마셨다는 누명을 씁니다. 긴 논쟁을 벌인 끝에 명예를 회복하기는 했지만, 그 역시 마음에 큰 상처를 입었습니다. 두 등반가는 그렇게 서로 다른 듯 다르지 않은 이유를 가지고 각자 세로토레로 향했습니다. 마에스트리는 보여줄 명예가 필요했고 보나티는 스스로 확인할 명분이 필요했던 것입니다.

마에스트리와 보나티는 세로토레 등반 중 우연히 마주쳤습니다. 먼저 등반을 시작한 보나티가 등반이 불가능하다고 판단하고 하산하던 중이었습니다. 반면 늦게 출발한 마에스트리는 보나티가 등반을 포기하고 하산한 루트로 등반을 진행하던 중이었습니다. 둘은 하고 싶은 이야기가 있었고 등반에 대해 서로에게 도움이 될 정보를 가지고 있었습니다. 하지만 가벼운 인사만 나누었을 뿐 경험과 정보를 일절 공유하지 않았습니다. 당대 최고의 두 등반가가 로프를 함께 묶었다면 어땠을까요. 아이거 등반에 나섰던 오스트리아 등반대의 하인리히 하러와 독일 등반대의 헤크 마이어는 등반 중반에 마주쳐 합동등반을 협의하고 하나의 로프에 두 팀의 운명을 묶음으로써 갈등 없이 초등의 영광을 누렸습니다. 반면 영광만 좇은 두 등반가는 세로토레 등반을 포기하고 돌아가야 했습니다.

보타니는 그 등반을 끝으로 세로토레를 포기했지만 마에스트리는 1959년에 다시 세로토레를 찾았고, 동행한 토니 에거와 함께 정상에 오릅니다. 하지만 하산하던 중 눈사태를 만나 토니 에거가 추락사하고, 마에스트리만 겨우 살아남아 하산을 했습니다. 마에스트리는 세로토레에서 살아 내려온 후 불가능의 암봉, 세로토레 정상에 섰으니 자신이야말로 최고의 등반가라고 소리쳤습니다. 그가 발간한 보고서는 전후 사정이 일치하지 않아 여러 의혹을 낳았지만, 마에스트리가 정상에 오른 뒤로 50년이 지나도록 세로토레 정상에 오른 등반가가 없었기 때문에 의혹은 있으되 증명할 길이 없어 인정할 수도 부정할 수도 없는 등반으로 남았습니다. 그는 진정 정상에 올랐던 걸까요?

세로토레에서 살아 내려온 후 정말 세로토레 정상에 올랐는지 의혹에 시달리던 마에스트리는 1970년 트렌티노Trentino 산악인들을 조직하여 다시 세로토레를 찾았습니다. 첫 등정의 의혹을 씻기 위한 등반이었지만 그는 엉뚱하게도 컴프레서Compressor, 압축기로 화강암 암벽에 90~100미터 간격으로 350개의 볼트를 박아 정상 설원 직전까지 새로운 길을 뚫었습니다.

그의 등반은 1959년 초등루트가 아닌 전혀 새로운 길을 등반한 것이었으니 초등의혹을 해소할 어떤 행동도 아니었고, 등반 방식도 초등 때 보여준 전위적 알파인스타일Alpine Style, 최소한의 장비와 식량을 가지고 자력으로 정상까지 오르는 등반 방식이 아닌 컴프레서로 벽면에 볼트를 박는 대공사였기에 등반이 끝나고도 큰 논쟁거리가 되었습니다. 등반소식을 들은 보나티는

"컴프레서를 사용해서 등반하는 자는 알피니스트가 아니다"라고 비난했고 이에 대해 마에스트리는 "등반 행위를 어떻게 단정할 수 있겠는가"라고 대응했다고 합니다. 메스너는 둘의 대립에 대해 "등산에는 규정이 없다. 거기에는 여러 스타일이 있을 따름이다"라며 마에스트리를 이해한다고 말하고 있습니다. 그런데 그래도 괜찮은 걸까요? 기계에 의지하는 등산은 기계의 편리함에 준할 뿐이니 자유를 얻기 위해 기계에 속박되어야 하지 않나요? 그러니 무엇이 자유인지 단정하기가 쉽지 않습니다.

세로토레는 마침내 인간의 거친 도전에 문을 열어주었습니다. 1974년 페라리와 그의 동료들이 세로토레 정상에 올랐으며 이 등반은 한 점의 의혹도 없었기 때문에 진정한 초등으로 인정되었습니다. 이로써 세계에서 가장 정복하기 어렵다는 세로토레는 마에스트리의 것에서 전세계 모든 산악인들의 것이 됐습니다.

세로토레는 한국 산악인들에게도 도전의 대상이었습니다. 몇 년 전 이명희, 채미선, 한미선 등 3명의 한국 여성 산악인이 세로토레를 오르겠다고 짐을 꾸려 출발한 적이 있었습니다. 이들이 오르려고 한 루트는 1970년 마에스트리가 볼트를 박으며 힘들게 길을 낸 컴프레서 루트입니다. 마에스트리는 이 루트를 완성하기 위해 54일의 등반기간 중 28일을 40킬로그램의 컴프레서를 끌고 다니며 벽에 매달려 잠을 잤습니다. 내용이야 어떻든 세로토레에 대한 그의 집착은 가히 초인적이라 할 만합니다. 그리고 그가 토목건설을 하듯 볼트를 박아 만든 루트는 극한의 등반을 추구하지 않는 한, 가장 쉽게 세로토레에 오르는 대중적인 루트가 되었으니 그의 집착도 나름 긍정적인 효과가 있다고 봐야겠죠.

　세로토레로 떠난 3명의 한국 여성 산악인들은 컴프레서 루트의 훼손이 심해 세로토레를 포기하고 피츠로이로 등반대상지를 바꾸었습니다. 피츠로이를 오르는 일도 대단한 일이죠. 거대한 벽을 오르는 일 자체가 신이 만든 환경에 대한 거부이고 자연법칙에 대한 도전이며 극한의 열정을 지닌 사람들만의 놀이니까요. 3명의 한국 여성 산악인은 대소변을 그대로 말려주는 특수기저귀를 차고 며칠을 벽에 매달린 채 산을 올랐습니다. 환경에 굴하지 않는 의지가 얼마나 위대한지요.

　세로토레 트레킹은 엘 찰텐을 출발해 30분 오르막길을 오른 뒤 평지길을 따라 계곡 안까지 깊숙이 들어갔다가 되돌아오는 편안한 코스입니다. 왕복 거리가 20킬로미터에 달하지만 6~8시간이면 가능합니다. 계곡 끝에는 빙하호수가 있고 호수 너머에 송곳같이 뾰족해 세상에서 가장 오르기 어렵다는 세로토레가 서 있습니다. 호수에서 불어오는 바람을 피해 바위틈에 숨어 한참을 건너다봅니다. 명성이 아깝지 않은 자태입니다. 호수를 건너고 설원을 가로질러 암봉을 오른 고독한 등반가들 마에스트리, 보나티, 토니 에거, 페라리의 이야기는 세로토레에서 은막銀幕을 내립니다.

빙하 속을 걷는 빙하트레킹

파타고니아에서의 세 번째 트레킹은 로스 글라시아레스 빙하국립공원Los Graciares National Park 남부의 페리토모레노 빙하트레킹입니다. 부두에서 배를 타고 10층 빌딩 높이의 빙하 옆을 지나는데, 여기저기서 환호성이 터집니다. 빙하가 무너져 내리는 모습을 담기 위해 카메라를 'On'으로 준비해두지만, 빙하가 만나는 긴 해안선 어디서 빙하가 무너져 내릴지 예측할 수가 없습니다. 그저 "와아!" 하고 감탄하고 뒤늦게 무너져 내린 빙하가 물에 잠긴 모습만 카메라에 담기를 반복합니다.

아쉬움 반, 경이로움 반, 그렇게 빙붕氷棚, 바다에 떠 있는 얼음 덩어리 앞을 가로질러 배에서 내립니다. 빙하 전문가이드의 안내를 받아 빙하 길로 안내되는데, 순번대로 크램폰Crampons, 미끄러짐을 방지하는 금속 장비을 신발에 단단히 붙들어 맵니다. 전방 피크가 없는 10발 크램폰인데, 쇠를 두드려 만들어서 묵직합니다. 크램폰이 무거우면 무게중심을 옮기며 얼음에 박아 넣지 않아도 얼음에 잘 고정되기 때문에 초보자도 무리 없이 빙하트레킹에 참여할 수 있습니다. 크램폰을 신고 걷는 동작을 등산에서는 '아이젠 워킹'이라고 하는데, 아이젠 워킹의 기본은 발바닥 전면으로 딛는 것입니다. 하지만 경사가 높으면 발목이 비틀어져 발바닥의 일부분만 얼음에 닿기 때문에 미끄러지거나 넘어지기 쉽습니다. 이를 방지하려면 무릎을 구부리고 발바닥 전면이 얼음에 닿게 걷는 훈련이 필요합니다. 얼음 위에서는 팔자걸음도 조심해야 합니다. 발뒤꿈치의 피크가 반대편 다리의 바짓가랑이나 신발에 걸려 넘어지는 수가 있으므로 항상 다리를 벌리고 11자로 걸어야 합니다. 설명과 연습 시간이 잠시 주어지지만 충분하지 않습니다. 그러니 스스로 조심해야 하죠.

가이드 페드리코의 지시를 따라 빙하에 오릅니다. 20여 명의 사람들은 대부분 이런 경험이 처음인데도 넘어지거나 두려워하는 사람 없이 나름의 '빙하워킹'을 즐깁니다. 빙하의 굴곡진 틈새에 길을 만들어 놓았고, 가파른 곳은 피켈로 계단을 만들어 큰 어려움은 없습니다. 빙하 속 세상에 들어왔으니 넓은 설원을 배경으로 기념사진 한 장, 다시 빙하의 갈라진 틈으로 청빙을 들여다보며 기념사진을 남깁니다. 굴곡진 빙하의 오르막을 몇 번 넘은 것뿐인데 사진은 마치 거대한 설산을 오르는 알피니스트같이 나옵니다.

빙하트레킹은 빙하 얼음을 넣은 '언더락'을 마시는 것으로 끝납니다. 페드리코가 "당신은 이제 젊음을 찾은 거야"라고 덕담을 건넵니다. 빙하를 올랐으니, 빙하만큼 젊어졌을까요. 빙하를 돌아 모레인 지대로 내려서는데, 멀지 않은 곳에 긴 막대가 얼음을 뚫고 박혀 있습니다. 빙하의 흐름을 감지하기 위해 꽂아둔 것입니다. 막대를 꽂은 뒤 GPS로 막대의 위치를 찍어두고 일주일 뒤 얼마나 이동했는지를 관측해 빙하의 성장속도를 파악합니다. 페리토모레노 빙하의 성장속도는 얼마나 빠르냐고 물으니 페드리코는 빙하의 성장이 일주일에 10~20센티미터에 달한다고 답합니다. 심지어 빙하가 반대편 산까지 밀려가 호수의 흐름을 막기도 한다고 합니다. 페드리코가 가리키는 방향으로 커다란 빙하 잔재가 보입니다. 그의 설명에 따르면 빙하가 둑처럼 호수를 막으면 호수의 상류가 고립되면서 수위가 높아지는데, 수위가 높아진 만큼 물의 압력이 커져 어느 한계점에 도달하면 빙하 둑이 터져 호수가 다시 연결되는 자연현상이 반복해서 발생한다고 합니다. 수위가 최대 37미터까지 올라간다고 하니 아무리 단단한 시멘트 둑이라도 물의 압력을 견디기 쉽지 않을 것입니다. 이런 현상이 자주 벌어지진 않습니다. 7년 전에 있었고, 올해는 제가 방문하기 3일 전에 둑이 터졌다고 하니 아쉽기만 합니다.

호수를 건너 셔틀버스를 타고 빙하전망대로 향합니다. 빙하전망대는 빙하 맞은편에 가설된 보도로 빙하를 내려다보는 상단, 빙하와 같은 위치의 중단, 그리고 호숫가까지 내려가도록 이어진 하단 등 3단으로 이어져 있습니다. 거대한 페리토모레노 빙하는 높이가 60~80미터에 이르고 폭이 5킬로미터, 길이가 30킬로미터에 달합니다. 길이로만 보면 천산 칸텡그리의 이닐첵 빙하에 한참 못 미치고 높이로 보면 중국 공가산 빙폭에도 못 미칩니다. 그런데 역동성, 규모, 두터움을 고루 따졌을 때는 세계 제일입니다. 호수로 무너져 내리는 빙하를 볼 수 있는 장소가 얼마나 될까요. 남극대륙과 그린란드에서나 가능한 광경을 페리토모레노가 재현하고 있는 것입니다. 마침 무지개가 걸렸습니다. 적당히 비그늘이 있어 빙하의 온화한 자태가 그대로 카메라 안에 들어옵니다. 하단에서 중단으로 올라와 주차장으로 향하는 길을 따라 걷습니다. 4킬로미터가 채 안 되는 보도는 페리토모레노와 평행을 그리며 서로를 그리워하기 좋은 길입니다. 그렇게 호숫가 보도를 따라 40분을 걸어 주차장에 닿고, 대기한 차에 올라 칼라파데로 돌아왔습니다. 정말 하루가 어떻게 지나갔는지요. 아침에 출발했는데 9시간이 지나서야 호텔로 돌아왔습니다.

페리토모레노 빙하트레킹은 만 65세까지만 허용됩니다. 일행 중 65세가 넘은 분은 몹시 아쉬워하며 웁살라 빙하 Upsala Glaciar 크루즈로 떠났습니다. 저녁에 마주 앉아 사진을 돌려보며 하루를 비교해보았습니다. 하루가 더 주어진다면 얼마나 좋을까요. 웁살라 빙하도 놓치고 싶지 않은 여행이기 때문입니다.

아르헨티나 국기가 페리토모레노 빙하의 칼바람에 펄럭입니다.

빙하의 갈라진 속살 속으로 들어가볼까요?

전망대에서 마주한 빙하의 위엄. 여행자 모두 순간 말을 잃습니다.

엘 찰텐 마을 입구에 서서
세로토레(좌)와 피츠로이(우)를 한 장의 사진에 담습니다.

엘 찰텐으로 돌아가는 길에 뒤돌아본 피츠로이 연봉.
여전히 날카롭게 서서 시위하고 있습니다.

"세로토레는 '돌의 비명(Grido di pietra)'이다."
라인홀트 메스너

묵묵히 걷기만 해도 불가능의 암봉과 빙하호수의 풍경을 선물로 받습니다.

ROUTE 11

살아 있는 화석,
토레스 델 파이네 국립공원

힘들여 찾아낸 바람의 근원이며 울림의 근원입니다.

 CHILE

── 바람과 울림의 근원 토레스 델 파이네

파타고니아의 또 다른 요정을 찾아 토레스 델 파이네 국립공원Torres del Paine National Park으로 향합니다. 토레스 델 파이네로 다가가는 길은 침묵의 땅에 요술방망이를 휘두르는 듯합니다. 고갯마루를 오르면 호수가 나오고 멀찍이 가물가물하던 산이 점차 육안에 들어옵니다. 그렇게 고요가 지배하는 파타고니아 들판을 몇 시간이고 달려 국립공원 입구에 자리 잡은 파이네 카바냔 호텔에 닿았습니다. 토로Toro 호수를 사이에 두고 토레스 델 파이네 침봉과 마주하는 호텔 주변은 고요와 침묵의 공간입니다. 꾹꾹 눌린 대지에 요물조물 물웅덩이를 만들어 놓은 들판은 물 위에 뜬 출렁대지 같습니다. 호수를 사이에 두고 마주한 침봉과 나. 바라볼수록 빨아들이는 힘에 밤은 붉으락 검으락 짙어갑니다. 그 밤을 떠나지 못하는 저도 붉으락 검으락 새벽을 맞습니다.

토레스 델 파이네 트레킹은 'W 트레일'이 가장 유명한 고전입니다. 트레일 코스를 연결한 모양이 알파벳 'W'자 모양과 닮았다 하여 W 트레일이라 부르는데 라스 토레스Las Torres, 파이네 그란데Paine Grande, 쿠에르노스 델 파이네Cuernos Del Paine 등 파이네 암봉군을 요리조리 둘러보는 트레킹 코스로 4일간 이어집니다.

트레킹 첫날, 센트럴 산장에 배낭을 풀고 3개의 암봉이 솟구쳐 오른 토레 3봉을 마주하기 위해 라스 토레스 전망대로 트레킹을 떠납니다. 왕복 18킬로미터 정도 되는 거리여서 좀 멀다 생각되지만 길이 평탄해서 하루 산행으로 적당합니다. 계곡 안에 자리 잡고 있는 칠레노 산장까지 약 40분간 오르막길을 오릅니다. 고갯마루에 이르면 계곡에서 불어오는 바람에 맞서며 앞으로 나가야 합니다. 파타고니아가 왜 '바람의 대지'라고 불리는지 실감 나는 구간입니다. 등산가이드가 바람이 불면 바닥에 주저앉으라고, 그렇지 않으면 날아갈 수 있다고 겁을 주는데 파타고니아의 바람은 사람을 새처럼 날게 하는 모양입니다.

칠레노 산장을 지나 숲이 우거진 계곡길을 약 2시간 걸어가면 표면이 드러난 거친 비탈길이 앞을 막습니다. 여기서부터 라스 토레스 전망대로 이끄는 가파른 사면이 시작됩니다. 처음엔 몰랐는데 조금씩 높아지며 바람과 기운이 몸속 깊이 파고들어 몸을 움츠리게 됩니다. 온도가 낮아져서만은 아닌 듯합니다. 저의 기운을 당겼다 풀었다 하는 토레 3봉의 에너지인 것 같습니다. 고갯마루 턱을 넘어 마주한 토레 3봉은 가슴이 시릴 만큼 냉기를 발산하고 있습니다. 힘들여 찾아낸 바람의 근원이며 울림의 근원입니다.

토레스 델 파이네 산괴山塊는 1200만 년 전에 형성된 화강암 산맥의 자락입니다. 1200만 년 전은 신생대 제3기에 해당됩니다. 대지의 융기와 침하가 반복되는 조산운동이 활발했던 시기로, 6대륙의 틀이 이때 완성되었습니다. 생명체로는 포유류가 지구의 주인 자리를 꿰찬 시기이기도 합니다. 한마디로 현재의 지구 모습을 완성한 시기라고 할 수 있습니다. 라스 토레스는 그때 처음 융기하여 현재까지 처음 그 높이로 남아 있는 아주 순도 높은 화강석 암봉입니다. 순수한 화강석 암봉은 마그마가 분출하지 않고 화산 안에 그대로 안착해 식어버린 에너지의 결정체죠. 밖으로 분출되어 공기와 만나면서 조각나버린 현무암에 비해 단단하게 뭉쳐 있습니다. 물고기나 수상식물이 많이 섞여 퇴적되었거나 화산쇄설물이 섞인 대지는 순도가 떨어지기 때문에 약한 지반이 되고, 풍화와 빙하에 의해 깎이고 씻기어 형체가 없어지고 맙니다. 그러니 암봉을 감싼 주변 지반이 다 깎이고 씻기도록 원형을 유지하고 있는 3개의 암봉은 세월과 대면하고 선 초월적 존재입니다.

라스 토레스가 값진 건 암봉의 풍모뿐 아니라 지질학적 특성도 특이하기 때문입니다. 3개의 암봉은 열기둥을 의미합니다. 땅속 깊은 곳에서 열기에 밀려 대지로 솟아오르는 마그마 기둥이 여기에 이르러서 세 갈래로 갈라졌고 이내 더 솟아오르지 않고 멈춰버렸습니다. 즉 대지에 갇힌 것입니다. 그리고 서서히 식어 백색의 화강석이 되었습니다. 라스 토레스를 둘러싼 대지는 무엇이었을까요. 마그마 기둥의 엄청난 에너지를 멈추게 한 힘의 원천이 궁금해집니다. 대지를 들어 올린 화산은 거대했을 것입니다. 라스 토레스를 품어야 하고 어쩌면 파이네 산군 전체를 품고 있었는지도 모릅니다. 고개가 아프도록 들어 올려도 끝이 보이지 않는 화산과, 그 안에 보석같이 담겨 있던 라스 토레스를 상상하며 암봉과 마주합니다.

산악가이드는 자기를 따라 눈을 감고 깊은 호흡을 해보라며 시범을 보입니다. 깊은 호흡을 하며 가슴을 열면 몸이 휘청거릴 만큼 강한 기운을 느낄 수 있다고 너스레를 떱니다. 그런데 그만이 느끼는 기운이 아니었습니다. 저도 그만 휘청 넘어질 뻔했습니다. 순도 높은 암봉에는 영적 힘이 농축되어 있는지요.

W 트레일 트레킹 둘째 날은 노르덴스크욜트 호숫가를 따라 쿠에르노스 산장으로 향합니다. 트레킹을 출발하면 이내 호수에서 멀어지고 관목지대로 들어섭니다. 관목이 둥근 솜뭉치같이 뭉쳐져 바람에 저항하고 있으며 그 사이사이 야생화가 만발해 있습니다. 오늘도 바람은 거칠게 불어오지만 앞에서 길을 막는 게 아니라 뒤에서 등을 떠밀어 발걸음이 가뿐합니다. 그렇게 2시간을 걸어 숲길에 들어섰는데, 나무들이 까맣게 때를 입었습니다. 때가 덕지덕지한 나무는 나뭇잎 하나 없고 가지만 앙상합니다. 모두 불에 그슬렸거나 탄 모습이라서 가이드에게 이유를 물었습니다. 그의 설명에 의하면 젊은 여행자가 야영을 하다 불을 내 모두 탔다고 합니다. 야영하며 발생하는 휴지와 쓰레기를 모두 가져가야 하는데,

수거하는 불편을 덜려고 쓰레기를 불법으로 소각하다가 불을 냈다는 것입니다. 그리고 우리 돈 1,000만 원에 해당되는 벌금을 물렸다고 하니 젊은 여행자도 빈털터리가 되어 여행을 그만두고 집으로 돌아가야만 했겠죠. 그런데 그것으로 모든 게 끝난 것일까요? 상처 입은 자연은 복원하는 데 몇 십 년이 걸릴 텐데 자연이 주는 행복을 빼앗긴 다른 여행자에게 그는 어떻게 보상을 할 수 있을까요.

W 트레일 트레킹 셋째 날은 2~3시간 걷다가 사이드트랙을 선택하였습니다. 이탈리아노 캠핑장Campamento Italiano과 쿠에르노스 델 파이네 사이 프란세스Francis 계곡을 따라 브리타니코Britanico 전망대로 가는 트레킹입니다. 왕복 2~3시간 걸리고 가파른 모레인 둔덕을 걸어 올라가야 아름다운 조망을 자랑하는 브리타니코 전망대에 닿습니다.

브리타니코 전망대에서는 쿠에르노스를 지근거리에서 느낄 수 있고, 토레 호수의 에메랄드빛 푸름을 볼 수 있어 좋습니다. 이곳에서 내려다보는 빙하호수는 너무 짙어 굳은 것처럼 보입니다. 얼마나 무기물이 농축되었으면 저리도 굳어져 보일까요. 토레스 델 파이네 암봉군의 최고봉은 파이네 그란데지만 가장 유명하고 인상적인 봉우리는 정상을 검은 띠로 장식한 쿠에르노스입니다. '파이네의 뿔'이라 불리는 이 봉우리는 온화한 소의 수줍은 뿔 같은 형세로 평화롭게 서 있습니다. 특이한 점은 정상을 덮은 검은 점판암인데, 이로 인해 암봉의 흰 단면이 더욱 돋보이고 화려해 보입니다. 정상 점판암은 화강석 위에 쌓인 진흙이 니암泥巖으로 변성된 증거입니다. 그렇다면 파이네 암봉군은 먼 옛날 바닷속 화산이었다는 거죠. 바닷속 화산은 마그마로 가득 찼으니 극지의 한류에 식으며 분출하지 못한 채 그대로 식었습니다. 그러다 지반이 융기하여 육지가 되었고 오랜 세월 풍파에 의해 주변이 깎여나가며 라스 토레스와 쿠에르노스가 지금의 모습으로 형성된 것이겠죠. 쿠에르노스의 일생을 추리해보며 호수에 잠긴 대지를 바라봅니다. 프란세스 계곡은 바람이 거칩니다. 숲길을 걸을 때는 포근했던 바람이 암봉에 가까워질수록 매섭고 시리게 다가옵니다. 암봉의 에너지가 대기의 풍파를 일으키고 호수의 짙은 점성이 대기를 빨아들이고 있지는 않은지요. 암봉과 빙하호수, 바람이 소통하고 있으니 프란세스 계곡은 얼마나 우아한 조화인가요.

바람에 쫓겨 갈림길로 되돌아옵니다. 그리고 오늘의 숙박지인 그란데 산장까지 가던 길을 이어갑니다. 호수를 끼고 오르막과 내리막이 조밀하게 이어지고 숲이 교차하는 아늑한 길입니다. 오르막 끝 너른 바위에 걸터앉아 쉬어감이 아쉽지 않은 전망에 빠져듭니다. 한 번 지나면 그것으로 다시는 재회하지 못하는 게 여행자와 여행지의 인연이란 걸 알기에 쉽게 일어서지 못하고 앉아 있습니다.

트레킹 마지막 날은 그레이 빙하 전망대를 갔다 오는 일정입니다. 그란데 산장에서 외부로 나가는 유일한 수단이 하루에 2편 있는 쾌속선이라서 그 시간에 맞추기 위해 아침부터 바삐 움직입니다. 제가 선택한 시간은 12시 30분. 그레이 빙하 전망대를 오가는 데는 왕복 12킬로미터, 3시간 30분이 소요됩니다. 대략 1시간에 4킬로미터를 걸어야만 안전하게 갔다 올 수 있습니다. 등산로를 1시간에 4킬로미터씩 걸으려면 아주 평탄하고 잘 다듬어진 길이어야만 합니다. 물론 걷는 사람도 부지런히 걸어야 하고요. 그레이 빙하로 향하는 길은 초반 30분 오르막길을 오르고 나면 대체적으로 평탄한 길이라 왕복할 시간은 충분합니다. 그레이 빙하는 안데스 산줄기를 따라 360킬로미터나 길게 뻗은 아르헨티나 빙하 국립공원의 반대편 빙하이며, 안데스 빙하의 말단에 가깝습니다. 빙하는 꿈틀거리는 벌레의 등짝같이 두껍게 주름진 채 그레이 호수로 흘러들고 미처 녹지 못한 빙괴가 호수 위로 둥둥 떠다닙니다. 페리토모레노 빙하만큼 거대하지는 않지만 속으로 파고든 깊이는 더 깊고 그윽합니다. 아르헨티나에서 보고 안데스를 넘어 칠레에서 다시 만난 빙하. 여전히 순박한 아이 같습니다. 달리 보면 운명을 재촉하는 노인의 센 머리 같기도 하구요. 빙하도 종말이 다가오고 있다고 하죠. 기후가 안정돼서 빙하가 인류와 함께 영원했으면 좋겠습니다.

노스덴스크홀드 호수와 쿠에르노스 델 파이네를 마주합니다.

W 트레일은 잔잔한 호숫가를 따라 아득한 오르막길을 오르다
평화로운 관목지대까지, 변화무쌍하게 이어집니다.

명당을 차지한 과나코 무리가 얼마나 부럽던지요.

4일간의 W 트레일의 종착지, 그란데 산장.
머무는 시간 또한 여행이 됩니다.

고갯마루를 넘어 만난
토레 3봉이 가슴 시릴 만큼 냉기를 발산합니다.

토로 호수와 파이네 산군의 장관. 그날 밤은 시집온 첫날같아 잠을 청할 수 없었습니다.

ROUTE 12

마젤란 해협 건너 대륙의 끝,
푼타아레나스 · 우수아이아

그렇게 5척의 함선에 240명으로 구성된
세계 최초의 지구일주 탐험대는
1519년 세비야항을 출발했습니다.

CHILE
ARGENTINA

────── 육두구를 찾아 나선 사나이 마젤란

푼타아레나스Punta Arenas는 작은 해양도시입니다. 몇 걸음 떼지 않았음에도 중심대로를 벗어나 도시라기보다 포구라는 표현이 어울립니다. 하지만 한때는 번성한 항구도시였습니다. 유럽을 출발해 태평양을 건너가는 상선은 마젤란 해협을 통해 태평양에 진입했고, 태평양을 거슬러 올라가기 전 푼타아레나스에서 필요한 물자를 채우고 휴식을 취했습니다. 하지만 파나마 운하가 열리면서 상선은 더 이상 도시를 찾지 않게 됐죠.

은퇴 후 노년의 삶을 사는 듯 쓸쓸히 저물어가는 작은 포구를 거닙니다. 도로 끝 광장에 서 있는 마젤란Ferdinand Magellan, 1480-1521 동상이 먼발치를 바라보고 있습니다. 마젤란은 지구가 둥글다는 걸 인류 최초로 증명해 보인 탐험가입니다. 그는 대서양을 건너 태평양에 들어서며 푼타아레나스에 머물렀고 다시 태평양과 인도양을 건너 아프리카 끝을 돌아 출발지인 스페인 세비아항에 귀환함으로써, 추측과 이론으로만 존재한 '둥근 지구'의 실체를 몸소 증명해 보였습니다.

마젤란은 포르투갈 동인도회사의 선장이었을 때 인도의 고아Goa에 7년간 거주했습니다. 마젤란은 고아에 머무는 동안 인도양 주변의 소왕국과 향료무역을 했기 때문에 각종 향료에 대한 풍부한 정보를 가지고 있었습니다. 동인도회사와 맺은 계약이 끝나고 포르투갈로 귀환한 후에도 마젤란은 다시 인도로 가기를 원했습니다. 마젤란은 자신이 이룬 성과를 주장하며 봉급인상과 원양항해를 왕실에 청원했으나, 왕실은 그가 밀무역에 관계되었다고 의심하였기 때문에 청원을 받아주지 않았습니다. 범죄자로 의심받는 상황에서 항해에 나설 수 없었던 마젤란은 결국 포르투갈을 떠나 스페인으로 향했습니다. 스페인으로 이주한 마젤란은 스페인 왕실에 배에 향료를 가득 싣고 올 테니 몰루카 제도Molucca Is, 인도네시아 동쪽 끝에 있는 제도. 일명 '향료의 제도'로 불린다로 항해할 수 있게 도와달라고 청원했고, 스페인 왕실은 기꺼이 탐험의 후원자가 되었습니다. 당시는 토르데시야스 조약Treaty of Tordesillas, 아프리카 서쪽 끝 앞바다에서 480킬로그램 떨어진 곳을 기준으로 하여 서쪽은 스페인령, 동쪽은 포르투갈령으로 구분하여 지배한다는 조약에 의해 스페인과 포르투갈이 지구를 양분한 상태였습니다. 마젤란은 포르투갈이 완성한 아프리카 항로가 아닌 대서양을 건너 아메리카 대륙을 돌아 인도로 향하는 미답의 항로를 택해야 했습니다. 그만큼 위험하고 비용이 많이 드는 탐험이었으니 아프리카 항로를 개척한 포르투갈이 관심을 가졌을 리 없습니다. 반면 스페인 왕실은 불가능해 보이는 항해를 적극 후원했습니다. 그건 그만큼 향료가 비쌌고 절실했기 때문이었겠죠.

냉장고가 없던 시절, 후추는 육류의 누린내와 생선의 비린내를 없애주고 부패를 막는 향료로 중세 유럽인을 사로잡았습니다. 유럽인이 후추를 쓰기 시작한 것은 로마시대로 거슬러 올라갑니다. 고대 이집트에서 의약품이나 제사용품으로만 사용하던 후추를 로마가 음식에 넣어 먹기 시작하면서 로마는 맛의 신세계를 열었고 서구는 후추에 열광했습니다. 얼마나 후추에 열광했으면 『박물지』를 쓴 폴리비우스는 "아주 적게 잡아도 인도, 중국, 아랍이 우리 제국으로부터 빼가는 돈이 1년에 1억 세스테리우스_로마의 화폐_이다"라고 후추 소비가 로마경제에 끼치는 경제적 부담을 경고했다고 합니다.

후추는 로마가 멸망하고도 유럽 전역으로 퍼져 나갔고, 없어서는 안 될 생활필수품으로 자리 잡았습니다. 맛의 세계에 빠져든 유럽은 후추가 필요했지만 그 생산지는 인도였습니다. 인도의 후추는 아랍을 통해 들어왔고 가격도 몇 배로 불어 유럽은 늘 후추에 궁핍했습니다. 결국 유럽의 도약은 후추를 보다 싸고 많이 얻으려는 모색으로 시작되었으니, 유럽에게 후추는 맛의 축복일 뿐 아니라 풍요와 결실을 가져다준 진정한 복덩어리입니다.

하지만 마젤란이 찾아 나선 것은 후추가 아닌 육두구_肉頭寇_라는 향료였습니다. 육두구는 향이 강해 '사향 향기가 나는 호두_Nutmeg_'라는 별칭을 가지고 있었습니다. 포르투갈이 인도네시아 몰루카 제도에서 처음 발견한 이후, 중계무역을 독점하면서 유럽에 비싼 값에 유통시키고 있었죠. 육두구는 고기의 잡냄새를 없애주는 효능이 후추보다 뛰어나서 비싼 값에 유통되었기에, 포르투갈에서 구입해야 하는 스페인은 불만이 많았습니다. 라틴아메리카에서 금과 은이 수북이 들어오고 있지만, 후추와 육두구를 구입하기 위해 지불하는 금과 은의 양도 만만하지 않았으니 '배에 육두구를 가득 실어서 돌아오겠다'는 마젤란의 제안에 귀가 솔깃할밖에요.

스페인의 왕 카를로스 1세는 마젤란의 제안을 받아들여 5척의 함선을 내주었고 탐험의 최대주주로서 탐험을 독려했습니다. 왕이 움직이자, 포르투갈 때문에 이문이 많지 않았던 스페인 상인들 역시 대박을 꿈꾸며 마젤란의 탐험을 도왔습니다. 그렇게 5척의 함선에 240명으로 구성된 세계 최초의 지구일주 탐험대는 1519년 세비아항을 출발했습니다. 기념될 만한 16세기, 동시대 지구 반대편은 어떤 상황이었을까요. 인도대륙에선 중앙아시아 이슬람 세력이 지속적으로 북인도 대륙을 침범하여 혼란의 와중에 있었고, 남인도의 힌두 왕국은 인도양으로 진출한 포르투갈을 적절히 제압하지 못했습니다. 동아시아는 어떤가요. 명明왕조는 전성기를 지나 기울어가던 중이었습니다. 1594년 임진왜란에 개입한 뒤로 국운이 급격히 기울어 변방의 국지전 하나 이겨내지 못할 만큼 쇠퇴한 상황이었지요. 오스만은 지중해와 발칸을 석권했으나 빈에서 막혀 더 이상 팽창하지 못하고 침체의 길에 들어섰으며, 중앙아시아는 여전히 티무르 후예들의 놀이터였지만 세상의 중심은 초원에서 바다로 급격히 옮겨

가는 상황이었습니다. 그런 시기에 마젤란의 도전이 시작되었고 이는 곧 유럽의 도전이었습니다. 대서양에서 인도양을 거쳐 태평양까지 전 지구로 유럽이 확장되어 나갔기 때문입니다.

마젤란이 대서양을 건너 인도로 간다는 소식은 포르투갈을 긴장시켰다고 합니다. 포르투갈의 왕 마누엘 1세는 마젤란을 회유하는 데 실패하자 출항을 막으려 사형선고까지 내렸습니다. 그래도 마젤란이 뜻을 굽히지 않고 출항하자 추격함대를 보내 항해를 막으려 했습니다. 하지만 노련한 선장이었던 마젤란은 추격함대를 따돌리고 두 달 만에 대서양을 건너 스페인 식민지인 라플라타 강 하구(지금의 부에노스아이레스)에 닿았습니다. 마젤란은 남미의 해안선을 따라 남으로 항해를 이어갔습니다.

대항해 시대의 물고를 연 두 영웅, 콜럼버스와 마젤란은 공통점이 있습니다. 콜럼버스는 이탈리아 사람이고 마젤란은 포르투갈 사람입니다. 하지만 스페인 왕실의 후원을 받았고 스페인 선원으로 구성된 탐험대를 꾸렸습니다. 세상을 앞서간 두 영웅은 고독했고 언제나 선원들의 항명과 위협에 시달렸습니다. 마젤란의 첫 번째 위기는 마젤란에 대한 반감을 가지고 있던 스페인계 선장들의 집단 항명이었습니다. 마젤란은 5척의 함선 중 3척의 함선이 반란을 일으키자 반란세력의 요구를 다 들어주겠다고 시간을 끌며 반란세력이 긴장을 늦출 때를 기다려 무력으로 반란을 진압했습니다. 반란은 진압했지만 마젤란 함대의 분열과 후유증은 항해에 지장을 줄만큼 컸습니다. 마젤란은 사태를 수습하고 항해를 지속하는 방안을 찾아야 했으며, 비전과 보상만이 유일한 방법이란 사실을 잊지 않았습니다.

그는 주동자 카르타헤나를 파타고니아에 홀로 내리게 하고 다른 두 선장은 반란죄를 물어 사형시킨 반면, 강성이 아니라고 판단한 후안 세바스티안 엘 카노Juan Sebastián del Cano는 용서해주었습니다. 그리고 항명에 참가한 선원들도 명령에 따랐을 뿐, 죄가 없다고 선언하며 모두 방면하여 탐험에 차질이 생기지 않게 마무리했습니다. 반란으로 잠시 주춤했지만 신속히 사태를 마무리한 마젤란은 지체 없이 항해를 재개하였고 항해를 시작한 지 얼마 지나지 않아 라틴아메리카 대륙의 끝에 다다랐습니다. 그러나 그 땅은 바람과 돌풍, 극지방의 한기가 지배하는 혹한의 땅이었습니다. 얼마나 격랑激浪이 심했으면 몸을 돛대에 묶어야 했다는 기록을 남겼을까요.

폭풍과 사투를 벌이던 함대는 폭풍에 쓸려가다 작은 해협을 발견하고 그리로 배를 몰았습니다. 해협은 언제 폭풍이 불었냐는 듯 고요하고 잔잔했습니다. 마젤란은 해협 안에서 밤을 밝히는 수많은 불빛을 보았다고 합니다. 폭풍우를 피하기 위해 잠시 들어온 해협이었음에도 대양으로 돌아가지 않고 항해를 계속해나간 건 혹시 어둠 속에 빛나는 불빛에 홀렸던 것은 아닐까요? 당시 파타고니아에는 셀크만Selkman족이 살았는데, 셀크만족은 해안가에 모닥불을 피워놓고 사냥한 과나코Guanaco, 북아메리카에서 이주해온 낙타과 동물를 구워 먹었습니다. 마젤란이 본 불빛이 바로 셀크만족이 피운 모닥불의 불빛이었을지도 모릅니다. 진실은 알 수 없지만, 어쨌든 마젤란은 그 불빛을 따라 해안 깊숙이 들어갔고 태평양을 만날 수 있었습니다. 마젤란은 해협을 빠져나가며 항로를 유도해준 불을 기억하기 위해 이 지역을 '불의 대지Tiera del Fuego'라고 불렀다고 합니다.

파타고니아의 어원은 1520년 마가자네스 탐험대에 동행한 피가페타 Antonio Pigafetta라는 사람이 탐험 중 테우엘체Tehuelche 인디언을 만나고, 원주민을 파타고네스Patagones라고 기록한 데서 유래했다고 합니다. '파타곤Patagon'은 스페인어로 동물의 큰 발바닥을 의미합니다. 탐험대가 만난 테우엘체족은 발바닥이 컸나 봅니다. 더 정확히 말하자면 원주민은 발만 큰 게 아니었습니다. 탐험대는 보고서에서 파타고니아를 키가 3~4미터에 이르는 거인이 사는 거인왕국으로 소개하고 있습니다. 동시대에 살았던 유럽인에 비해 키도 2배나 크고, 잉카나 아즈텍인보다는 3배 가까이 큰 것이니 거인이라 할 만합니다. 그러니 아메리카 원주민은 키가 작고 용모가 보잘것없다는 편견은 그야말로 편견인 것이죠. 1726년에 발간된 『걸리버 여행기』도 마가자네스 탐험대에서 소재를 찾은 건 아닌지요. 라틴아메리카엔 거인왕국과 소인왕국이 모두 있었으니까요.

대륙의 끝과 끝을 이어주는 해협은 폭풍을 피하기에는 아주 좋은 선택이었지만, 깊숙이 들어갈수록 돌출된 암초가 많고 지형이 복잡하게 엉켜 있어 출구를 찾을 수 없고 배를 돌리기에도 여의치 않았습니다. 탐험대는 악마의 미로에 빠진 기분이었겠죠. 그때쯤이면 해안가의 불빛도 사라졌을지 모릅니다. 마젤란 함대는 복잡한 해협을 빠져나오는 데 한 달이나 허비했습니다. 그뿐 아니라 1척의 함선이 좌초되는 피해를 입었으며, 암초에 걸린 함선은 명령을 어기고 스페인으로 돌아가버렸습니다.

수로를 빠져나와 태평양을 만났을 때 마젤란의 함선은 5척에서 3척으로 줄어 있었습니다. 그렇게 절망 끝에 희망을 갖고 만난 태평양을 마젤란은 '평화의 바다Pacific Ocean, 태평양'라고 명명했습니다. 그러고는 새로운 세계에 첫발을 내디딘 푼타아레나스에서 충분히 휴식하고 식수와 식량을 보충했을 것입니다. 마젤란은 태평양을 평화롭고 작은 바다로 보았던 것 같습니다. 사실 태평양은 대서양에 비해 평온한 바다입니다. 하지만 대서양보다 훨씬 큰 바다죠.

처음으로 태평양을 만난 유럽인은 콜롬비아 총독 발보아입니다. 발보아는 태평양에 닿아 바닷가에 사는 원주민을 만났고 그에게 바다가 얼마나 크냐고 물었습니다. 원주민은 그때 '작은 바다'라고 말해주었기 때문에 발보아는 탐험기록에 태평양을 작은 바다로 기록했습니다. 마젤란이 태평양과 마주한 건 그로부터 6년 뒤였으니 마젤란은 스페인을 떠나기 전 발보아의 기록을 보았겠죠. 그리고 태평양을 작은 바다라고 생각했을 것입니다. 마젤란이 택한 항로가 마젤란의 생각을 보여주고 있습니다. 마젤란은 대서양보다 더 짧은 시간에 태평양을 건널 것이라고 보았고 남반구에서 적도를 지나 북반구로 이어지는, 지금 봐도 가장 긴 항로를 선택했습니다. 그러나 태평양은 그리 작은 바다가 아니었으니 마젤란은 더 혹독한 두 번째 난관을 겪습니다.

푼타아레나스를 떠난 함대는 적도를 넘어 괌에 닿기까지 4개월을 태평양에서 헤맸습니다. 세비아항을 떠난 지 2달 만에 대서양을 건너 리우데자네이루에 닿은 항해기록을 볼 때 마젤란은 길어야 2개월이 안 걸릴 것으로 생각했었으니 배에 실은 식수와 음식으로 4개월을 견디기에 턱없이 부족했겠죠. 항해기록에도 쥐, 고양이는 물론 가죽신을 끓여 마실 만큼 죽음 직전에 이르러서야 괌에 도착했다고 하니 무지를 탓할 수밖에요. 마젤란이 남미 대륙을 따라 항해하며 리마, 멕시코에서 보급을 받았다면 항해는 순조로웠을 것입니다. 하지만 그때까지 태평양을 아는 유럽인은 단 한 명도 없었으니 마젤란의 탐험은 새로운 도전 그 자체였습니다.

하지만 그의 도전은 거기까지였습니다. 괌을 지나 필리핀 세부 섬에 닻을 내린 마젤란 함대는 지역의 이권다툼에 말려들어 막탄Mactan 섬의 라푸라푸족과 전투를 치렀습니다. 마젤란은 동인도회사에 고용돼 인도 고아에 머물러 있던 시절 필리핀을 방문했었고 무역을 선점하기 위해서는 지역 통치자와의 유대가 중요하다는 것을 이미 알고 있었습니다. 마젤란이 지역 이권다툼에 말려든 건 미래 향료무역을 선점하려는 욕심 때문이었습니다. 하지만 전투에서 그는 전사했습니다. 선택의 기로에 서면 나는 누구인가 질문해야 한다고 합니다. 마젤란은 스스로에게 물어보았을까요? 나는 탐험가인가, 상인인가.

군의관으로 혁명에 참가한 체 게바라는 폭탄이 날아오는 현장에서 2개의 박스를 두고 고민을 하며 스스로에게 물었습니다. 나는 의사인가 혁명가인가. 체 게바라는 의료상자 대신 탄약상자를 메고 뛰었고 투사의 삶을 살았습니다. 마젤란이 스스로에게 물었다면 전투를 피하지 않았을까요. 위대한 항해를 마무리해야 하는 과제를 목전에 두고 있었으니까요. 아니면 상인의 길을 택한 것인가요?

마젤란이 전사하고 혼란스러운 탐험대를 추스른 건 후안 세바스티안 엘 카노였습니다. 그는 마젤란에 반기를 든 4명의 선장 중 유일하게 마젤란이 용서해준 선장입니다. 마젤란은 왜 세바스티안을 용서해주었을까요. 자기의 운명을 알고 살려둔 것일까요? 그렇다면 신의 한 수로 보입니다. 세바스티안은 살아남은 탐험대원들을 추슬러 항해를 이어갔으며 무사히 귀환하여 지구가 둥글다는 걸 증명했기 때문입니다.

필리핀을 탈출한 탐험대는 마젤란이 그토록 도착하고자 한 몰루카 제도 Molucca Is에 도착했고 육두구를 가득 실었습니다. 육두구는 현금성 있는 향료였기 때문에 탐험대는 항해를 지속하는 동안 정박하는 항구에서 육두구를 팔아 필요한 식량과 물을 얻었고 그 덕에 항해를 계속할 수 있었습니다. 당시 인도양은 포르투갈의 내해 內海라 할 만큼 포르투갈 통제권 안에 있었습니다. 스페인의 상선이 포르투갈의 내해를 항해하고 있었으니 탐험대에게 육두구가 없었다면 필요한 식량과 식수를 얻기는커녕 포르투갈의 공격을 받아 살아남기 어려웠을 것입니다. 마젤란은 죽었지만 마젤란이 남겨준 정보로 육두구를 배에 가득 실을 수 있었으니 마젤란은 죽어서도 탐험대의 지킴이인 것이죠. 탐험대는 육두구를 팔아가며 인도양을 건넜고 아프리카를 돌아 마침내 대서양에 들어섰습니다. 그리고 기항지인 세비아항으로 접근해 들어갔습니다. 그런데 그게 끝이 아니었습니다. 마지막 난관이 기다리고 있었습니다.

카보베르데 Cape Verde, 세네갈 앞바다의 군도로 이곳을 지나면 스페인으로 가는 직항로 연결 군도에 포르투갈 군함이 기다리고 있었던 것입니다. 함대를 발견한 포르투갈 군함은 주저 없이 공격을 시작했고, 탐험대는 26톤의 향료를 전부 넘겨주는 조건으로 카보베르데 군도를 통과할 수 있었다고 합니다. 힘들게 가져와 잘 바치고 돌아가는 바보들이라고 야유하는 포르투갈군을 뒤로하고 탐험대는 카보베르데 군도를 지나 3년 만에 세비아항에 귀항했습니다. 빈손으로 귀환한 탐험대는 1척의 배에 18명의 생존자가 전부였으니 출발할 때 5척의 배에 240명이었던 것과 비교하면 93퍼센트가 못 돌아온 혹독한 탐험이었습니다. 그나마도 육두구가 없었다면 탐험대는 인도양을 벗어나지도, 카보베르데 군도를 통과하지도 못했을 것입니다. 결국 육두구는 마젤란이 항해를 시작하는 이유였으며 살아 돌아올 수 있었던 이유였으니 인류사에 한 획을 긋는 데 일조한 셈입니다. 3년 동안 지구를 한 바퀴 돈 남자들의 이야기는 처절하고 영웅적임에도 오랫동안 배척당했습니다. 육두구를 가져오지 못했으니 함선을 5척이나 내준 왕실도 손해, 물자와 240명의 임금을 댄 상인들도 손해가 이만저만이 아니었습니다. 카를로스 1세는 "엘카노, 그대는 나를 위해 최초로 세계일주를 한 사람이다"라고 치켜세웠다지만 탐험대의 항해기록인 『세계일주』는 그 시대에 출간되지 못했고 300년이 지난 1800년이 되어서야 출간되었다고 합니다. 카를로스 1세도, 상인들도 마음이 얼마나 상했으면 마젤란의 탐험이 인정받는 데 300년이 걸렸을까요.

비글 해협의 원숭이 인간

푼타아레나스를 떠나 우수아이아로 가는 버스는 하루 1대입니다. 버스는 2시간을 달려 마젤란 해협에 닿습니다. 마젤란 해협의 물목은 폭이 그리 넓지 않아 이동하던 배가 묵직한 철문을 반대편에 걸칩니다. 다시 달리기 시작하는 버스는 6시간을 더 달려 우수아이아에 닿습니다. 우수아이아는 불의 대지 Tierra del Fuego라 불리는 땅의 일부입니다. 아무도 살지 않으리라 생각한 땅이었지만 야마나 Yamana족의 거주지입니다. 유럽은 아무도 살지 않는 신대륙을 꿈꾸었지만 지구촌 어디에도 새로운 그런 땅은 없었고, 심지어 대륙의 끝에도 사람이 살고 있었으니 이 땅에 첫발을 디딘 유럽인은 크게 당황하지 않았을까요. 1890년 유럽인이 이 땅에 첫발을 딛었을 때 그들은 야마나족에 대해 기록을 남겼습니다. "성인 남자의 키는 157센티미터이고 여자는 이보다 10~20센티미터가 작으며 추위로 행동량이 적다. 카누를 타고 사냥을 하기 때문에 상체 특히 가슴근육이 발달했고 하체는 미성숙해 있는데 기형적 신체에 팔이 길고 등뼈가 구부정하여 직립이 어려웠다." 팔이 길고 구부정하며 다리가 덜 발달하고 상체가 하체에 비해 크게 발달했다면 원숭이의 모습과 다르지 않습니다. 더군다나 직립이 어려웠다면 유럽인들은 야마나족을 인간과 원숭이의 중간인 유인원으로 보지 않았을까요.

600만 년 전 우간다의 키암브라 계곡에서 원숭이 중 엉덩이 근육이 유난히 발달한 돌연변이가 태어났고, 따돌림을 당하던 돌연변이는 발달한 엉덩이 근육을 이용해 벌떡 일어남으로써 침팬지와 다른 길을 걷게 되었습니다. 그 사건이 인류 탄생의 시작이라고 하니 엉덩이 근육과 건실한 하체가 진화의 진정한 열쇠라고 할 수 있습니다. 인류와 반대의 모습을 가진 야마나족. 더군다나 짧은 다리에 비해 유난히 긴 팔을 가졌고 배만 볼록 나왔다고 하니 유럽인들은 이들을 원숭이로 보았겠죠.

『아프리카 낯선 행성으로의 여행』(채경석, 계란후라이, 2014)에는 '호텐토트의 비너스'에 대한 이야기가 나옵니다. 1798년 남아공 케이프타운에서 태어난 줄루족 여성 사르키 바트만Saartjie Batman, 1789-1815은 돌출된 엉덩이와 음부를 가릴 만큼 큰 소음순, 그리고 크로마뇽인 같은 두상을 가졌다고 합니다. 그녀의 신체적 특성에 호기심을 갖은 영국인 의사는 그녀를 구매하여 영국으로 데려갔으며, 그녀의 목에 호텐토트의 비너스라는 명패를 달아 도시 축제마다 끌고 다니며 나체로 전시했다고 합니다. 그녀는 영국으로 팔려간 지 5년 만에 사망했고 그의 시신은 프랑스의 조르주 퀴비에 남작에게 다시 팔렸습니다. 조르주 남작은 그녀가 사람인지 해부학적으로 판명해보려 했습니다. 그래서 그녀의 몸을 하나씩 뜯어보고 16쪽의 보고서를 냈다고 합니다. 그리고 나서는 시신을 밀랍으로 채워 파리의 인류학 박물관Musée de l'Homme에 기증했습니다. 그들은 사르키 바트만을 인간으로 봤을까요, 아니면 원숭이로 봤을까요. 파타고니아에서 야마나족이 사냥을 당해 멸종되기 100년 전에 유럽은 사르키 바트만을 덜 진화된 인간으로 판명했습니다. 그리고 일부 지식인은 인종적 편견의 편협함을 반성하는 운동을 펼쳤습니다. 하지만 라틴아메리카는 아직 편견에서 자유롭지 못했죠. 유럽인들은 야마나족 사냥을 즐겼고, 때로는 포획한 원주민을 독극물로 집단 살해했다고 합니다. 그 결과 유럽인이 첫발을 디뎠을 당시 야마나족은 3,000명에 달했는데, 20년이 지난 1910년에는 100명만이 살아남았습니다. 97퍼센트가 살해당했으니 카리브해의 원주민과 같은 운명이었던 거죠. 그 주범이 누구인지 알 수 없지만 역사의 기록을 통해 추측할 수 있는 인물이 있습니다. 로카 장군입니다. 로카 장군은 아르헨티나를 순혈의 백인나라로 만들겠다며 파타고니아에서 인종청소를 했다고 합니다. 아르헨티나에는 영웅이지만 인간이기를 거부한 장군이 역사책의 어느 면에 어떻게 기록되어 있는지 궁금합니다. 어쩌면 그는 지금도 항변하고 있을지 모릅니다. "그들은 신의 저주를 받은 종족이었다. 원숭이와 인간의 중간이었다"고 말입니다.

비글 해협 트레킹은 3~4시간의 짧은 트레킹이지만 불의 대지 보호구 내 해안을 걷기 때문에 사전에 트레킹 허가를 받아야 합니다. 비글 해협은 마젤란 해협보다 남쪽에 위치하고 있으며 해협을 사이에 두고 칠레와 아르헨티나가 국경을 가르고 있으니 국경선을 걷는 셈입니다.

트레일 코스는 숲길과 갯바위길이 번갈아 이어집니다. 숲과 해안이 만나는 공터는 야마나족이 주거한 터전이라서 안내자로부터 야마나족에 대한 설명을 듣는 재미가 쏠쏠합니다. 야마나족은 예로부터 바다사자를 사냥해 주식으로 삼았는데, 파타고니아에는 채소도 과일도 없기 때문에 괴혈병 비타민 C가 부족하면 생기는 병으로 출혈과 뼈의 기형을 가져옴에 시달렸다고 합니다. 야마나족이 직립을 하지 못하고 구부정했던 건 괴혈병으로 척추에 기형이 와서 그런 건 아닐까요.

가이드 루익Luc은 숲을 설명하면서 신성한 나무라며 한 그루의 나무를 가리킵니다. 그리고 바닥에 떨어진 마른 나뭇잎을 손으로 으깨서 맡아보라고 합니다. 야마나족이 신성한 나무Holy Tree로 숭배했다는 나무는 비타민C를 많이 함유하고 있어, 야마나족 남자는 먼 거리로 항해를 나갈 때 말린 나뭇잎을 지니고 다니면서 씹었다고 합니다. 나무는 많은 사람을 구했을 것이고 야마나족은 이 나무를 신같이 모셨겠죠. 그런데 정녕 파타고니아에는 과일이 없었을까요? 비슷한 환경임에도 북극권엔 클라우드베리Cloudberry라는 극지 과일이 있고, 이누이트족은 클라우드 베리에 바다사자의 지방과 눈을 섞어 아쿠타크Akutaq라는 음식을 만들어 먹으며 건강을 지켰습니다. 베리는 종류가 많고 극지의 환경에서도 잘 자라는 과일입니다. 야마나족은 베리를 몰랐을까요, 아니면 베리가 대륙의 남단까지는 퍼져 나가지 않았을까요. 그런데도 춥고 과일도 없는 이 땅에 자리 잡은 이유가 무엇일까요. 마젤란의 세계일주에 동행했던 피가페타Antonio Pigafetta가 기록으로 남긴 파타고니아의 원주민은 키가 크고 건장했습니다. 야마나족은 파타고니아에서조차 밀린 것인가요, 아니면 은둔을 택한 것인가요.

비글 해협 트레킹은 평온한 해협을 바라보며 마젤란과 240명의 용자를 떠올리기에 적합한 트레킹입니다. 케이프 혼Cape Horn, 라틴아메리카 대륙의 끝에서 돌풍이 사흘 정도 늦게 불어왔다면, 남하를 계속한 마젤란은 비글 해협을 통과했을 가능성이 높습니다. 마젤란 해협이 아닌 비글 해협을 통해 태평양으로 빠져나갔다면 마젤란 탐험대의 운명도 바뀌었을까요? 해안선이 복잡한 마젤란 해협에 비해 비글 해협은 단순하고 직선에 가깝기 때문에 2척의 함선을 잃지 않았겠죠. 비글 해협은 남극대륙에서 불어오는 폭풍우로 상선이 파괴되는 케이프 혼 항로를 피해 대서양에서 태평양으로 연결되는 신항로를 개척할 목적으로 영국 정부가 파견한 탐사선 비글호에서 지명을 따왔습니다. 당시 비글호에는 피츠로이와 찰스 다윈이라는 2명의 젊은 거장이 타고 있었습니다. 비글 해협을 통과하며 갑판에 선 두 거장은 무슨 생각을 했을까요. 같은 배를 탔고 같은 탐사를 했고 같은 충격을 받았지만 정반대의 생각을 가지고 살았습니다. 비글 해협 트레킹은 두 거장을 통해 세상을 보고, 야마나족의 슬픈 사연을 들여다보는 트레킹이었습니다.

미티알 트레킹과 펭귄크루즈 투어

우수아이아의 둘째 날은 안데스 산줄기 여행의 마지막으로 안데스의 끝인 미티알Mitiar 산줄기를 오릅니다. 산길을 오르기 시작하면 묵직한 삼림지대에 들어서는데, 숲길을 2시간 오르면 나무숲은 사라지고 알파인 초지가 두텁게 깔린 융단대지가 나옵니다. 바닥은 풀잎과 이끼가 뭉게구름같이 단단히 결집되어 있습니다. 조심스럽게 밟아도 부서지고 파헤쳐져서 가슴이 쓰립니다. 아직 사람의 발길이 적은 이유에서인지 식물을 밟지 않고는 산을 오를 수 없으니 오르기를 그만두어야 하는 게 아닌지 갈등이 심해집니다. 그럴 때쯤 알파인 초지가 끝나고 너덜지대가 반깁니다. 너덜지대는 시야를 가리는 것이 없어 정상까지 한눈에 들어옵니다. 흰 화강석이 길게 깔린 돌길은 정상에 다가갈수록 경사지고, 숨 가쁘게 걸음을 재촉해도 정상은 쉽사리 다가오지 않습니다. 등산을 시작하고 6시간을 걸어 도착했지만 정상은 우수아이아가 내려다보이는 작은 뒷산입니다. 산 아래로 우수아이아가 있고 멀찍이 물러난 해안선과 가물가물한 수평선이 있습니다. 태평양과 대서양이 만났는데도 물은 높이도 같고 빛깔도 같습니다. 바닷물은 때로는 난류로, 때로는 한류로 옷을 바꿔 입으며 지구를 한 바퀴 돕니다. 그렇게 지구 곳곳을 돌아 원위치하는데 몇 년이 걸리기도 합니다. 저 물도 얼마 있으면 제주도 앞바다를 지날 것입니다. 어서 내려가 대륙이 끝나는 등대섬에 가봐야겠습니다. 거기에 내려놓을 게 있습니다. 여행이 끝나고 한참 지난 뒤에 제주도에서 건져볼까 합니다. 지금 제 마음이 그때는 어떻게 변해 있을까요.

해 질 녘 펭귄크루즈를 떠납니다. 저녁 7시에 출발하는 크루즈는 펭귄섬Isla Martillo을 찾아 바닷길을 가릅니다. 섬엔 끼우뚱끼우뚱 불편한 걸음을 걷는 펭귄뿐 아니라 황제 가마우지가 물 위에서 발버둥을 치고 있습니다. 황제 가마우지는 찰스 다윈이 발견하고 이름 붙인 그의 연구대상이었습니다. 흔히 조류에서 파충류로 진화하는 연계고리에 틈이 있었는데, 그 틈을 메운 진화의 연결고리라고 불리는 새입니다. 새는 새인데 날지 못하는 새라면 분명 나름의 이유가 있겠죠. 다윈은 날개를 퇴화시키고 몸을 살찌운 가마우지의 선택에 골몰했습니다. 그리고 갈라파고스 제도에서 해양 이구아나와 육지 이구아나의 차이를 관찰하며 환경에 적응하려는 자연스러운 생존과정이란 걸 이해했다고 합니다. 찰스 다윈의 '자연선택 이론Natural Selection'은 그런 고민 끝에 탄생했습니다. 학문이 더 발전한 현대에는 자연선택을 '돌연변이의 승리'라고 말한다고 합니다.

최초의 생명체인 세균은 단단한 세포벽을 갖고 있어 자유로운 활동이 불가능하고 자신을 분리하여 증식함으로써 돌연변이 없이 동일한 유전정보를 지닌 채 번식이 이어졌다고 합니다. 그런 따분함이 싫었던 어떤 돌연변이가 세포벽을 뛰쳐나왔습니다. 최초의 진화로 불리는 대사건입니다. 세포벽을 뛰쳐나온 세균은 자신을 감싼 단단한 벽이 없으니 마음대로 변신을 시도했는데, 이를 모든 생명체의 조상인 '진핵 세포'의 탄생이라 합니다. 이 사건은 무려 5억 5000만 년 전에 일어났으며 이때부터 지구상엔 새로운 진화가 시작되었습니다.

진화는 더디고 미세했으나 조금씩 진전됐습니다. 무슨 이유에선지 1000만 년쯤 지나 진화와 종의 분화가 폭발적으로 일어났다고 합니다. 지질학적 구분으로 따지면 캄브리아기 5억 4000-4억 8000만 년에 해당됩니다. 그런데 캄브리아기의 진화는 작은 변화들이 쌓여 이루어진다는 자연선택이론의 틀을 훌쩍 뛰어넘은 특이한 현상이었습니다. 이를 이해할 수 없었던 다윈은 깊은 고민에 빠졌죠. 왜냐하면 캄브리아기의 진화는 단기간에 엄청난 폭발력으로 이루어졌기 때문입니다. 왜 그런 일이 일어났을까요. 자연선택의 기본개념은 '진화는 작은 변화들이 쌓여 이루어진다.

갑작스러운 폭발은 없다'는 라이엘의 동일과정설에서 시작했다고 합니다. 선대의 기억은 미토콘드리아 DNA에 유전정보로 남겨져 다음 세대에 전달되고 자연변화에 잘 적응하는 형태로 조금씩 진화한다는 설인데, 다윈의 자연선택 역시 여기서 벗어나지 않았습니다. 다윈은 말년에 "자신의 진화론에 오류가 있다면 그건 캄브리아기 때문이다"라고 말했다고 합니다. 다윈이 그토록 알고 싶어 했던 캄브리아기의 폭발적인 종의 분화. 5억 4000만 년 전 바닷속에서는 무슨 일이 일어났던 걸까요.

캄브리아기에는 바닷속에만 생명체가 존재했고, 바닷속 모든 생명체는 물 흐름에 자신을 맡기며 흘러 다니는 게 일상이었습니다. 그런데 그렇게 생명을 유지하고 번식하며 평화롭고 지루하기까지 한 바닷속 세상에 포식자가 나타났습니다. 그때부터 평화롭던 바닷속에는 포식자를 피해 도망 다녀야 하는 대혼란이 일어났습니다. 생존게임에 내몰린 생명체들은 포식자로부터 도망가기 위해 부속기관을 발달시키기 시작했고 그 결과로 지느러미, 팔, 다리 등 필요한 기관과 시각, 촉각, 청각, 민첩성, 운동능력 등 필요한 감각을 발달시키며 새로운 진화가 시작되었습니다. 즉 포식자를 피하려는 다양한 행동이 진화를 촉진시킨 것이고, 이것이 캄브리아기에 일어난 폭발적인 종의 분화의 원인이 된 것입니다. 『종의 기원』이 인류에 끼친 영향은 사고의 혁명적 전환이지 진리 여부는 아닐 것입니다. 왜냐하면 캄브리아기 진화의 폭발은 다윈의 진화론이 더 보충되어야 함을 보여준 대표적인 사례이기 때문입니다. 그렇지만 옳고 그름을 떠나 누군가의 지적 성취를 탐색하는 여행은 늘 우리를 흥분되게 합니다.

  크루즈는 펭귄 섬을 지나 마지막으로 붉은 등대를 돌아 부두로 향합니다. 붉은 등대, 대륙의 끝임을 알리는 등대는 외로이 서 있습니다. 영화『해피 투게더』(Happy Together, 1997)에서 아휘 장국영 분 는 보영 양조위 분 이 떠난 쓸쓸함을 이곳에 와서 내려놓습니다. 그 때문인지 등대의 애칭도 '슬픔을 내려놓은 곳'이라고 부릅니다. 안데스 산줄기를 이리저리 넘어가면서 50일을 달려 여기까지 왔지만 이제 안데스와 이별을 해야 할 시간. 저는 슬픔이 아닌 기쁨을 내려놓고 가야겠습니다.

우수아이아 펭귄 섬 마르띨로(Isla Martillo)의 펭귄 무리가 마중을 나옵니다.

펭귄인 줄 알았더니,
조류와 파충류의 중간인 황제 가마우지 무리였습니다.

대륙의 끝을 알리는 등대.
'슬픔을 내려놓는 곳'에 섭니다.

대륙의 끝 표지판에 도착,
드디어 '세상의 끝(Fin del Mundo)'에 닿았습니다.

칠레와 아르헨티나 국경을 가르는 비글 해협을 걷는 사이.

어느덧 바다와 하늘에 노을빛이 듭니다.

ROUTE 13

탱고의 도시,
부에노스아이레스

"내 자식을 데려갔으니 산 채로 돌려달라.
그렇지 않는 한 우린 멈추지 않을 것이다."

 ARGENTINA

멋과 낭만의 도시 5월의 광장

멋과 낭만의 도시라고 불리는 부에노스아이레스. 그 중심광장에는 콜론 Colon 극장이라 불리는 오페라하우스가 있습니다. 세계 3대 극장이라는 명칭에 어울리게 웅장하고 고풍스럽습니다. 부에노스아이레스의 상징으로는 오페라하우스 이외에도 중심 로터리에 서 있는 오벨리스크가 있습니다. 오벨리스크는 시대의 중심임을 알리는 도시의 상징입니다. 워싱턴, 파리, 이스탄불, 로마같이 시대의 주인이었던 도시만이 권위의 상징으로 오벨리스크를 세워두었는데 부에노스아이레스도 세상의 중심이 되려는 꿈을 꾼 도시였나 봅니다. 워싱턴, 파리, 이스탄불, 로마는 이집트의 룩소르에서 가져온 진품을 세운 데 반해 부에노스아이레스는 가짜 오벨리스크를 세웠지만 말입니다. 혹시 아르헨티나가 제국으로 성장하려다 주저앉은 것이 가짜 오벨리스크의 저주 때문은 아닌지요.

　부에노스아이레스의 첫 방문지로 대통령궁과 대성당이 터를 잡고 있는 '5월의 광장'을 찾았습니다. 프란시스코 교황이 주교로 머물렀던 대성당은 정면에 열두 제자를 상징하는 대리석 기둥이 웅장하게 받치고 있는 건물입니다. 여기에는 라틴아메리카 건국의 아버지인 산 마르틴 장군이 묻혀 있습니다. 프랑스의 작은 마을에서 인생을 마무리했지만 그분의 위대함을 아르헨티나는 잊지 않은 모양입니다.

　5월의 광장은 아르헨티나뿐만 아니라 라틴아메리카에 새로운 시대를 연 사건의 현장입니다. 1977년 4월 13일 오후 3시 15분, 14명의 어머니가 조용히 자리에서 일어나 하얀 천을 머리에 두르고 원을 그리며 걷기 시작했습니다. 구호도 없이, 하늘을 향해 주먹질 한 번 내치지 않고 침묵하며 걷고 또 걸었습니다. 머리가 희끗한 초로의 어머니들은 단지 걸었을 뿐인데, 세상의 변화를 향한 큰 파도가 일기 시작했습니다. 침묵의 시위에 동조하는 사람들이 늘어나며 군사정권에 대한 저항이 시작된 것입니다. 그해 5월 침묵시위를 주도하던 어머니 중 1명이 납치되고 어머니들을 지지한 수녀 2명이 연행되었습니다. 그들 역시도 그날 이후 돌아오지 못했습니다. 어머니들은 왜 서슬퍼런 군부독재의 한가운데 자신들을 내던졌을까요.

　후안 페론이 사망한 후 군부는 쿠데타를 일으켰고, 육군 참모총장 비델라는 '국가 개조'라는 미명 하에 아르헨티나 전역에서 게릴라 소탕작전을 벌였습니다. 군부의 소탕작전은 8년간 지속되었으며 3만여 명에 달하는 젊은이들이 강제 연행되었고 대부분 돌아오지 못하고 사라졌습니다. 흰 천을 머리에 두른 어머니들은 시신마저도 돌아오지 않는 아들을 가슴에 품은 어머니들이었습니다. 14명의 어머니로부터 시작된 저항은 불같이 일어나 결국 1983년 군부독재를 종식시키며 민주화가 이룩되는 밑거름이 되었다고 합니다.

어머니들은 아직까지도 매주 목요일이면 광장을 걷습니다. 어머니들 뒤로 젊은이들과 시민들이 조용히 따라 걷는다고 합니다. 어머니들은 민주화된 지금도 자기들의 주장을 소리쳐 외치지 않고 그저 묵묵히 걷고 있습니다. 어머니들은 왜 큰소리로 외치지 않을까요. "대중은 개, 돼지들입니다. 적당히 짖다가 알아서 조용해질 겁니다." 영화 『내부자들』(Inside Men, 2015)의 대사처럼 어머니들이 두려워하는 것은 잊혀지는 것이 아니라 '기억하지 않는 것'이라고 합니다. 아르헨티나의 미래를 위해 필요한 것이 무엇인지 오늘도 어머니들은 침묵으로 이야기하고 있습니다. "내 자식을 데려갔으니 산 채로 돌려달라. 그렇지 않는 한 우린 멈추지 않을 것이다."

레콜레타 묘지 Recoleta Cemetery 는 도심 한복판에 터를 잡은 꽤나 비싼 묘역입니다. 1882년에 개설된 공동묘지지만 묘역엔 13명의 전직 대통령과 노벨상 수상자, 권력의 실세인 장군까지 아르헨티나의 권문세가들이 누워 있습니다. 입구에 '편안히 잠들라 Requiescant pace '는 문구를 걸어두었으니 한평생 바빼 산 사람들의 편안한 안식처로 알맞은 글귀입니다. '에비타'는 한평생 사랑을 갈구한 여성이었으니, 그녀의 사랑에 보답하려는 행렬이 길기만 합니다. 촘촘한 묘당들 틈에 조그맣게 자리 잡은 에바의 가족묘당은 두아르테 가족이라고 쓰여 있고 문기둥 맨 위에 남자의 동판이, 그리고 그 아래로 에바의 동판이 걸려 있습니다. 동판의 주인공인 남자는 에바를 가족으로 받아들인 이복 오빠라고 합니다. 에바의 아버지는 2명의 부인을 두었고 첫 번째 부인과 3명의 자식을 두었으며, 두 번째 부인과 5명의 자식을 두었습니다. 분명 두 번째 부인과 애틋한 사랑을 유지했을 텐데, 두 번째 부인의 자식은 가문에 등록되지 않은 법외 자식으로 남겨졌습니다. 동판의 남자는 첫 번째 부인의 첫째 아들이고 에바는 두 번째 부인의 넷째 딸입니다. 에바는 15세에 팜파스를 떠나며 가족과 관계를 끊었습니다. 어쩌면 정식 가족이 될 수 없는 자신의 과거와 단절한 것이겠죠. 그녀는 부에노스아이레스에서 자신의 꿈을 이루었고, 아르헨티나의 사랑이 되었습니다. 하지만 젊은 나이에 요절하였고 정치적인 이유로 시신은 여러 나라를 떠돌아야 했습니다. 그때 에바를 가족으로 받아들이고 가족무덤에 묻히도록 청원한 사람이 동판의 주인공이라고 합니다. 에바는 가족의 품으로 돌아가서 행복했을까요. 아시다시피 그녀의 남편은 후안 페론입니다. 여자가 시집을 가면 남편의 성을 따라야 하니 그녀도 에바 페론이라고 불렸습니다. 그런데 그녀는 왜 페론 가문에 묻히지 않고 여기에 묻혀 있을까요. 사후에도 24년간을 정착하지 못하고 떠돌아다닌 그녀를 왜 페론 가문은 거두지 않았을까요. 어쩌면 못했을지도 모릅니다. 그녀는 죽어서도 언제나 정치의 중심에 있었으니까요. 페론 가문이 거두지 않기 때문인지, 그녀의 이름은 여전히

'에바 두아르테'입니다. '에바 페론'이어야 마땅함에도…….

공동묘지를 나와 탱고의 발생지, 보카지구를 찾아갑니다. 보카지구는 라플라타La Plata 강 하류의 항구도시로 식민시대부터 주요 교역항이었습니다. 스페인 왕실은 남아메리카에 4개의 부왕령을 두었는데, 그중 하나가 라플라타 부왕령입니다. 잉카의 땅에 세워진 페루 부왕령이나 아즈텍의 영역에 세워진 베라크루즈 부왕령, 라틴아메리카를 위아래로 연결하는 길목이면서 마야의 터전에 자리 잡은 그라나다 부왕령은 모두 밀집된 인구와 문명도시가 자리 잡고 있는 지역이었으니 부왕령이 들어설 이유로 충분합니다. 이에 비교하면 라플라타 부왕령은 강 하구의 삼각지에 들어선 작은 항구일 뿐입니다. 하지만 라틴아메리카 내륙에서 채취한 자원을 스페인으로 가져가는데 꼭 필요한 항구였기 때문에 교역 규모가 늘어날수록 라플라타 부왕령은 확대되었고 결국 부에노스아이레스의 모태가 되었습니다. 스페인 왕실은 라틴아메리카 무역을 스페인 본국으로만 한정했으며 항구도 아바나쿠바, 베라크루즈멕시코, 라플라타아르헨티나 세 항구로 제한했습니다. 보카지구의 영광은 이렇듯 라플라타의 성장과 함께 꽃 피워온 것입니다.

보카지구의 첫 방문지는 부두 노동자들의 고단한 삶을 재현한 카미니토Caminito 거리입니다. 여러 가구가 다닥다닥 모여 있는 양철건물에 파스텔 톤의 색을 입혀두었습니다. 사실 양철건물은 고달픈 삶의 증표이기도 합니다. 독립한 아르헨티나 정부는 "통치하는 것은 사람을 이주케 하는 것이다"라고 외칠 정도로 적극적으로 이민을 받아들였습니다. 라틴아메리카가 독립하고 100년 동안 유럽에서 라틴아메리카로 이주해 온 인구는 1,500만에 달하는데, 그중 600만의 이민자를 아르헨티나가 받아들였습니다. 전체 유럽이민자의 절반에 가까운 이민자를 받아들인 인구증가 정책은 아르헨티나 성장의 토대가 되었습니다. 그런데 신대륙에 이주해 온 사람들은 일을 찾아온 남자들이 대부분이고, 특히 항구도시는 남자들만 모여들다 보니 극심한 남초男超의 도시가 형성되었습니다. 고된 일을 마친 부두의 노동자들은 여자를 찾아 사창가로 향했고, 그나마 얼마 안 되는 여자의 선택을 받기 위해 나름의 방식으로 여자의 환심을 끄는 방법을 연구했습니다. 그 노력이 탱고의 시작이었다고 합니다. 당시 여자는 남자의 200대 1의 비율이었다고 하니 수컷들의 경쟁은 아주 치열했겠죠. 그래서 탱고에는 외설적인 동작이 스며 있다고 합니다. 다시 말해 선택을 받지 못하더라도 짧은 시간에 여자의 몸을 최대한 많이 더듬으려는 수컷의 욕정이 배어 있다는 것입니다. 탱고의 동작을 보면 춤추는 척 꺼안기 위해 거칠고 빠르게 다가가고, 몸과 얼굴을 붙이고 이동하는 연속동작에 이어 여자를 혼란스럽게 만드는 회전과 눕히는 동작이 절도 있게 이어집니다. 예술로 승화된 현재의 춤 동작에서는 손의 위치가 가지런하지만 당시엔 동작을 구사하며 여성의 몸을 더듬는 수컷들의 놀이였을 것입니다. 그래서 탱고에는 '몸으로 쓰는 시詩, 춤추는 슬픈 감정, 춤의 종착지'라는 예술적 평가만큼이나 '광대뼈를 맞대고 추는 춤' 등 여러 익살스러운 표현이 따릅니다. 저는 탱고쇼를 보기 위해 영화『해피투게더』의 배경이 된 바 수르Bar Sur를 찾았습니다. 작은 바는 수용인원이 몇 안 되는지, 테이블이 6~7개밖에 보이지 않습니다. 작은 홀은 댄서의 숨소리를 느낄 정도로 가깝게 밀착되어 있습니다. 동작과 선율의 흐름을 느낄 수 있고 분위기를 같이 호흡할 수 있는 게 소극장의 맛이죠. 4쌍의 프랑스 부부는 댄서의 요청에 배낭에서 신을 꺼내 갈아 신습니다. 춤을 추려고 신발을 가져온 것인데, 내색하지 않고 있다가 댄서가 춤을 추겠냐고 손을 건네고서야 신을 꺼낸 것입니다. 무슨 일이든 나름의 격식이 있다는 생각이 듭니다. 프랑스 부부는 신나게 탱고를 즐깁니다. 그들이 자리로 돌아가고 우리에게도 손을 내미는데, 생전 춤을 배워봤어야지요. 더군다나 둔탁한 신발에 등산복 차림이니 손사래를 칠 수밖에 없습니다. 관람하는 극장으로 갈지 한판 신명나게 노는 작은 바에 갈지 결정하는 건 결국 저의 선택인데, 선택에 따른 준비는 하나도 안 했으니 결례를 한 것입니다. 여행자라고 해서 결례가 미화되지는 않겠죠. 저는 자리에서 일어나 미안하다고 정중히 사과를 하고 앉았습니다. 그리고 아름다운 댄서와 기념사진을 한 장 남겼습니다.

부에노스아이레스의 또 하나의 자랑,
세상에서 가장 아름다운 도서관 엘 아테네오(El Anteneo)입니다.

보카지구의 카미니토 거리의 파스텔 알루미늄 건물이 화사하게 빛납니다.

"아름다운 선율
하나의 가슴과 네 개의 다리
거부할 수 없는 유혹
3분간의 연애"

늙은 악사를 바라보는 필자.
탱고의 리듬은 오래될수록 깊은 맛이 우러납니다.

부에노스아이레스 탱고쇼 극장에 걸린 에바의 사진.
그녀의 방문을 아직도 기념하고 있습니다.

ROUTE 14

과라니족의 터전,
이과수 폭포

"불쌍한 나이아가라!"

ARGENTINA
BRAZIL

── 모든 것을 삼키는 큰 물

아르헨티나 사람들에게는 5개의 자랑거리가 있다고 합니다. "탱고의 열정, 파타고니아의 자연, 팜파스의 풍요, 이과수 폭포, 그리고 교황 프란치스코!" 저는 하나씩 꼽으며 저의 여행과 연관 지어봅니다. 팜파스와 파타고니아는 이미 지나왔고 탱고도 접해봤으니 이과수 폭포와 교황님만 남은 셈입니다. 그런데 교황님은 이번 여행에서 뵙기가 어렵겠네요. 프란치스코 교황이 아르헨티나의 자랑인 건 의미 있는 일입니다. 식민지에 가톨릭을 이식하고 처음으로 탄생한 교황이기도 하고, 스페인 왕실에 대항하다 라틴아메리카 대륙과 스페인에서 쫓겨난 예수회 소속이라서 큰 의미가 있습니다. 영화 『미션』(The Mission, 1986)의 마지막 장면은 과라니Guaraní 족 공동체를 지키던 예수회 신부들이 모두 죽었다는 보고를 받고 자신의 결정을 자책하는 알타미나로 주교의 독백입니다. 주교는 창밖을 바라보다가 조용히 기도실로 들어가 신께 고백합니다.

"신부들은 죽고 저는 살아남았습니다. 하지만 실제로 죽은 자는 저고 산 자는 그들입니다."

『미션』의 마지막 독백은 마치 새로운 시작을 알리는 듯합니다. 산 자는 누구인가요? 예수회이고 라틴아메리카의 가톨릭이 아닌가요? 서구에서 가톨릭이 저물어가는 동안 라틴아메리카에서 가톨릭은 성장했습니다. 그러니 알타미나로 주교의 고백대로 부정不正은 정의正義 앞에 무릎 꿇기 마련인가 봅니다. 라틴아메리카 가톨릭의 성장은 신의 축복이며 새로운 세상의 시작을 의미합니다. 잉카와 아즈텍이 놓아버린 케찰코아틀Quetzalcoatl, 아즈텍·톨텍 등지의 종교에서 민중에게 문화를 전수하는 신과 비라코차잉카의 창조주를 가톨릭의 신이 대신했고, 새로 이민 온 사람들과 노예로 끌려온 사람들 모두 가톨릭의 신을 모시면서 공동의 의식세계를 이룩했으니까요. 신이 라틴아메리카를 유럽에 선물한 궁극의 이유가 무엇인가 하는 질문에 멋진 답이 될 것 같습니다.

하나님이 라틴아메리카로 옮겨 오기 전 유럽은 어땠을까요. 『천재들의 도시 피렌체』(김성근, 21세기북스, 2010)에서 저자는 "14세기부터 강화된 르네상스의 태동은 피렌체 시민이 기독교 신앙에 더 가까이 근접해 감으로써 촉발된 측면이 있다"라고 기술하고 있습니다. 흑사병이 창궐하던 14세기 중반 피렌체 시민의 4분의 3이 사망했습니다. 죽음에 무기력했던 시민들은 자신들을 죽음으로부터 지켜주지 못한 교회와 신에 절망하기 시작했습니다. 그리고 신이 무기력할수록, 환경이 실망스러울수록 교회로부터 멀어져 갔습니다. 교회로부터 멀어진 피렌체 시민들에게는 삶을 돌아보며 주어진 시간이라도 인간답게 살아야겠다는 의식이 싹텄고, 이로 인해 삶에 대한 탐미적 성향이 강해졌습니다. 성서적 세계에서 인간적, 탐미적 세계로의 의식전환이 시작된 것입니다.

14세기를 어렵게 통과한 가톨릭은 교회와 교황의 권위가 바닥까지 실추된 채 15세기를 맞았습니다. 저자는 "15세기 르네상스는 인류가 시간과 공간의 제한을 초월할 수 있다는 가능성과 자신감을 심어주었다"라고 정의하고 있습니다. 교회는 어땠을까요. 교황의 권위가 약해지며 로마, 아비뇽, 피사의 세 교황이 서로 자신만이 정통이라고 대립하는 '교회의 대분열 Great Schism' 시기를 맞았습니다. 교회 스스로 문제를 해결하기는 했지만 돌이킬 수 없는 상처를 입었고, 유럽사회를 이끌어가는 자리를 내주어야 했습니다. 교회를 대신해 유럽사회를 이끌어간 힘은 발전의 도그마 Dogma, 독단적인 신념이나 학설가 주는 자신감이었으며 시민계급의 성장이었습니다. 그 자신감이 대양을 넘어 라틴아메리카로, 아프리카로, 아시아로 뻗쳐 갔습니다. 유럽을 떠난 발전의 도그마는 민낯을 감추기 위해 가톨릭의 가면을 썼을 뿐, 가톨릭의 정신에 전혀 제어되지 않는 새로운 힘이었고, 유럽의 가톨릭은 그런 힘을 포장하는 장식으로서 충실한 역할을 했을 뿐이었습니다. 라틴아메리카로 향하는 교회도 목적이 뚜렷했기 때문입니다. 교회는 유럽에서 실추된 권위를 회복하기 위해 새로운 가톨릭 세상을 꿈꿨고 그 땅은 라틴아메리카였습니다.

유럽의 가톨릭은 필요에 의해 라틴아메리카를 선택했지만 라틴아메리카는 가톨릭을 진정으로 받아들였나 봅니다. 500년이 지난 현재 가톨릭 신자의 숫자나 가톨릭의 영향력에서 모두 세계 최고입니다. 거기에 더해 교황까지 배출했으니 라틴아메리카야말로 가톨릭의 맹주요, 신의 성스런 대지로 태어난 것이지요. 16세기 유럽 교회가 꿈꾼 대로.

이과수 폭포는 북미의 나이아가라, 아프리카의 빅토리아와 함께 세계 3대 폭포로 꼽히지만, 규모는 비교 불가합니다. 나이아가라 폭포와 빅토리아 폭포를 합한 수량이 이과수에 못 미치기 때문입니다. 거대한 물줄기와 엄청난 수량을 생각하면 아마존의 모든 물을 끌어들인 것 같은데, 이과수 강은 아마존과 무관한 브라질 남부의 해안도시 쿠리치바Curitiba에서 발원합니다. 이과수 강의 발원지는 고도 1,800미터이고 이과수 폭포는 고도가 170미터 정도이니 고도를 1,600미터 낮추며 남으로 흘러 이과수 폭포에 다다른 것입니다. 이과수 폭포를 지난 이과수 강은 북에서 흘러내려온 과라니 강과 만나고 다시 라플라타 강과 합류하여 대서양으로 흘러 나갑니다. 과라니 강도 시원을 추적해보면 브라질 중부의 동남쪽 해안 고지대에서 시작해 파라과이 국경을 따라 흐르고 있습니다. 두 강의 시원이 남미 대륙의 동부인 걸 봐도 안데스가 융기하기 전 대륙은 동부가 서부보다 높았다는 사실을 유추할 수 있습니다.

라플라타 강은 스페인 식민지 시대엔 내륙의 원자재를 실어 나르는 주요 항구였고 스페인이 떠나고 그 자리를 대신한 신생 독립국에겐 국가

발전의 창구였습니다. 이과수 강, 과라니 강, 라플라타 강은 하나의 몸이 되어 내륙 동부를 거미줄같이 연결했습니다. 신생 독립국들에게 세 강은 국가발전의 목숨줄이었기 때문에 라틴아메리카에서 치졸하고 잔인한 전쟁이라 불리는 삼국동맹전쟁브라질, 아르헨티나, 우루과이가 동맹을 맺고 파라과이와 벌인 전쟁, 1864-1870의 현장이 되었습니다. 사건의 전말은 이렇습니다.

내륙국인 파라과이는 바다로 나가려면 과라니 강에서 출발하여 라플라타 강으로 이어지는 수로를 이용해야만 했고, 산업이 발달하고 교역이 커가면서 항구의 확보는 국가의 운명같이 중요한 사안이 됐습니다. 그래서 라플라타 강을 국경으로 인접한 우루과이현재는 우루과이와 파라과이 사이에 아르헨티나 땅이 길쭉이 들어와 두 나라가 떨어져 있지만 삼국동맹전쟁 전엔 파라과이 땅이었다와 상호협약을 맺고 내정에 깊이 관여했습니다. 우루과이는 파라과이뿐만 아니라 북으로 브라질과 국경을 맞대고 있었는데, 브라질과의 국경은 뚜렷한 장애물 없이 들판에 일렬로 심어놓은 나무가 전부였습니다. 현재도 위성사진 프로그램 구글어스Google Earth를 확대해보면 브라질과 우루과이의 국경은 국경이라는 말이 무색할 만큼 아무런 장애물이 없습니다. 강도 산맥도 아닌 들판에 작은 수로와 나무를 몇 줄 심어놓은 게 현재의 국경입니다. 모르는 사람이 보면 김 씨네 땅과 박 씨네 땅을 구분하여 놓은 것과 다르지 않습니다.

당시 우루과이는 농업국이었던 반면 브라질 남부는 목장지대였습니다. 브라질 목장에서 사육하는 소와 말이 장애물이 없는 국경을 자유자재로 넘어 농작물을 망가뜨리는 일이 다반사였죠. 우루과이 농민은 그런 소를 그냥 놔두었을까요? 죽이기도 하고 잡아먹기도 했을 겁니다. 목축유목인과 정착농민과의 갈등은 역사적으로도 사례가 많습니다. 목축인과 농민은 경제 터전뿐만 아니라 대지를 대하는 태도, 생활방식, 노동까지 모든 게 너무도 달라 서로를 포용하기 어렵기 때문입니다. 삼국동맹전쟁의 시작은 사사로운 데서 시작했습니다. 목장주들의 항의가 빈번하자 브라질 정부는 가우초라틴아메리카의 유목민들이 입은 피해를 배상하라며 우루과이 정부를 압박했고, 우루과이는 당시 라틴아메리카 최대 공업국이자 군사강국인 파라과이와 맺은 상호조약을 믿고 브라질의 요구를 거절했습니다. 요구가 거절되자 브라질은 군대를 출병시켰지만 파라과이는 차일피일 출병을 미루다가, 우루과이 내 친 파라과이 정권이 무너지는 것을 막지 못했습니다. 브라질군이 우루과이에 진군하며 우루과이에는 친 브라질 정부가 들어섰고 브라질, 아르헨티나와 삼국동맹이 맺어졌습니다. 파라과이가 머뭇거리는 동안 파라과이를 상대로 세 나라가 뭉친 것입니다. 이를 삼국동맹전쟁이라고 하는데, 라틴아메리카에서 벌어진 전쟁 중 가장 추악한 전쟁이라고 말합니다. 그 이유는 전쟁의 결과가 참혹하기 때문입니다. 1865년 삼국동맹전쟁이 시작되기 전 파라과이의 인구는 52만 5,000명으로 추정되고 있습니다. 그런데 전쟁이 끝나고 1871년의 인구는 22만 1,079명으로 절반도 되지 않았습니다. 남은 인구 중 여성이 10만 6,254명인데 반해 남성은 2만 8,746명, 유아와 노인이 8만 6,079명이었다고 합니다. 수치로 보면 약 90퍼센트의 성인 남성이 사라진 것이죠. 어떤 전쟁도 90퍼센트의 성인 남자를 죽이지는 않습니다. 게다가 파라과이는 이 전쟁으로 국토의 반을 잃었습니다. 가장 먼저 공업화를 이루었고 전쟁준비를 충실히 해오던 파라과이가 왜 전쟁에서 졌을까요? 그리고 국지전이 왜 국제전으로 확대되었을까요?

파라과이는 보호무역 정책으로 자국산업을 보호하고 공업화에 박차를 가하던 나라였습니다. 그런데 보호무역을 하면 불편한 나라들이 있습니다. 원료를 사가야 하는 나라와 물건을 팔아야 하는 선진공업국입니다. 19세기에 라틴아메리카는 독립을 이루었고, 신생 독립국은 스페인의 통제에서 벗어나 자유롭게 유럽과 무역을 시작했습니다. 라틴아메리카와 유럽은 보다 유리한 위치에서 서로의 발전을 견인하는 좋은 동반자였습니다. 그런데 파라과이의 보호무역이 성공적으로 자리를 잡아가면서 유럽은 비싼 원료 값과 높은 관세로 수출에 피해를 입게 됐습니다. 스페인이 통치하던 때와 마찬가지였죠. 스페인이 통치하던 시대 라틴아메리카는 스페인과의 무역만 허용되었습니다. 서유럽 국가들은 스페인으로부터 원료를 구입해야 했는데, 스페인은 이를 이용해 싼값에 원료를 가져와 비싼 값에 되팔며 국고를 늘렸습니다. 서유럽 국가들이 부당한 거래에 당하고만 있지는 않았죠. 식민정부는 스페인 본국하고만 무역을 하도록 법으로 엄격히 금지했지만 스페인과 라틴아메리카의 무역량은 전체 무역량의 5퍼센트밖에 되지 않았습니다. 네덜란드가 30퍼센트, 프랑스가 25퍼센트, 제노바가 20퍼센트를 차지할 만큼 밀무역이 성행했습니다. 그런 환경에서 라틴아메리카의 독립이 이루어졌습니다. 스페인이 식민지를 잃는다는 건 제국의 종말을 고하는 일이라는 걸 뻔히 알면서도 식민지 독립을 묵인할 수밖에 없었던 데는 유럽의 변화 때문이었습니다.

1808년 나폴레옹은 스페인을 침공했고 사촌형인 조셉 보나파르트를 왕으로 세웠습니다. 라틴아메리카와 스페인 식민 모국과의 분리는 그때부터 시작된 것으로 봐야 합니다. 나폴레옹이 러시아 침공에 실패하면서 페르난도 7세가 다시 왕위에 복귀했지만 스페인의 실력을 여실히 본 식민정부는 이전처럼 호락호락하지 않았습니다.

그런 와중에 다시 나폴레옹이 엘바 섬을 탈출해 영국과 한판을 준비했고, 스페인 왕실은 나폴레옹의 승리를 예상하고 나폴레옹의 편에 섰습니다. 하지만 프랑스, 스페인 연합함대는 트라팔가르 해전Battle of Trafalgar에서 넬슨 제독이 이끄는 영국함대에 패하였고 스페인은 이때 대부분의 함선을 잃었습니다. 나폴레옹과 함께 패전국이 된 스페인은 대서양 건너 라틴아메리카에 군대를 보낼 여력도 없고 군대를 실어 나를 함선도 없는 종이호랑이가 되었습니다. 라틴아메리카는 이 기회를 놓치지 않고 독립의 움직임이 불같이 일어났습니다. 그렇게 태어난 나라 중 하나가 파라과이, 아르헨티나, 브라질, 우루과이입니다.

삼국동맹전쟁은 주민들 간에 사소한 다툼이 원인이었습니다. 그런 사소한 분쟁이 인구의 50퍼센트, 남자의 90퍼센트를 죽이는 대살육으로 끝났으니 필요에 의한 전쟁이랄 수밖에요. 그런데 무슨 필요였을까요? 역사를 되돌려 원인과 결과를 파악하는 게 역사를 공부하는 재미이니, 몇 가지 견해를 덧붙여 보고자 합니다.

첫 번째는 미국이 남북전쟁 중이어서 안정적인 목화 확보에 어려움을 겪었던 영국이 배후에 있었다는 가정입니다. 파라과이는 목화생산이 많았는데 이를 정부가 독점하여 비싸게 팔았기 때문에 영국으로선 어려움이 많았다는 것입니다. 이것의 연장선상으로 보호무역을 강화한 파라과이는 수입량을 제한하거나 수입품에 관세를 많이 붙이는 정책으로 자국 산업을 육성하려 했기 때문에 영국으로선 파라과이 보호무역 정책을 무력화시킬 현실적 이유가 있었다는 논리입니다. 브라질, 아르헨티나, 우루과이가 파라과이를 상대로 전쟁을 일으킨 건 영국의 계산에 의한 것이었고, 삼국은 영국으로부터 무기를 공급받고 싸움에서 이기면 땅을 보너스로 잔뜩 얻는 양측의 '윈윈' 전략이었다는 것이죠.

다른 견해로는 국가를 마치 집안 사업같이 운영하던 로페스 가문_{파라과이의 세습 독재 가문}이 항구를 확보하기 위해 무리하게 브라질과 전쟁을 벌였기 때문이라는 견해입니다. 보호무역도 가문의 이익을 위한 선택이었다면 로페스 정권은 망하는 게 더 나은 결과이겠죠. 그런데 그렇게 많은 사상자를 내는 상황은 피했어야 합니다. 그래서 문제의 중심에 로페스가 아닌 다른 보이지 않는 손이 있다는 주장에 귀를 기울이게 됩니다. 보이지 않는 손은 무엇이었을까요. 로페스는 패배를 인정하고 동맹군과의 평화를 맺으려 했다고 합니다. 그런데 삼국 간에 맺은 조약은 정전이나 평화가 아닌 로페스의 죽음과 현 정권의 몰락만이 전쟁의 종료를 나타낸다고 한정했다고 합니다. 그러니 전쟁의 의도는 분명한 것이죠. 이런 상황에선 로페스 역시 과격할 수밖에 없었을 겁니다. 로페스는 항복에 관한 얘기를 하는 군사와 관료는 다 죽이도록 명령했고, 항복을 할 수 없었던 파라과이 군인들은 최후까지 싸워야 했습니다. 로페스 역시도 항복하면 살려주겠다는 제안을 거절하고 '조국과 같이 죽겠다'고 외치며 칼을 놓지 않았으니 항복할 수도 없고 죽어야 끝나는 정말로 악독한 전쟁이었습니다. 그런데 특정인과 특정집안의 몰락을 명문화한 조약이 어떻게 가능했을까요. 보이지 않는 손이 주도한 것이겠죠. 그 손이 누구인지 몰라도 라틴아메리카 합중국을 이룩하지 못한 업보를 톡톡히 받은 또 하나의 결과인 것 같습니다.

'이과수'는 원주민 과라니족 언어로 '거대한 물'이라는 뜻을 지녔습니다. 바이칼 주변의 몽골부족은 호수를 보고 '큰 물'이라 불렀습니다. 바다를 보지 못한 사람들에게 큰 물은 상상의 바다를 의미합니다. 모든 사물을 품기도 하고 삼키기도 하는 큰 물은 경외의 대상이기 때문입니다. 현대에도 큰 물에 대한 경탄은 이어집니다. 미국 루스벨트 대통령의 부인 엘리너 여사는 이과수 폭포를 보고 "불쌍한 나이아가라!"라고 탄식하였다고 합니다. 미국의 자존심도 꼬리 내리게 한 큰 물이기 때문입니다. 이과수 폭포의 너비는 대략 4.5킬로미터로 폭포의 수가 275개나 됩니다. 이과수 폭포는 아르헨티나가 80퍼센트를, 브라질이 20퍼센트를 차지하고 있습니다. 그래서 아르헨티나 쪽에서 한 번, 브라질 쪽에서 한 번, 이틀간 이과수 폭포와 만나는 여행을 이어갑니다.

아르헨티나 이과수 폭포 여행은 방문자센터 Visitor Center를 중심으로 3개의 구역으로 나누어져 있고, 한 구역의 순례가 끝나면 다시 방문자센터로 돌아와 다음 구역으로 이동하는 방식입니다. 첫 구간으로 어퍼트레일Upper Trail을 따라 여행을 시작합니다. 이과수 폭포는 중심에 '악마의 목구멍La Garganta del Diablo'이라고 불리는 거대 폭포가 있고 악마의 목구멍에서 좌우로 펼쳐진 절개면에 여러 폭포가 걸려 있습니다. 어퍼트레일은 악마의 목구멍에서 오른편에 줄지어 선 크고 작은 폭포의 상단을 주유하는 여행이며 다시 방문자센터로 돌아오는 순환도로입니다.

방문자센터로 돌아와 로우트레일Low Trail을 걷기 시작했습니다. 로우트레일은 폭포를 낮은 지점에서 올려다보는 순환도로이며 보트를 타고 폭포로 접근해 물보라를 흠뻑 맞는 마꾸꼬 사파리Macoco Safari 출발지로 연결됩니다. 마꾸꼬 사파리는 이과수 폭포 여행의 하이라이트라고 불리는 멋진 체험입니다. 물 회오리를 일으키는 폭포로 달려 들어가기 때문입니다. 쏟아지는 물벼락을 맞기 위해 보트가 폭포 아래에 멈춰 섭니다. 비옷으로 몸을 꼭꼭 감쌌건만 하늘에서 뿌리는 물이 강물에 맞부딪치며 일대 회오리를 일으켜 발끝까지 온몸이 젖습니다. 보트에서 내려 방문자센터로 돌아왔다가 아르헨티나에서의 마지막 이과수 폭포 여행을 향해 떠납니다.

개방형의 작은 기차를 타고 10여 분을 달리면 이과수 폭포의 상단부에 닿습니다. 여기서부터 악마의 목구멍의 상단으로 이끄는 상류 순환코스Circuito Superior가 시작됩니다. 폭포의 상류는 물 흐름이 너무 평온해 어색합니다. 폭포를 상상하기에 너무나 평온한 상류의 물 흐름. 조용히 제 갈 길에 충실한 물의 흐름을 보고 있노라면 폭포의 운동성이 느껴지지 않습니다. 하지만 악마의 목구멍에 가까이 갈수록 다시 비옷을 꺼내 입어야만 할 만큼 물보라가 솟구쳐 오릅니다.

　브라질 측 이과수 폭포에 가려면 국경을 넘어야 합니다. 여행객이 많아서인지 여권을 보여주는 것으로 간단히 국경을 통과했습니다. 브라질 쪽 이과수 폭포는 전체 풍경을 조망하기에 좋습니다. 조망로를 따라 천천히 걸으면 폭포가 은은하고 찬찬히 동행하는 듯합니다. 브라질 이과수 폭포는 아르헨티나에서 이과수 폭포를 이해하려 한 게 얼마나 잘못된 일인지를 알려주려는 듯 아낌없이 자신을 보여줍니다. 비로소 이과수 폭포의 전체를 이해하게 됩니다. 조망로를 따라 1시간을 걸으면 악마의 목구멍 중단으로 안내하는 긴 회랑이 시작됩니다. 아르헨티나 이과수 폭포에선 물이 악마의 목구멍으로 빨려 들어가는 걸 보았습니다. 악마의 목구멍을 통과한 물이 유유히 흘러나가는 길목을 보트로 달려도 봤습니다. 하지만 중간은 알 수 없는 세계였습니다. 브라질 이과수 폭포에는 그 해답이 있습니다. 악마의 목구멍은 이단폭포여서 뛰어내린 물이 내동댕이쳐지고 정신을 차리기도 전에 다시 뛰어내려야 하는 구조입니다. 어리둥절한 물이 어떤 표정을 짓고 있을지 만나볼 수 있는 폭포의 중단이 긴 회랑 끝에 있습니다. 회랑의 끝에 다가가며 다시 비옷을 꺼냅니다. 악마의 목구멍은 여전히 역동적이고 물보라는 쉼 없이 피어오릅니다. 악마의 목구멍에서 돌아 나오면 마지막으로 폭포 중단에 만들어진 폭포 전망대가 맞이합니다. 폭포의 중단에서 물줄기의 힘찬 움직임을 감상할 수 있습니다. 몸 안의 근육이 이렇겠죠. 단단히 필요한 방향으로 힘을 내뿜는 역동성이 단련된 근육과 다를 바 없이 묵직하기만 합니다.

라틴아메리카가 주는 최고의 선물, 이과수 폭포의 물벼락입니다.

폭포 너비 4.5킬로미터. 폭포의 수 275개. 그 규모를 눈으로 확인합니다.

쏟아지는 폭포의 역동적인 움직임과 온화한 무지개의 자태를 한 컷에 담습니다.

다리에 붕대를 감은 플라밍고. 이과수 국립공원 내 조류공원은
다친 새를 치료해 자연으로 돌려보내는 보호소이기도 합니다.

영화 『미션』으로 알려진 과라니족의 종교공동체 유적지 입구에는
공동체를 상징하는 문양이 남아 있습니다.

ROUTE 15

삼바의 도시, 리우데자네이루

페드루는 포르투갈 왕실에서 보낸 편지를 찢어버리며 소리쳤다고 합니다.
"독립이 아니면 죽음을 달라!"

BRAZIL

─────── 우주적 인종의 탄생을 목격하다

　스페인과 포르투갈의 관계는 악어와 악어새 같습니다. 서로를 필요로 하면서도 같이할 수는 없으니 견원지간犬猿之間이라고 해야 할까요? 대항해 시대를 열고 세상을 동서로 절반씩 나누어 가질 때만 해도, 포르투갈의 항의로 스페인이 한발 물러나 브라질을 양보할 때까지만 해도, 두 나라는 건전한 경쟁관계였습니다. 한때는 한 나라이기도 했고요.
　이베리아 반도의 주인은 지중해를 지배하는 세력이었습니다. 첫 주인은 지중해 무역의 주도권을 잡은 페니키아였고 그 뒤로 그리스와 페르시아, 카르타고를 멸망시킨 로마, 북에서 이주한 게르마니아, 북아프리카에서 세력을 뻗친 이슬람 왕조 순으로 지배세력이 바뀌었습니다. 그들 모두가 지중해의 주인이었죠. 지중해가 유럽이던 시대에 스페인과 포르투갈은 하나의 운명체였지만 다른 민족구성을 갖고 있었습니다. 북에서 내려온 게르마니아의 한 세력인 수에비Suevi족이 포르투갈에 자리를 잡았고, 또 다른 세력인 서고트Visigoth족이 스페인에 자리를 잡았기 때문입니다. 로마가 멸망하면서 유럽의 중심은 지중해에서 프랑스로 옮겨 갔고 땅을 지배하는 봉건영주들이 실질적 지배권을 쥐게 되면서 중세유럽엔 새로운 땅에 대한 집착이 일어났습니다. 로마 교황청은 이런 흐름을 교황의 권위회복에 활용했고 이베리아 반도에서는 레콩기스타이슬람 세력을 몰아내고 국토를 다시 수복하자는 가톨릭 세력의 국토회복전쟁의 모습으로 나타났습니다. 레콩기스타는 이교도로부터 땅을 빼앗으면 주인이 될 자격이 주어지는 일종의 특혜였기 때문에 충분한 영지를 갖지 못한 기사들이 적극적으로 참여하며 400년간 꾸준히 이어졌습니다. 이베리아 반도를 통일한 카스티야 왕조는 전쟁을 겪는 동안 주머니가 동났고, 무력을 가진 기사세력을 달래느라 고달팠지만, 그 과정에서 대항해로 돌파구를 찾아 선진국이 되었으니 위기가 찬스라는 말이 어울리는 선택입니다. 이는 스페인만의 역사가 아닙니다. 포르투갈의 역사이기도 합니다.

이베리아 반도를 회복한 세력은 국가라는 하나의 공동체를 이루다가 다툼 끝에 스페인과 포르투갈 2개의 나라로 독립했습니다. 그리고 세상을 향해 나갔습니다. 여기에는 역사의 법칙이 있어 보입니다. 다른 대륙이 잠자고 있을 때, 유럽만은 깨어나 끊임없이 에너지를 흡수하며 역동성을 유지하고 있었던 것입니다. 중국은 명이라는 강국이 있었지만 바다를 버리고 내륙에 안주했으며 명에 이어 청이라는 강한 유목왕조가 중국을 지배했지만 바다에 미숙한 이들 역시 내륙확장에만 매달렸습니다. 더구나 청 왕조를 위협할 유목왕조는 더 이상 몽고리아에 출현하지 않아 청 왕조는 더 이상의 긴장감을 유지하지 못하고 서서히 나약해져 갔습니다. 인도는 아프가니스탄에서 내려온 무굴제국Mughul에 의해 단일제국으로 완성되었지만 무굴제국은 중앙아시아 유목왕조로서 바다에 대한 경험이 전혀 없었습니다. 무굴은 인도 남부의 힌두 왕조가 만들어 놓은 무역로조차 지키지 못하고 인도양을 내주고 말았습니다. 오스만투르크 제국의 지배계층은 중앙아시아에서 건너온 투르크계 유목민이었지만 정신세계를 지배하는 종교세력은 아랍세력입니다. 거기에 문화적 자존심이 남다른 페르시아인, 그 외에도 독립적인 여러 소수민족이 이슬람의 얼굴로 모였지만 세력확장을 멈추면서 지역왕조들이 난립해 자기들만의 리그를 벌였습니다. 그 결과 400년간 이베리아 반도에서 지속된 레콩기스타를 저지하지 못했습니다. 이슬람 왕조로부터 빼앗은 재물로 궁핍을 해결했던 서유럽은 이베리아 반도의 이슬람 왕조가 무너지자 더 이상 부를 만들어낼 수 없었고 강력한 오스만투르크에 막혀 더 뻗쳐 나갈 곳도 없었습니다. 혼란스런 상황이 끝났을 때, 유럽은 바다를 택했고 결국 잭팟을 터트렸습니다. 비로소 몽고리아에서 시작된 유목민의 시대가 지고, 바다를 선택한 게르마니아의 시대가 열린 것입니다. 그 선두에 작은 나라 포르투갈과 스페인이 있었습니다.

포르투갈이 이룩한 도시, 리우데자네이루는 코파카바나 해변, 삼바축제, 코르코바도 언덕의 거대 예수상으로 널리 알려진 세계 3대 미항 중 하나로, 포르투갈의 애환이 그대로 담긴 역사의 도시입니다. 포르투갈의 독립역사를 들여다보면 시기적절한 선택과 실리적인 태도를 취하여 얻어낸 결과란 걸 알게 됩니다. 아니다 싶으면 바로 얼굴을 돌려 새로움에 미소 짓는 포르투갈. 카스티야 왕조의 속지에서 자치권을 얻고 힘을 키운 뒤 독립을 하고, 스페인에 60년간 지배를 받다가 영국과 한 팀을 이뤄 스페인을 격파하며 독립을 쟁취합니다. 나폴레옹 시절에는 잠시 프랑스의 속국이 되었지만 왕실을 브라질로 옮겨 가면서 끝까지 저항했고, 나폴레옹이 몰락하는 기회를 놓치지 않고 확실한 독립국으로 자리 잡았습니다. 그러기까지 아무리 어려워도 영국과의 관계를 놓지 않았습니다. 스페인의 권위적인 시대가 가고, 나폴레옹의 열정의 시대가 지고, 결국 영국의 실리의 시대가 될 것이라는 혜안을 어떻게 가지게 되었을까요? 그렇다면 브라질이 라틴아메리카에서 유일하게 전쟁이 없이 독립한 나라가 될 것이라는 미래도 알고 있었을까요.

　나폴레옹의 혁명군이 포르투갈로 들이닥쳤을 때, 포르투갈 왕실과 귀족 1만 6,000명은 16척의 배를 나누어 타고 브라질의 리우로 이동했습니다. 왕실이 옮겨 간 뒤로 브라질은 급속히 성장했고 포르투갈은 긴 침체기를 겪습니다. 식민지의 모든 수익이 본토로 들어가지 않고 현지건설에 투여되었으니 리우의 성장과 포르투갈의 침체는 당연한 현상이었습니다. 리우는 사람과 부가 몰리면서 본토를 능가하는 도시로 탈바꿈했습니다. 10년이 지나 나폴레옹이 몰락하고 포르투갈 왕실은 리우에서 리스본으로 환궁합니다. 이때 포르투갈의 왕 주앙 6세는 아들이자 황태자인 페드루에게 브라질을 통치하라며 그를 리우에 남깁니다. 포르투갈 왕실이 리우에서 리스본으로 환궁하며, 리우는 제국의 수도에서 식민도시로 다시 전락하게 되었고 이때부터 본국에 대한 불만이 쌓이기 시작합니다. 일등석에 앉아 있던 사람을 일반석으로 가라고 하니 불만이 없을 수 없었겠죠. 리우의 불만이 쌓여갈수록 포르투갈 왕실은 브라질이 황태자인 페드루를 옹립해 독립하지 않을까 우려하게 되었고, 의혹이 짙어지면서 포르투갈 왕실은 황태자의 환궁을 강하게 요구하게 됩니다. 이피랑가 Ipiranga 강가에 머물던 어느 날 황태자 페드루는 왕실로부터 환궁하지 않으면 통치권을 빼앗겠다는 마지막 편지를 받습니다. 동시에 브라질의 독립을 촉구하는 식민지의회 의장 조세 보나파시오의 편지가 전달됩니다. 페드루는 2통의 편지를 들고 마지막 고민을 했겠죠. 포르투갈로 돌아가도 왕이 될 테고 브라질에 남아도 왕이 되겠지만 브라질의 독립을 막을 수는 없다는 걸 그도 알았을 겁니다. 어느 나라의 왕이 되어야 할까요? 페드루는 포르투갈 왕실에서 보낸 편지를 찢어버리며 소리쳤다고 합니다. "독립이 아니면 죽음을 달라!" 브라질의 독립은 그렇게 선포되었습니다. 포르투갈의 왕 주앙 6세는 미래를 보았을까요? 그는 리우에서 리스본으로 환궁할 당시 황태자 페드루에게 이런 조언을 해주었다고 합니다. "브라질과 포르투갈을 선택해야 한다면 브라질을 선택해라." 나라의 안위보다 아들의 미래를 더 걱정한 모양입니다. 그런 연유로 브라질은 피 한 방울 흘리지 않고 독립하게 되었습니다. 지금 걷고 있는 리우가 바로 그 역사의 현장입니다.

황태자 페드루가 리오에서 브라질의 독립을 선언한 해가 1815년이고, 시몬 볼리바르가 베네수엘라의 독립을 선포한 해가 1813년, 산 마르틴이 아르헨티나를 스페인에서 독립시킨 해가 1816년인 걸 볼 때 페드루의 판단이 옳았다는 생각이 듭니다. 그건 시대의 흐름이었고 요청이었습니다. 포르투갈의 든든한 배경이었던 영국도 스페인과 프랑스가 저물며 유일한 강국으로 올라선 뒤로는 포르투갈의 편이 아니었습니다. 영국은 포르투갈에 돌아갈 전쟁 배상금 200만 파운드를 포르투갈에 주지 않고 브라질에 빌려줌으로써 전쟁준비를 도왔고 이를 알게 된 포르투갈은 브라질을 단념했다고 합니다. 영국은 이번에도 꾀를 내서 두둑한 실리를 챙겼습니다. 프랑스에서 받아 포르투갈에 건네줄 전쟁 배상금을 브라질에 빌려주어 무기를 구입하게 하고, 무기를 팔아 산업을 일으켰을 뿐만 아니라 빌려준 돈은 고리를 붙여 되받았으니 남 싸움시켜 뒷골 빼먹는 전형적인 수법이 이때부터 자리 잡은 듯합니다. 이후로도 삼국전쟁, 태평양전쟁, 차코전쟁, 미국-멕시코 전쟁 등 라틴아메리카에서는 전쟁이 끊이질 않았고 전쟁이 벌어질 때마다 재미는 엉뚱한 나라가 보고, 재미 본 나라는 그 만큼 성장했습니다.

브라질이 독립하고 포르투갈은 혼란에 빠졌습니다. 들어올 돈이 안 들어오니 살림이 말이 아니게 팍팍해지고, 생활고를 못 견딘 국민들은 200만 명이나 브라질로 이주했습니다. 인구가 줄어든 포르투갈이 점점 쪼그라들 때, 브라질은 이민자의 유입으로 새로운 성장기를 맞습니다. 기회의 땅이 된 브라질에는 포르투갈 사람뿐만 아니라 노예로 들어온 아프리카 흑인, 유럽 각지에서 유입된 백인, 계약 노동자로 들어온 중국계 동양인이 원주민과 공존하며 새로운 인종공동체가 생겨났습니다. 특히 아프리카에서 끌려온 흑인 중 40퍼센트가 브라질로 유입되었기 때문에 브라질은 흑인 혼혈이 많은 나라이기도 합니다. 이런 현상은 브라질만의 현상이 아닙니다. 식민지시대부터 쭉 이어온 강제이주와 이민의 후유증이며 이로 인해 만들어진 새로운 인종탄생은 라틴아메리카의 독특한 문화, 사회현상으로 자리 잡았습니다. 호세 바스콘셀로스José Vasconcelos, 멕시코의 교육자는 이런 현상을 두고 "백인, 흑인, 유색인, 원주민이 섞인 우주적 인종의 탄생이며 그렇기 때문에 지구의 미래는 라틴아메리카에 있다"고 주장했습니다. 현생 인류인 호모 사피엔스가 지구촌 각지로 퍼져나가는 과정에서 네안데르탈인이나 크로마뇽인과 섞였고 이때 처음으로 인종의 혼합이 일어났다고 합니다. 하지만 네안데르탈인의 Y염색체는 현생인류와의 사이에 아들을 낳을 수 없게 하는 치명적인 돌연변이를 가지고 있었고, 결국 종족을 이어갈 남자가 태어나지 않아 서서히 멸종되었다고 합니다. 네안데르탈인과 크로마뇽인이 도태되고 호모 사피엔스가 지구의 유일한 인류가 된 이후, 호모 사피엔스는 10만 년을 독자적으로 진화했습니다. 라틴아메리카에서 벌어진 인종의 혼합은 10만 년 전 일어난 가장 거대한 인종혼합 사건입니다. 너무나 다양하고 거대해서 호세 바스콘셀로스의 표현대로 '우주적 인종의 탄생'이라 부를 만합니다. 라틴아메리카 식민정부는 창조된 인종을 다양한 명칭으로 불렀습니다. 크게 백인과 인디오의 결합 메스티소Mestizo, 백인과 흑인의 결합 물라토

Mulato, 인디오와 흑인을 결합 잠보Zambo 로 분류합니다. 『라틴아메리카의 어제와 오늘』(임상래·이종득 등 공저, 이담북스, 2011)의 인종분류표에 따르면 대분류에서 인종별 결합으로 탄생된 새로운 인종을 세분화했는데, 그 분류가 40여 종이 넘는다고 합니다. 예를 들면 메스티소와 원주민이 섞이면 카스티소, 물라토와 백인이 섞이면 모리스코, 모리스코와 백인이 섞이면 알비노, 알비노와 백인이 섞이면 토르나 아트라스, 원주민과 토르나 아트라스가 섞이면 로보, 로보와 원주민이 섞이면 잠비아고, 이런 식입니다. 여기서 우열의 기준은 백인의 피가 얼마나 섞였는가입니다. 카스티소와 백인의 결합으로 나온 아이를 백인으로 받아들이는 걸 보면 50퍼센트 이상 백인의 피가 섞이면 백인으로 인정하는 듯합니다. 백인도 어느 정도의 피를 이어받았느냐에 따라 다시 세분화했는데, 흑인 피가 4분의 1 섞인 백인을 쿠아르테론Cuarteron, 흑인 피가 8분의 1 섞인 백인을 옥토론Octoron으로 분류했다고 합니다. 여기서 재미난 것은 쿠아르테론과 물라토 사이의 혼혈을 텐테넬아이레Tentenelaire, 즉 '허공에 걸려 있는' 이라고 불렀다는 것입니다. 당시 인종분류를 담당한 관리가 꽤나 난처했던 모양입니다. 하긴, 사랑은 인종을 가리지 않고 불만 끄면 이루어지는데, 그걸 문화의 잣대로 나누려니 세대가 이어질수록 분류하기가 어려웠겠죠. 제가 라틴아메리카 여행을 하면서 만난 안내인들은 다양한 혼혈이었습니다. 그들은 자신의 정체성을 굳이 구분하려 하지 않았습니다. 그들은 피의 계보를 따지기보다 호세 바스콘셀로스가 표현했듯이 '우주적인 인종'으로 자신을 받아들인 듯합니다. 백인, 흑인, 유색인

만이 구분의 전부일 수는 없으니까요.

현재는 물론이고 식민지시대 인종정책을 봐도 라틴아메리카는 포용적이었습니다. 순혈 백인이 인종의 중심이던 시대, 미국은 흑인의 피가 한 방울이라도 튀면 흑인으로 분류했다고 하는데, 라틴아메리카는 백인의 피가 50퍼센트가 넘으면 백인으로 보았으니 라틴아메리카가 포용적인 것만은 분명합니다. 콜럼버스가 아메리카에 처음 도착한 날 아메리카는 새로운 인종으로 다시 태어나기 시작한 날로 생각하고 있다고 합니다. 그래서 라틴아메리카에는 콜럼버스가 첫발을 디딘 10월 12일을 '인종의 날Dia de la Raza'로 정해 기념합니다.

코파카바나 해변이나 이파네마 해변을 거닐며 다양한 피가 흐르는 브라질 미녀를 구경하려던 저의 계획은 도착한 첫날부터 좌절되었습니다. 안내자로 나온 모니카Monica의 첫마디가 기대를 꺾었기 때문입니다. "가방에는 쓰레기만 넣어 다니세요. 그리고 누군가 가방을 잡아당기면 저항하지 말고 그냥 주세요." 브라질은 총기사고로 1년에 3만 5,000명이 사망한다고 합니다. 전쟁 중인 아프가니스탄이나 이라크보다 더 많은 숫자입니다. 전쟁터보다 더 많은 사람이 총에 맞아 사망하는 나라가 어디에 있나요. 전쟁은 허가받고 사람을 상대로 총을 쏘는데, 브라질은 '이면의 전쟁' 중인가 봅니다. 코파카바나와 이파네마 해변을 걷고 술을 한잔 하겠다던 꿈은 좌절되었습니다. 아름답다고 소문난 해변의 여인을 사진으로만 즐길 뿐입니다. 그래도 저녁은 먹어야 하지 않느냐고 모니카를 설득해 보사노바Bossa Nova, 포르투갈어로 '새로운 경향'이라는 의미의 메카로 불리는 식당으로 향했습니다.

제가 태어난 해인 1962년, 작곡가 안토니오 카롤로스 조빔Antonio Carlos Jobim과 시인 비니시우스 지 모라에스Vinicius De Moraes는 이파네마의 작은 식당에서 술을 마시다가 지나가는 15세 소녀를 보고 시선을 빼앗겼습니다. 그녀에 대한 연정은 두 젊은이를 들뜨게 했고 두 청년은 그녀를 생각하며 〈이파네마의 소녀〉를 작곡해 세상에 보사노바 음악과 이파네마를 알렸습니다. 당시 식당의 이름은 '벨로소'라고 했다는데, 음악이 알려지며 현재 식당은 '이파네마의 소녀'로 불리고 있습니다. 더 재미난 건 식당의 주인이 곡의 주인공인 바로 그 이파네마의 소녀라고 합니다. 1962년에 15세였으니 지금은 70살이 다 된 나이지만 영감을 준 매력이 어딘가에 살아 있지 않을까 하는 기대를 가지고 할머니를 찾아 주위를 둘러봅니다.

보사노바는 흔히 말하는 뉴에이지New Age 음악입니다. 삼바에 모던재즈가 가미된 새로운 장르로 삼바의 강한 비트를 없애고 속도감을 느리게 하면서 멜로디 화음에 반음계를 사용하여 부딪치는 선율을 만들어내는 특징이 있습니다. 그래서 느려지는 신파조의 가사가 속삭이는 듯 이야기하는 노래로 사랑받는다고 합니다. 보사노바 음악이 만들어진 식당 '이파네마의 소녀'는 유명 성지같이 방문객으로 북적거립니다. 예약을 했지만 앉을자리는 쉽게 나오지 않고 겨우 앉은 자리도 뒷사람과 등짝이 맞닿을 만큼 비좁습니다. 이런 것을 열기라고 하죠. 사람의 열기가 느껴지는 음악이 보사노바인 듯합니다. 익숙한 음식을 시키고 마지막으로 '노예의 음식'으로 알려진 페이조아다Feijoada를 시켰습니다. 아프리카에서 끌려온 흑인 노예들은 배고픔에 시달렸습니다. 그들은 농장주들이 버린 고기를 주워 붉은 콩을 넣고 끓였습니다. 그렇게 시작된 음식이라서 노예의 음식으로 불리지만, 미군부대에서 나온 잔반을 끓여 먹었던 잡탕이 우리 입맛에 딱 맞는 부대찌개로 완성됐듯, 페이조아다 역시 양질의 스테이크, 닭고기, 생선이 가득 들어간 브라질의 대표음식이 되었습니다. 음식은 양이 많아 셋이라면 두 가지만 시켜도 될 만큼 푸짐합니다.

삼바라고 불리는 에너지

저녁을 먹고 나온 거리는 온통 흥청거리는 젊은이들뿐입니다. 오늘은 삼바축제 전야제가 열리기 때문에 무슨 일이 있어도 7시 전에 호텔에 들어가야 한다고 모니카가 주의 준 걸 깜박했습니다. 시간은 어느덧 7시 15분, 택시를 타고 숙소로 돌아가려는데 차가 다니지를 않습니다. 식당이 위치한 이파네마 해변과 호텔이 있는 코파카바나 해변은 20여 분만 걸으면 도착할 수 있는 거리이기 때문에 차도를 따라 걷기 시작했습니다. 사람들을 헤치며 도로를 걷는데, 해변에서 열광적인 리듬이 흘러나옵니다. '저기서 뭐 하는 거지?' 호기심에 몇 발자국 옮긴 것 같은데, 저도 모르는 사이에 해안 모래사장에 들어서 있었습니다. 호기심은 저를 소리의 진원지로 끌어들였고 저는 어느 틈엔가 사람들 사이에 묻혀 버렸습니다. 사람들에 쓸려 이리저리 휩쓸리다가, 일행과 서로 떨어지지 않기 위해 앞 사람의 허리춤을 잡고 일렬로 사람들을 헤치며 도로 위로 빠져나왔습니다. 그런데 주머니에 있어야 할 휴대폰, 가방에 있어야 할 지갑이 온데간데없습니다. 누구는 2,700달러가 든 지갑이 사라졌고, 누구는 배낭에 넣어 놓은 카메라가 사라졌습니다. 쓰레기만 넣고 다녀야 한다는 모니카의 말이 실감 나는 순간입니다. 저는 주변을 돌아보고서야 우리의 어리석음을 깨달았습니다. 젊은 친구들은 거의 반팔에 반바지 차림이거나 웃통을 벗은 채였고 한 손에 술, 다른 한 손에는 술을 살 소액 지폐 몇 장만 들고 있었습니다. 고가의 카메라를 가진 사람도, 가방이나 지갑을 가진 사람도 보이지 않습니다. 전국의 선수들이 다 모인다는 삼바축제인데, 여행자 차림으로 저 인파 속을 휘젓다가 꼴좋게 당한 것입니다. 의도한 것은 아니었습니다. 어떤 에너지에 의해 끌려갔고 어떤 힘에 의해 튕겨져 나왔습니다. 그 힘, 삼바라고 불리는 엄청난 에너지, 리우에서의 첫날 삼바와의 첫 만남이었습니다.

삼바의 기원은 아프리카에서 끌려온 노예들이 혹독한 노동의 고통을 잊으려고 가락에 맞춰 몸을 움직이는 율동에 있습니다. 우리의 노동요와 다를 바가 없죠. 집단으로 노래하면서 일을 하면 지루함과 육체적 피로를 잊을 수 있고 노동의 생산성도 높아지니 농장주들 역시 삼바를 독려하지 않았을까요? 그렇게 발전한 삼바는 흑인 특유의 무거운 바운스에 유연함과 순발력을 필요로 하는 엉덩이 춤 Hip Movement 을 기본으로 내추럴 롤 Natural Roll 이나 리벌스 턴 Reverse Turn 등 포르투갈 춤이 결합된 형태라고 합니다. 삼바축제는 가톨릭 사순절 직전, 3일에서 7일간 열리기 때문에 축제위원회에서 매년 축제일을 공표합니다. 삼바를 보러 갈까요, 아니면 피해 갈까요. 미리 결정해야 했지만, 저는 아무것도 모르는 상태로 와서 엄청난 에너지를 받고 그 대가로 돈을 톡톡히 지불했습니다. 이래저래 여행이란 공짜가 없나 봅니다.

삼바 한 번 제대로 못 보고 이대로 라틴아메리카를 떠나기는 아쉬워 삼바공연장을 찾아갔습니다. 하지만 극장에는 정신을 혼미하게 하는 나팔소리에 현란하게 몸을 흔드는 댄서와 그런 댄서를 숨죽이고 바라보는 관광객이 있을 뿐, 해안의 열기는 없었습니다. 축제는 열기를 느낄 수 있어야 진짜 축제인가 봅니다. 삼바는 브라질 사람들의 축제이지, 여행자의 축제는 아닌 것이죠. 얼떨결에 빨려 들어갔지만 이파네마 해변의 열기는 돈이 아깝지 않은 해프닝이었던 것 같습니다.

라틴아메리카에서의 마지막 저녁, 카페에 앉아 마음을 달랩니다. 내일이면 집으로 향하는 비행기에 올라야 하는데 마음은 여전히 허기지기만 합니다. 여행길의 마지막이 브라질이라서 더욱 착잡합니다. 브라질은 룰라Lula da Silva, 제35대 브라질 대통령의 업적이 빛나는 나라입니다. 룰라는 모든 문제를 해결한 줄 알았는데, 브라질은 여전히 많은 사람이 총에 맞아 죽고, 배고프고 헐벗은 채 특정 지역에 무리 지어 살아야만 하는 갈등의 땅이자 후진의 땅이었습니다.

어찌 된 것인가요. 룰라의 화려한 수치는 어디 갔나요. 룰라의 후계자들은 룰라의 정책을 잇고 있습니다. 그렇다면 정책이 잘못된 건가요? 빛만 잔뜩 지고 파산하게 될 거라는 소로스"룰라가 대통령이 되면 브라질은 아르헨티나와 같이 국가부도 사태를 맞을 수 있다"고 말한 저명한 투자가의 장담이 현실이 되나요. 아르헨티나의 후안 페론은 곡물 값이 떨어지며 주저앉았습니다. 아르헨티나는 2015년에도 모라토리엄에 직면해 있습니다.

파타고니아 차량회사에 돈을 결제하며 3,200달러한화 약 380만 원를 신용카드로 결재했습니다. 그런데 청구액이 450만 원이 넘게 나왔습니다. 너무 당황스러워 차량회사에 문의하니 신용카드는 공식환율로 계산되고 송금은 달러로 받기 때문이라는 답이 돌아옵니다. 카드를 취소하고 송금하겠다고 하니 이제는 은행이 막무가내입니다. 한 번 들어온 결제는 취소하지 못한다고 우겨서 결국 카드회사에 이의를 신청해야 했습니다. 아르헨티나의 돈은 이미 믿을 수 없게 됐습니다. 베네수엘라의 경우 1,000유로를 환전한 여행객이 돈다발을 침대에 펼쳐 놓았는데, 돈다발이 침대의 반을 덮은 사진이 인터넷에 올라와 코웃음을 치게 합니다. 제 가방에 남은 두툼한 베네수엘라 돈뭉치도 한 끼니의 식사 값인 거죠. 라틴아메리카 대륙에서 보고 느낀 건 아름다운 이야기와 멋진 사건만이 아니었습니다. 현실은 여전히 불편한 진실로 가득할 뿐입니다. 이달고, 볼리바르, 산 마르틴의 꿈은 실현되었습니다. 그러나 체 게바라, 카스트로, 아옌데, 후안 페론, 룰라가 꿈꾼 시대는 아직 오지 않았는지 그때나 지금이나 갈등의 크기가 줄어들지 않았습니다.

모니카는 리오에 총기사고가 많은 이유가 젊은이들이 직업이 없기 때문이라고 말합니다. 직업이 없으니 소득이 없어 평생 가난에서 벗어날 수 없는 시대에 사는 젊은이들. 룰라, 아옌데, 후안 페론, 차베스, 카스트로……. 이들은 소득 분배와 하위계층의 소득을 높이는 정책에 우선을 두었습니다. 그럼에도 라틴아메리카의 사회주의 정권은 서서히 막을 내리고 있습니다. 왜 사회주의를 표방한 좌파정권은 국민의 외면을 받고 말았을까요. 착취의 땅에서 정의를 실현하려는 사회주의 이념은 혁명과 변혁시대의 꽃이었고 군사독재의 대안이었습니다. 그리고 좌파는 정권을 잡았습니다. 하지만 그들의 평가는 구호처럼 수려하지만은 않습니다. 좌파는 화려했지만 무능했고 국민들을 행복하게 하는 데 실패했기 때문입니다. 나누어 갖는 데는 성공했지만 더 많은 걸 만들어내는 데는 부족했던 좌파정권. 라틴아메리카는 더 많은 걸 만들어보라고 우파를 선택했습니다. 라틴아메리카에 불고 있는 보수정권의 재등장은 먹고살기 힘든 시대의 시대적 요청인가요, 아니면 사회주의 정권의 한계인가요.

갈등과 대립은 결국 먹고사는 문제를 어떻게 푸느냐에 대한 대립이며, 역사란 먹고사는 문제를 가장 진지하게 풀어내는 서사입니다. 라틴아메리카는 이 문제를 어떻게 풀어낼까요. 라틴아메리카에서 펼쳐진 역사의 흐름을 추적해간 50일간의 여행, 먹고사는 문제가 역사였다는 사실을 저는 깨우친 듯합니다. 저도 그만 필기노트를 접어야겠습니다. 돌아가서 먹고사는 문제를 해결해야 하니까요.

코르코바도 언덕 꼭대기.
높이 30미터, 양팔 길이 28미터의 예수상이 서 있습니다.

상세바스티안관구 메트로폴리탄대성당.
원추형의 외관이 세련된 피라미드를 보는 듯합니다.

"리우에 오는 모든 이를 환영한다. 내 품 안에서 편히 쉬어라."

'우주적 미인'들이 만들어내는 또 다른 멋.
삼바쇼를 관람하며 그 뜨거운 에너지에 대하여
다시금 생각합니다.

에필로그

문득 콜럼버스와 피사로, 코르데스, 마젤란의 후손들은 얼마나 영광스러운 삶을 영위했을까 하는 궁금증이 생겨 그들의 삶을 추적해보았습니다. 콜럼버스의 말년은 총독의 지위와 재산을 박탈당하고 아주 불우했습니다. 그는 스페인 왕실에 청원을 수차례 넣었지만 왕실은 그를 외면했고, 좌절감과 관절염에 시달리다가 1506년 55세로 눈을 감았습니다. 얼마나 한이 맺혔으면 "내가 죽거든 라틴아메리카에 묻어다오. 죽어서도 스페인 땅에 발을 딛지 않을 것이다"라고 유언을 남겼을까요. 스페인 왕실에서는 아무도 그의 장례식에 참석하지 않았고 그의 후손들도 왕실의 특혜를 받은 게 하나 없었습니다. 앞서 간 사람은 앞에서 날아오는 총알이 아니라 뒤에서 날아오는 총알에 맞게 된다는 사실을 스페인 왕실은 보여준 것입니다. 그는 도미니카에 묻혔다가 쿠바로 옮겨져 아바나의 대성당에 머물렀고 100년이 지나 스페인 땅을 밟았지만 유언대로 관을 한 번도 땅에 내려놓지 않았다고 합니다.

한 발 늦게 출발한 마젤란은 어떤가요? 그는 필리핀 세부에서 죽었고 그의 탐험선은 3년 만에 빈손으로 돌아왔습니다. 그의 위대한 항해를 기록한 『세계일주』는 그 시대에 출간되지 못하고 300년이 지난 1800년이 되어서야 출간되었습니다. 당대에 인정받지 못했으니 가족도 헐벗음에서 벗어나지 못했을 것이고, 조롱 외에 돌아온 게 하나 없었으니 위대한 업적에 비해 대접받지 못한 위인이 되었습니다.

두 발 뒤에 따라간 코르데스는 좀 나아 보입니다. 그는 아즈텍에 스페인의 영광을 심고 24년 만에 귀향했습니다. 스페인 왕실은 성대한 환영행사를 베풀어주었으며, 후작 작위와 영지를 하사했지만 그것으로 끝이었습니다. 왕실은 더 이상 그를 필요로 하지 않았고, 그는 과거의 영광을 되찾으려 무리한 투자를 하다가 실패한 후 여유롭지 않은 말년을 보냈습니다. 코르데스는 자기 수명을 다 살고 61세에 조용히 숨을 거두었지만 불행은 자기대로 끝나지 않았습니다. 코르데스의 두 아들이 멕시코 독립투쟁을 하다가 죽음을 맞음으로써 코르데스의 집안도 풍비박산 났으니 콜럼버스보다 나은 것이 하나 없어 보입니다.

피사로는 세 발 늦게 출발한 만큼 훨씬 나아 보입니다. 피사로는 키토의 잉카 황족여인을 2명이나 아내로 받아들였고 4명의 자손을 남겼습니다. 자식 중 셋은 어린 나이에 죽었지만 딸은 천수를 누렸습니다. 그녀의 이름은 프란시스카 피사로 유판키 Francisca Pizarro Yupanqui 인데, 그녀는 스페인 왕실로부터 잉카 황실의 혈통이자 피사로의 후계자로 인정받아 피사로 가문을 이었습니다. 피사로 가문은 콜럼버스나 코르데스와 달리 스페인의 귀족으로 대를 이어갔고, 현재도 스페인과 페루에서 꽤 많은 수의 사람들이 피사로의 성姓으로 살아가고 있으니 개인은 처참하게 살해되었지만 가장 성공한 인물로 보입니다.

 이토록 큰 공을 세운 사람들을 팽烹시키고 스페인 왕실은 융성했을까요?

 "인간은 1,000개의 페르소나Persona, 희랍시대 희극배우들이 쓰는 가면를 지니고 있어서 상황에 따라 적절한 페르소나를 쓰며 관계를 이루어간다"고 구스타프 융은 말했습니다. 스페인 왕실은 필요에 따라 가면을 바꾸어 썼고 그럴수록 왕실의 신뢰는 떨어졌습니다. 시대를 개척한 사람들은 역사적 가치이고, 그 가치는 에너지이기 때문에 지키고 존중했어야 하지 않을까요? 눈앞의 이익만을 좇느라 가치와 발전 에너지를 잃어버린 스페인은 초기의 상승기운을 지켜가지 못하고 몰락했습니다. 스페인 왕실이 좋은 가면만을 골라 썼다면 스페인의 운명이 좀 변하지 않았을까요. 영국의 융성은 가치 존중에 있었기 때문입니다.

낯선 대륙을 소개하는 일이 쉽지 않았습니다. 직접 찾아가봐야 했고 가보지 않은 곳이 많아 담을 수 있는 이야기보다 담지 못한 이야기가 더 많았습니다. 또 바쁜 여행일정이라 흘리고 놓치는 일이 다반사였습니다. 그럴 때면 같이 동행한 분들의 조언과 의견이 부족한 공간을 메워주었고 다양한 시각이 사고의 치우침을 잡아주는 데 큰 도움이 되었습니다. 이 자리를 빌어 여행을 같이 해주신 분들께 고마운 마음을 전합니다. 특히 귀한 사진을 제공해주신 오정일 선생님, 이상운 선생님, 류홍수 선생님, 어려운 상황에서도 길 위의 인문여행기 시리즈를 출간해준 헬스조선 출판사업부, 격려를 잊지 않은 티앤씨 식구들과 밤을 낮같이 함께한 부인과 딸에게 특히 감사드립니다.

프랑스와 스위스의 국경지대, 발므 고개에서
또 다시 낯선 길에 들어서며

채경석

천만시간
라틴,
백만시간
남미

펴낸날 초판 1쇄 2016년 7월 15일

지은이 채경석

펴낸이 임호준
이사 홍헌표
편집장 김소중
책임 편집 전설 | **편집 4팀** 박현주 김보람
디자인 왕윤경 김효숙 정윤경 | **마케팅** 강진수 권소회 김혜민
경영지원 나은혜 박석호 | **지식사업부** 표형원 이용직 김준홍 류현정 차상은

인쇄 (주)웰컴피앤피

펴낸곳 북클라우드 | **발행처** (주)헬스조선 | **출판등록** 제2-4324호 2006년 1월 12일
주소 서울특별시 중구 세종대로 21길 30 | **전화** (02) 724-7639 | **팩스** (02) 722-9339
홈페이지 www.vita-books.co.kr | **블로그** blog.naver.com/vita_books | **페이스북** www.facebook.com/vitabooks

ⓒ 채경석, 2016

이 책은 저작권법에 따라 보호를 받는 저작물이므로 무단 전재와 무단 복제를 금지하며,
이 책 내용의 전부 또는 일부를 이용하려면 반드시 저작권자와 (주)헬스조선의 서면 동의를 받아야 합니다.
책값은 뒤표지에 있습니다. 잘못된 책은 바꾸어 드립니다.

ISBN 979-11-5846-105-8   13980

- 이 도서의 국립중앙도서관 출판예정도서목록(CIP)은 서지정보유통지원시스템 홈페이지(http://seoji.nl.go.kr)와 국가자료공동목록시스템(http://www.nl.go.kr/kolisnet)에서 이용하실 수 있습니다. (CIP제어번호: CIP2016016484)

- 북클라우드는 독자 여러분의 책에 대한 아이디어와 원고 투고를 기다리고 있습니다.
  책 출간을 원하시는 분은 이메일 vbook@chosun.com으로 간단한 개요와 취지, 연락처 등을 보내주세요.

북클라우드는 건강한 마음과 아름다운 삶을 생각하는 (주)헬스조선의 출판 브랜드입니다.